U0564503

船山遗书

第七册

读四书大全说（上）

〔清〕王夫之 著

中国书店

目录

读四书大全说（上）

读四书大全说（上）

中国古代文化（上）

读四书大全说卷一·大学

大学序

一

凡"仁义礼智"兼说处，言性之四德。知字，大端在是非上说。人有人之是非，事有事之是非，而人与事之是非，心里直下分明，只此是智。胡云峰据朱子解"致知"知字："心之神明，所以妙众理、宰万物"，释此智字，大妄。知字带用说，到才上方有；此智字则是性体。"妙众理，宰万物"，在性体却是义、礼上发底。朱子释义曰"心之制，事之宜"，岂非以"宰万物"者乎？释礼曰"天理之节文"，岂非以"妙众理"者乎？

沈氏之说，特为精当。云"涵"云"具"，分明是个性体。其云"天理动静之机"，方静则有是而无非，方动则是非现，则"动静之机"，即"是非之鉴"也。惟其有是无非，故非者可现；若原有非，则是非无所折中矣。非不对是，非者非是也。如人本无病，故知其或病或愈。若人本当有病，则方病时亦其恒也，不名为病矣。

二

先王以乐教人，固如朱子说，以调易人性情。抑乐之为道，其精微者既彻乎形而下之器，其度数声名亦皆以载夫形而上之道；如律度量衡，皆自黄钟生之类是也。解会及此，则天下之理亦思过半矣。若专以"急不得、缓不得"借为调心之法，将与释氏参没意味话头相似，非圣教也。

三

"书"有识字、写字两件工夫。识字便须知六书之旨，写字却须端妍合法。合法者，如今人不写省字之类。注疏家专以六书言，却遗下了一半。

圣经

一

缘"德"上著一"明"字，所以朱子直指为心。但此所谓心，包含极大，托体最先，与"正心"心字固别。性是二气五行妙合凝结以生底物事，此则合得停匀，结得清爽，终留不失，使人别于物之蒙昧者也。德者有得之谓，人得之以为人也。緦有此明德，故知有其可致而致之，意有其不可欺而必诚焉，心有所取正以为正，而其所著，发于四肢，见于事业者，则身修以应家国天下矣。明德唯人有之，则已专属之人。属之人，则不可复名为性。性者，天人授受之总名也。故朱子直以为心。而以其所自得者则亦性也，故又举张子"统性情"之言以明之。乃既以应万事，则兼乎情，上统性而不纯乎性矣。

性自不可拘蔽。尽人拘蔽他，终奈他不何，有时还迸露出来。如乍见孺子入井等。即不迸露，其理不失。既不可拘蔽，则亦不可加以明之之功。心便扣定在一人身上，受拘之故。又会敷施禽受，受蔽之故。所以气禀得以拘之，物欲得以蔽之，而格、致、诚、正亦可施功以复其明矣。

二

朱子"心属火"之说，单举一脏，与肝脾肺肾分治者，其亦泥矣。此处说心，则五脏五官，四肢百骸，一切"虚灵不昧"底都在里面。如手能持等。"虚"者，本未有私欲之谓也。不可云如虚空。"灵"者，曲折洞达而咸善也。《尚书》灵字，只作善解，孟子所言仁术，此也，不可作机警训。"不昧"有初终、表里二义：初之所得，终不昧之；于表有得，里亦不昧。不可云常惺惺。只此三义，"明"字之旨已尽，切不可以光训"明"。

孟子曰："日月有明，容光必照焉。"明自明，光自光。如镜明而无光，火光而不明，内景外景之别也。"明德"只是体上明，到"致知"知字上，则渐繇体达用，有光义矣。

三

"旧染之污"有二义，而暴君之风化、末世之习俗不与焉。大学之道，初不为承乱之君师言也。一则民自少至长，不承德教，只索性流入污下去。一则人之为善，须是日迁，若偶行一善，自恃为善人，则不但其余皆恶，即此一善，已挟之而成骄陵。故传云"日新"，云"作新"，皆有更进、重新之意。

新安引《书》"旧染污俗，咸与惟新"以释此，则是过泥出处而成滞累。如汤之自铭"日新"也，岂亦染桀之污俗乎？况《书》云"咸与惟新"，只是除前不究意，与此何干？

四

"必至于是"是未得求得，"不迁"是已得勿失。"止于至善"须一气读下，归重"至善"一"至"字。言必到至善地位，方是归宿，而既到至善地位，不可退转也。朱子以"不能守"反"不迁"，最为明切。此中原无太过，只有不及。《语录》中作无太过不及说，自不如《章句》之当。盖既云至善，则终无有能过者也。

或疑明德固无太过之虑，若新民，安得不以过为防？假令要民为善，教格过密，立法过峻，岂非太过？然使但向事迹上论，则明德亦将有之。如去私欲而至于绝婚宦，行仁而从井救人，立义而为宰辞粟，亦似太过。不知格物、致知、正心、诚意以明明德，安得有太过？《补传》云"即凡天下之物，莫不因其已知之理而益穷之，以求至乎其极"，何等繁重！《诚意传》云"如恶恶臭，如好好色"，何等峻切！而有能过是以为功者乎？

新民者，以孝、弟、慈齐家而成教于国，须令国人皆从而皆喻。又如仁人于妨贤病国之人，乃至进诸四夷，不与同中国。举贤唯恐不先，退不善唯恐不远，则亦鳃鳃然惟不及之为忧，安得遽防太过，而早觅休止乎？"如切如磋，如琢如磨"，是学问中精密之极致；亲贤乐利，须渐被于没世后之君子小人而不穷。奈何训止为歇息，而弃"至善"至字于不问耶？《或问》云"非可以私意苟且而为"，尽之矣。

五

"在"云者，言大学教人之目虽有八，其所学之事虽繁重广大，而约其道则在三者也。《大学》一篇，乃是指示古之大学教人之法，初终条理一贯之大旨，非夫子始为是书建立科条，以责学者。

《章句》三"当"字，是推开论理。张氏曰"在犹当也"，鲁莽甚矣。藉令以此教学者"当明明德"，亦令彼茫然不知从何处明起。

六

黄氏说"气禀所拘有分数，物欲所蔽则全遮而昏"。不知物欲之蔽，亦有分数。如淫声浅而美色深者，则去耳之欲亦易，未全昏也。

曾见魏党中有一二士大夫，果然不贪。他只被爱官做一段私欲，遮却羞出幸门一段名义，却于利轻微，所以财利蔽他不得；而其临财毋苟得一点良心，也究竟不曾受蔽。此亦分数偏全之不齐也。

七

朱子说："定、静、安、虑、得是功效次第,不是工夫节目。"谓之工夫,固必不可。乃所谓功效者,只是做工夫时自喻其所得之效,非如《中庸》形、著、明、动,逐位各有事实。故又云:"才知止,自然相因而见。"

总之,此五者之效,原不逐段歇息见功,非今日定而明日静也。自"知止"到"能得",彻首彻尾,五者次见而不舍。合而言之,与学相终始;分而言之,格一物亦须有五者之效方格得,乃至平天下亦然。又格一易格之物,今日格之而明日已格,亦然。戒一念之欺,自其念之起,至于念之成,亦无不然。若论其极,则自始教"格物",直至"明明德于天下",自"欲明明德于天下"立志之始,乃至天下可平,亦只于用功处见此五者耳。为学者当自知之。

八

"知止"是知道者明德新民底全体大用,必要到此方休。^{节云知止,具云知止于至善。}"定"则于至善中曲折相因之致,委悉了当。内不拘小身心意知而丧其用,外不侈大天下国家而丧其体,十分大全,一眼觑定,则定理现,^{故曰有定。}定体立矣。偏曲之学,功利之术,不足以摇之,从此下手做去,更无移易矣。此即从"知止"中得,故曰:"才知止,自然相因而见。"

后四者其相因之速亦然。就此下手做去时,心中更无恐惧疑惑,即此而"心不妄动",是谓之静。妄动者,只是无根而动。大要识不稳,故气不充,非必有外物感之。如格一物,正当作如是解,却无故若惊若悟,而又以为不然,此唯定理不见,定志不坚也。若一定不易去做,自然不尔,而气随志静,专于所事以致其密用矣。唯然,则身之所处,物之来交,无不顺而无不安,静以待之故也。如好善如好好色,则善虽有不利,善虽不易好,而无往不安心于好。^{此随举一条目,皆可类推得之。}要唯静者能之,心不内动,故物亦不能动之也。

虑而云"处事精详"者，所谓事，即求止至善之事也。所以谓之事者，以学者所处之事，无有出于明德新民之外也。才一知当止于至善，即必求至焉；而求止至善，必条理施为，精详曲至。唯内不妄动，而于外皆顺，则条理粲然，无复疏脱矣。不乱于外，故能尽于其中也。

于内有主，于外不疑，条理既得，唯在决行之而已矣。行斯得矣。一日具知，则虑而得可见于一日之闲；终身不舍，则定静安相养于终身之久要。则定静安虑相因之际，不无相长之功，而不假更端之力。惟至于得，则笃行之事，要终而亦创始。故或问云"各得其所止之地而止之"，"而止之"三字在能得后。亦明非得之为尽境也。

九

朱子于正心之心，但云"心者身之所主也"，小注亦未有委悉及之者，将使身与意中闲一重本领，不得分明。非曰"心者身之所主也"其说不当，但止在过关上著语，而本等分位不显，将使卑者以意为心，而高者以统性情者言之，则正心之功，亦因以无实。

夫曰正其心，则正其所不正也，有不正者而正始为功。统性情之心，虚灵不昧，何有不正，而初不受正。抑或以以视、以听、以言、以动者为心，则业发此心而与物相为感通矣，是意也，诚之所有事，而非正之能为功者也。盖以其生之于心者传之于外，旋生旋见，不留俄顷，即欲正之，而施功亦不彻也。

盖曰"心统性情"者，自其所含之原而言之也。乃性之凝也，其形见则身也，其密藏则心也。是心虽统性，而其自为体也，则性之所生，与五官百骸并生而为之君主，常在人胸臆之中，而有为者则据之以为志。故欲知此所正之心，则孟子所谓志者近之矣。

惟夫志，则有所感而意发，其志固在，无所感而意不发，其志亦未尝不在，而隐然有一欲为可为之体，于不睹不闻之中。欲修其身者，则心亦欲修之。心不欲修其身者，非供情欲之用，则直无之矣。《传》所谓"视不见，听不闻，食不知味"者是已。夫唯有其心，则所为视、所为听、所欲言、所自动者，胥此以为之主。惟然，则可使正，可使不正，可使浮寄于正不正之间而听命于意焉。不于此早授之以正，则虽善其意，而亦如雷龙之火，无恒而易为起灭，故必欲正其心者，乃能于意求诚。乃于以修身，而及于家、国、天下，固无本矣。

夫此心之原，固统乎性而为性之所凝，乃此心所取正之则；而此心既立，则一触即知，效用无穷，百为千意而不迷其所持。故《大学》之道，必于此授之以正，既防闲之使不向于邪，又辅相之使必于正，而无或倚靡无托于无正无不正之交。当其发为意而恒为之主，则以其正者为诚之则。《中庸》所谓"无恶于志"。当其意之未发，则不必有不诚之好恶用吾慎焉，亦不必有可好可恶之现前验吾从焉；而恒存恒持，使好善恶恶之理，隐然立不可犯之壁垒，帅吾气以待物之方来，则不睹不闻之中，而修齐治平之理皆具足矣。此则身意之交，心之本体也；此则修诚之际，正之实功也。故曰"心者身之所主"，主乎视听言动者也，则唯志而已矣。

十

朱子说"格物、致知只是一事，非今日格物，明日又致知"，此是就者两条目发出大端道理，非竟混致知、格物为一也。正心、诚意，亦非今日诚意，明日又正心。乃至平天下，无不皆然，非但格致为尔。

若统论之，则自格物至平天下，皆止一事。如用人理财，分明是格物事等。若分言之，则格物之成功为物格，"物格而后知至"，中间有三转折。藉令概而为一，则廉级不清，竟云格物则知自至，竟删抹下"致"字一段工夫矣。

若云格物以外言，致知以内言，内外异名而功用则一，夫物诚外也，吾之格之者而岂外乎？功用既一，又云"致知在格物"，则岂可云格物在格物，致知在致知也？

今人说诚意先致知，咸云知善知恶而后可诚其意，则是知者以知善知恶言矣。及说格物致知，则又云知天下之物，便是致知。均一致知，而随上下文转，打作两橛，其迷谬有如此者。

至如《或问》小注所引《语录》，有谓"父子本同一气，只是一人之身分成两个"为物理，于此格去，则知子之所以孝，父之所以慈。如此迂诞鄙陋之说，必非朱子之言而为门人所假托附会者无疑。天下岂有欲为孝子者，而痴痴呆呆，将我与父所以相亲之故去格去致，必待晓得当初本一人之身，而后知所以当孝乎？即此一事求之，便知吾心之知，有不从格物而得者，而非即格物即致知审矣。

且如知善知恶是知，而善恶有在物者，如大恶人不可与交，观察他举动详细，则虽巧于藏奸，而无不洞见；如砒毒杀人，看《本草》，听人言，便知其不可食：此固于物格之而知可至也。至如吾心一念之非几，但有愧于屋漏，则即与跖为徒；又如酒肉黍稻本以养生，只自家食量有大小，过则伤人：此若于物格之，终不能知，而唯求诸己之自喻，则固分明不昧者也。

是故孝者不学而知，不虑而能，慈者不学养子而后嫁，意不因知而知不因物，固矣。唯夫事亲之道，有在经为宜，在变为权者，其或私意自用，则且如申生、匡章之陷于不孝，乃藉格物以推致其理，使无纤毫之疑似，而后可用其诚。此则格致相因，而致知在格物者，但谓此也。

天下之物无涯，吾之格之也有涯。吾之所知者有量，而及其致之也不复拘于量。颜子闻一知十，格一而致十也。子贡闻一知二，格一而致二也。必待格尽天下之物而后尽知万事之理，既必不可得之数。是以《补传》云"至于用力之久，而一旦豁然贯通焉"，初不云积其所格，而吾之知已无不至也。知至者，"吾心之全体大用无不明"也。则致知者，亦以求尽夫吾心之全体大用，而岂但于物求之哉？孟子曰："梓匠轮舆，能与人规矩，不能使人巧。"规矩者物也，可格者也；巧者非物也，知也，不可格者也。巧固在规矩之中，故曰"致知在格物"；规矩之中无巧，则格物、致知亦自为二，而不可偏废矣。

大抵格物之功，心官与耳目均用，学问为主，而思辨辅之，所思所辨者皆其所学问之事。致知之功则唯在心官，思辨为主，而学问辅之，所学问者乃以决其思辨之疑。"致知在格物"，以耳目资心之用而使有所循也，非耳目全操心之权而心可废也。朱门诸子，唯不知此，反贻鹅湖之笑。乃有数字句、汇同异以为学，如朱氏公迁者。呜呼！以此为致知，恐古人小学之所不暇，而况大学乎？勿轩熊氏亦然。

十一

《大学》于治国平天下，言教不言养。盖养民之道，王者自制为成宪，子孙守之，臣民奉之。入官守法，仕者之所遵，而非学者之事，故《大学》不以之立教。所云厚薄，如《论语》"躬自厚而薄责于人"之旨，即所谓"其家不可教而能教人者无之"也。其云以推恩之次第言者，非是。

传第一章

《章句》云："明命即天之所以与我，而我之所以为德者。"须活看一"即"字。如"性即理也"，倘删去"即"字，而云"性理也"，则固不可。即者，言即者个物事，非有异也。

当有生之初，天以是命之为性；有生以后，时时处处，天命赫然以临于人，亦只是此。盖天无心成化，只是恁地去施其命令，总不知道。人之初生而壮、而老、而死，只妙合处遇可受者便成其化。在天既无或命或不命之时，则在人固非初生受命而后无所受也。

孟子言"顺受其正"，原在生后。彼虽为祸福之命，而既已云"正"，则是理矣，理则亦明命矣。若以为初生所受之命，则必凝滞久留而为一物。朱子曰："不成有一物可见其形象。"又曰："无时而不发现于日用之闲。"其非但为初生所受明矣。吴季子专属之有生之初，乃不达朱子之微言。使然，则汤常以心目注想初生时所得，其与参本来面目者，相去几何耶？

愚于《周易》《尚书》传义中，说生初有天命，向后日日皆有天命，天命之谓性，则亦日日成之为性，其说似与先儒不合。今读朱子"无时而不发现于日用之闲"一语，幸先得我心之所然。

传第二章

君德可言新，于民不可言明。"明明德于天下"，固如朱子所云"规模须如此"，亦自我之推致而言，非实以其明明德者施教于民也。新则曰"作新"，则实以日新之道鼓舞之矣。

明是复性，须在心意知上做工夫。若民，则勿论诚正，即格物亦断非其所能。新只是修身上，止除却身上一段染污，即日新矣。故《章句》释《盘铭》，亦曰"旧染之污"。但在汤所谓染污者细，民之所染污者粗。且此亦汤为铭自警之词，固无妨非有染污而以染污为戒。

传第三章

一

"敬"字有二义：有所施敬而敬之敬是工夫，若但言敬而无所施，乃是直指心德之体。故先儒言"主敬"，言"持敬"，工夫在"主""持"二字上。敬为德体，而非言畏言慎之比。《章句》云"无不敬"，犹言无不仁，无不义。现成下一"敬"字，又现成统下一"止"字，故又曰"安所止"，皆赞其已成之德。工夫只在"缉熙"上。"缉熙"者，即《章句》所谓"常目在之"，《传》所谓"日日新，又日新"也。

繇其天理恒明，昏污净尽，则实理存于心，而庄敬日强。繇其庄敬日强，而欲无不净，理无不明，则德造其极而无所迁退。此"缉熙敬止"相因之序也。

敬但在心体上说，止则在事上见。仁敬孝慈信，皆"安所止"之事也。缉熙者，明新之功。敬止者，明新之效。熙而缉，则不已于明新，而必止于至善也。无不敬而止之安，则明新不已，而既止于至善矣。实释"在止于至善"意，吃紧在"缉熙"二字。诸家拈"敬止"作主者非是。

二

朱子谓恂栗威仪为成就后气象，拈出极精。其又云"严敬存乎中，光辉著乎外"，"存"字但从中外上与"著"字为对，非若"存心""存诚"

之"存"，为用力存之也。既云"存乎中"，又云"气象"，此亦大不易见。唯日近大人君子，而用意观之，则"存乎中"者，自有其气象，可望而知耳。

所以知恂栗之为气象，而非云存恂栗于中者，以学修之中原有严密学修皆有。武毅修之功，不待更咏瑟僩。且《诗》云"瑟兮僩兮"，"兮"之为义，固为语助，而皆就旁观者可见可闻，寓目警心上说。如"挑兮达兮""佽兮哆兮""发兮揭兮"之类，皆是。其藏于密而致存养之功者，不得以"兮"咏叹之。

此"恂栗"字，与上"敬"字略同，皆以言乎已成之德。但彼言敬，看文王处较深远阔大，在仁敬孝慈信之无贰无懈上说；此以"瑟兮僩兮"咏"恂栗"，专于气象上相喻耳。

"恂栗"二字，与"威仪"一例，虽俱为气象之善者，而所包亦广。"恂栗"而不能"瑟兮僩兮"者有之矣，唯此君子之"恂栗"为"瑟兮僩兮"，所以为存中气象之至善。咏学修放此，亦道此君子学修之精密，如切如磋，如琢如磨，极其至也。止此一气象，其严密武毅者则属"恂栗"，其宣著盛大者则属"威仪"。《章句》两"貌"字，是合并写出，一人不容有二貌也。

但其宣著盛大者，多在衣冠举动上见，衣冠如"襜如也"之类。严密武毅则就神情气魄上见。徒有其威仪，而神情严密。气魄，武毅。或疏或弛，则以知其非根心所生之色，故以"存乎中"言之。然亦有神情气魄不失有道者之色，而举动周旋，或脱略而不一中于礼，则其感人者不著不盛，故又须威仪之宣著盛大有以传之，方是至善。

补传　凡《大全》所辑无关疑义者，则不复著说，故第四章传阙。《中庸》《论语》《孟子》如此类者尤多。

小注谓"已知之理"，承小学说来，此乃看得朱子胸中原委节次不妄处。乃既以小学所习为已知之理，则亦洒扫应对进退之当然，礼乐射御书数之所以然者是也。

以此求之，传文"天下之物莫不有理"八字，未免有疵。只此洒扫应对对进退、礼乐射御书数，约略旁通，已括尽修齐治平之事。自此以外，天下之物，固莫不有理，而要非学者之所必格。若遇一物而必穷之，则或如张华、段成式之以成其记诵词章之俗儒，或且就翠竹黄花、灯笼露柱索觅神通，为寂灭无实之异端矣。

传第六章

一

先儒分致知格物属知，诚意以下属行，是通将《大学》分作两节。大分段处且如此说，若逐项下手工夫，则致知格物亦有行，诚意以下至平天下亦无不有知。

格致有行者，如人学弈棋相似，但终日打谱，亦不能尽达杀活之机；必亦与人对弈，而后谱中谱外之理，皆有以悉喻其故。且方其进著心力去打谱，已早属力行矣。

盖天下之事，固因豫立，而亦无先知完了方才去行之理。使尔，无论事到身上，縣你从容去致知不得；便尽有暇日，揣摩得十余年，及至用时，不相应者多矣。如为子而必诚于孝，触目警心，自有许多痛痒相关处，随在宜加细察，亦硬靠著平日知道的定省温清样子做不得。是故致知之功，非抹下行之之功于不试，而姑储其知以为诚正之用。是知中亦有行也。

知此，则诚意以下亦有知之之功，亦可知矣。如意才起处，其为善为恶之分界有显然易别者，夙昔所致之知可见其效，而无待于更审矣。其疑善疑恶，因事几以决，亦有非夙昔之可豫知者。则方慎之际，其加警省而为分别也，亦必用知。

即以好好色恶恶臭言之。起念好恶时，惺然不昧，岂不属知？好而求得，恶而求去，方始属行。世岂有在心意上做工夫，而死守旧闻，一直做去，更不忖度之理？使然，非果敢而窒者，则亦硁硁之小人而已。

大要致知上总煞分明，亦只是大端显现；研几审理，终其身而无可辍也。倘云如白日丽天，更无劳其再用照烛，此圣神功化极致之所未逮，而况于学者？而方格致之始，固事在求知，亦终不似俗儒之记诵讲解以为格物，异端之面壁观心以为致知，乃判然置行于他日，而姑少待之也。

知此，则第六章传《章句》所云"己所独知"，第八章传文所云"知恶""知美"之类，皆行中之知，无待纷纭争诚意之功在致知前、致知后矣。经言先后，不言前后。前后者，昨今之谓也。先后者，缓急之谓也。

二

或问云："无不好者拒之于内，无不恶者挽之于中。"夫好恶而必听命于中之所为主者，则亦必有固好者挽之于内，固恶者拒之于中矣。

传文原非以"毋自欺"为"诚其意"硬地作注脚，乃就意不诚者转念之弊而反形之。自欺是不诚。若无不诚，亦须有诚。要此诚意之功，则是将所知之理，遇著意发时撞将去，教他吃个满怀；及将吾固正之心，吃紧通透到吾所将应底事物上，符合穿彻，教吾意便从者上面发将出来，似竹笋般始终是者个则样。如此扑满条达，一直诚将去，更不教他中闲招致自欺，便谓之毋自欺也。

传者只为"诚其意"上更无可下之语，只说诚意已足。故通梢说个"毋自欺"。《章句》云"毋者禁止之辞"，如今郡县禁止词讼，只是不受，非拿著来讼者以刑罚治之也。不然，虚内事外，只管把者意拣择分派，此为非自欺而听其发，此为自欺而遏绝之，勿论意发于仓猝，势不及禁，而中心交战，意为之乱，抑不能滋长善萌。况乎内无取正之则、笃实之理为克敌制胜之具，岂非张空拳而入白刃乎？经传皆云"诚其意"，不云"择其意""严其意"，后人盖未之思耳。

但当未有意时，其将来之善几恶几，不可预为拟制，而务于从容涵养，不可急迫迫地逼教好意出来。及其意已发而可知之后，不可强为补饰，以涉于小人之掩著。故待己所及知，抑仅己所独知之时而加之慎。实则以诚灌注乎意，彻表彻里，彻始彻终，强固精明，非但于独知而防之也。

慎字不可作防字解，乃缜密详谨之意。恶恶臭，好好色，岂有所防哉？无不好，无不恶，即是慎。盖此诚字，虽是用功字，原不与伪字对；伪者，欺人者也。乃与不诚为对；如《中庸》言"不诚无物"之不诚。不诚则或伪，伪不仅于不诚。不诚者，自欺者也；不诚则自欺，自欺则自体不成，故无物。若伪，则反有伪物矣。总为理不满足，所以大概说得去、行得去便休。

《诗》云"何有何亡，黾勉求之"，只为是个贫家，所以扯拽教过。若诚其意者，须是金粟充满，而用之如流水，一无吝啬，则更不使有支撑之意耳。此则慎独为诚意扣紧之功，而非诚意之全恃乎此，及人所共知之后，遂无所用其力也。虽至人所共知，尚有有其意而未有其事之时。意中千条百绪，统名为意。

只为意不得诚，没奈何只索自欺。平常不肯开者自欺一条活路，则发意时所以力致其诚者，当何如敦笃也。故诚意者必不自欺，而预禁自欺者亦诚意之法，互相为成也。

三

恶恶臭，好好色，是诚之本体。诚其意而毋自欺，以至其用意如恶恶臭、好好色，乃是工夫至到，本体透露。将此以验吾之意果诚与否则可，若立意要如此，而径以如恶恶臭、如好好色，则直是无下手处。

好好色、恶恶臭者，已然则不可按遏，未然则无假安排，是以得谓之诚。其不尔者，如阉宦之不好色，觥室人之不恶臭，岂有所得用其力哉？

四

《章句》之说，与《或问》异。看来，《或问》于传文理势较顺。传云"此之谓自谦"，明是指点出诚好诚恶时心体，非用功语。《章句》中"务"字、"求"字，于语势既不符合，不如《或问》中"既如此矣"，"则庶乎"七字之当。《或问》虽有"而须臾之顷，纤芥之微，念念相承，无少闲断"一段，自以补传意之所必有，非于此始著力，如《章句》"务决去，求必得"之吃紧下工夫也。其云"内外昭融，表里澄彻"，正是自谦时意象；而心正身修，直自谦者之所得耳。如此，则"故君子"一"故"字亦传递有因，不尔，亦鹘突不分明矣。此文势顺不顺之分也。

若以理言，《章句》云"使其恶恶则如恶恶臭，好善则如好好色"，所谓使者，制之于此而彼自听令乎？抑处置有权而俾从吾令乎？若制之于此而彼自听令，是亦明夫非"决去、求得"之为功矣。如处置有权而"务决去之"，"求必得之"，窃恐意之方发，更不容人逗留而施其挟持也。

且求善去恶之功，自在既好既恶之余，修身之事，而非诚意之事。但云好好色、恶恶臭，则人固未有务恶恶臭、求好好色之理。意本不然而强其然，亦安得谓之诚耶？

子夏入见圣道之时，非不求必得也。而唯其起念之际，非有根心不已之诚，意根心便是诚。则出见纷华而意移。繇此言之，求必得者，固不能如好好色矣。

《章句》为初学者陷溺已深，寻不著诚意线路，开此一法门，且教他有入处。若《大学》彻首彻尾一段大学问，则以此为助长无益之功，特以"毋自欺"三字示以警省反观之法，非扣紧著好恶之末流以力用其诚也。

唯诚其意而毋自欺，则其意之好善恶恶也，如恶恶臭，如好好色，无乎不诚，而乃可谓之自谦。故君子必慎其独，以致其诚之之功焉。本文自如此说，固文顺而理安也。

"自谦"云者，意诚也，非诚其意也。故或问以"内外昭融"一段，接递到心正身修上，与经文"意诚而后心正"二句合辙，而非以释经文"欲正其心者先诚其意"之旨。此之不察，故难免于惑乱矣。

小注中有"要自谦"之语，须活看。若要自谦，须慎独，须毋自欺，须诚其意。不然，虽欲自谦，其将能乎？

五

"自欺""自谦"一"自"字，《章句》《或问》未与分明拈出。或问云"苟焉自欺，而意之所发有不诚者"，将在意上一层说，亦微有分别。此自字元不与人相对。其立一欺人以相对者，全不惺忪之俗儒也，其谬固不待破。且自欺既尔，其于自谦也，亦可立一谦人之名以相形乎？

不尔，则必以意为自。虽未见有显指意为自者，然夫人胸中若有所解，而惮出诸口，则亦曰意而已矣。苟以意为自，则欺不欺，慊不慊，既一意矣，毋自欺而自谦，又别立一意以治之，是其为两意也明甚。若云以后意治前意，终是亡羊补牢之下策。过后知悔，特良心之发见，而可云诚意而意诚哉？况其所发之意而善也，则已早无所欺矣；如其所发而不善也，此岂可使之谦焉快足者乎？

今以一言断之曰：意无恒体。无恒体者，不可执之为自，不受欺，而亦无可谦也。乃既破自非意，则必有所谓自者。此之不审，苟务深求，于是乎"本来面目""主人翁""无位真人"，一切邪说，得以乘闲惑人。圣贤之学，既不容如此，无已，曷亦求之经、传乎？则愚请破从来之所未破，而直就经以释之曰：所谓自者，心也，欲修其身者所正之心也。盖心之正者，志之持也，是以知其恒存乎中，善而非恶也。心之所存，善而非恶。意之已动，或有恶焉，以陵夺其素正之心，则自欺矣。意欺心。唯诚其意者，充此心之善，以灌注乎所动之意而皆实，则吾所存之心周流满惬而无有馁也，此之谓自谦。意谦心。

且以本传求之，则好好色、恶恶臭者，亦心而已。意或无感而生，如不因有色现前而思色等。心则未有所感而不现。如存恻隐之心，无孺子入井事则不现等。好色恶臭之不当前，人则无所好而无所恶。虽妄思色，终不作好。意则起念于此，而取境于彼。心则固有焉而不待起，受境而非取境。今此恶恶臭、好好色者，未尝起念以求好之恶之，而亦不往取焉，特境至斯受，因以如其好恶之素。且好则固好，恶则固恶，虽境有闲断，因伏不发，而其体自恒，是其属心而不属意明矣。

传之释经，皆以明其条理之相贯，前三章虽分引古以征之，第四章则言其相贯。故下云"诚中形外""心广体胖"，皆以明夫意为心身之关钥，意居心身之介，此不可泥经文为次。而非以戒欺求谦为诚意之实功。藉云戒欺求谦，则亦资以正其心，而非以诚其意。故章末云："故君子必诚其意。"犹言故欲正其心者，必诚其意。以心之不可欺而期于谦，则不得不诚其意，以使此心终始一致，正变一揆，而无不慊于其正也。即《中庸》所谓"无恶于志"。

夫唯能知传文所谓自者，则大义贯通，而可免于妄矣。故亟为显之如此，以补先儒之未及。

六

小人之"厌然掩其不善而著其善"，固不可谓心之能正，而亦心之暂欲正者也。特其意之一于恶，则虽欲使其暂欲正之心得附于正而终不能。以此推之，则君子之欲正其心者，意有不诚，虽欲恃其素正而无不正，其终不能亦审矣。故君子欲正其心，必慎其独。

"闲居"，独也。"无所不至"，不慎之下流也。"如见其肺肝"者，终无有谅其忸怩知愧之心，而心为意累，同入于恶而不可解也。

今以掩著为自欺欺人，迹则似矣。假令无所不至之小人，并此掩著之心而无之，是所谓"笑骂繇他笑骂，好官任我为之"者，表里皆恶，公无忌惮，而又岂可哉？盖语君子自尽之学，则文过为过之大，而论小人为恶之害，则犹知有君子而掩著，其恶较轻也。

总以此一段传文，特明心之权操于意，而终不与上"自欺""自谦"相对。况乎欺之为义，谓因其弱而陵夺之，非掩盖和哄之谓。如石勒言"欺人孤儿寡妇"，岂和哄人孤儿寡妇耶？厌然掩著，正小人之不敢欺君子处。藉不掩不著，则其欺陵君子不更甚乎？小人既非欺人，而其志于为恶者，求快求足，则尤非自欺。则朱子自欺欺人之说，其亦疏矣。

七

三山陈氏谓心为内，体为外，繇心广故体胖。审尔，则但当正心，无问意矣。新安以心广体胖为诚意者之形外，其说自正。

若不细心静察，则心之为内也固然。乃心内身外，将位置意于何地？夫心内身外，则意固居内外之交。是充繇内达外之说，当繇心正而意诚，意诚而身修，与经文之序异矣。今既不尔，则心广亦形外之验也。心广既为形外之验，则于此言心为内者，其粗疏不审甚矣。

盖中外原无定名，固不可执一而论。自一事之发而言，则心未发，意将发，心静为内，意动为外。又以意之肖其心者而言，则因心发意，心先意后，先者为体于中，后者发用于外，固也。

然意不尽缘心而起，则意固自为体，而以感通为因。故心自有心之用，意自有意之体。人所不及知而己所独知者，意也。心则己所不睹不闻而恒存矣。乃己之睹闻，虽所不及而心亦在。乃既有其心，_{如好恶等，皆素志也。}则天下皆得而见之，是与夫意之为人所不及知者较显也。故以此言之，则意隐而心著，故可云外。

体胖之效，固未必不因心广，而尤因乎意之已诚。若心广之形焉而见效者，则不但体胖也。禹"恶旨酒而好善言"，武王"不泄迩，不忘远"，其居心之远大而无拘累，天下后世皆具知之，岂必验之于体之胖哉？小人之为不善而人见其肺肝，亦心之形见者也。_{不可作意说。}故形于外者，兼身心而言也。

八

"十目所视"一段，唯云峰胡氏引《中庸》"莫见乎隐"一节以证此，极为吻合。《章句》谓此承上文而言。乃上文所引小人之为不善，特假以征诚中形外之旨，而业已以"故君子慎其独也"一句结正之，则不复更有余意。慎独之学，为诚意者而发，亦何暇取小人而谆谆戒之耶？

且小人之掩著，特其见君子则然耳，若其无所不至，初不畏天下之手目也。况为不善而无所不至矣，使其能逃天下之手目，亦复何补？"何益"云者，言掩著之心虽近于知耻，而终不足以盖其恶，岂以幸人之不知为有益哉？既非幸人之不知为有益，则手目之指视，不足为小人戒也。

且云"无所不至"，则非但有其意，而繁有其事矣，正万手万目之共指共视，而何但于十？藉云"闲居"者独也，固人所不及知也；则夫君子之慎独也，以人所不及知而己独知之，故其几尚托于静，而自喻最明。若业已为十目十手之所指视，则人皆知之矣，而何名为独？凡此皆足以征章句之疏矣。

《中庸》云"莫见乎隐，莫显乎微"，谓君子之自知也。此言十目十手，亦言诚意者之自知其意。如一物于此，十目视之而无所遁，十手指之而无所匿，其为理为欲，显见在中，纤毫不昧，正可以施慎之之功。故曰："其严乎！"谓其尚于此而谨严之乎！能致其严，则心可正而身可修矣。其义备《中庸》说中，可参观之。

传第七章

一

程子谓"忿懥、恐惧、好乐、忧患，非是要无此数者，只是不以此动其心"，乃探本立论，以显实学，非若后人之逐句求义而不知通。

不动其心，元不在不动上做工夫。孟子曰："不动心有道。"若无道，如何得不动？其道固因乎意诚，而顿下处自有本等当尽之功，故程子又云："未到不动处，须是执持其志。"不动者，心正也；执持其志者，正其心也。《大全》所辑此章诸说，唯"执持其志"四字分晓。朱子所称"敬以直内"，尚未与此工夫相应。

逐句求义者见传云"有所忿懥则不得其正"，必疑谓无所忿懥而后得其正。如此戏论，朱子亦既破之矣，以其显为悖谬也。而又曰"湛然虚明，心如太虚，如镜先未有象，方始照见事物"，则其所破者用上无，而其所主者体上无也。体用元不可分作两截，安见体上无者之贤于用上无耶？况乎其所谓"如一个镜，先未有象"，虚明之心固如此矣。即忿懥等之"不得其正"者，岂无事无物时，常怀著忿惧乐患之心？天下乃无此人。假令有无可忿当前而心恒懊恼，则亦病而已矣。是则"不得其正"者，亦先未有所忿懥，而因所感以忿懥耳。若其正者则乐多良友，未得其人而辗转愿见；忧宗国之沦亡，覆败无形，而耿耿不寐，亦何妨于正哉？

又其大不可者，如云"未来不期，已过不留，正应事时不为系缚"，此或门人增益朱子之言，而非定论。不然，则何朱子显用佛氏之邪说而不恤耶？佛氏有"坐断两头，中间不立"之说，正是此理。彼盖谓大圆智镜，本无一物，而心空及第，乃以随缘赴感，无不周尔。迨其末流，不至于无父无君而不止。《大学》之正其心以修齐治平者，岂其然哉？既欲其虚矣，义欲其不期、不留而不系矣，则其于心也，但还其如如不动者而止，而又何事于正？

故释氏之谈心，但云明心、了心、安心、死心，而不言正。何也？以苟欲正之，则已有期、有留、有系，实而不虚也。今有物于此，其位有定向，其体可执持，或置之不正而后从而正之。若窅窅空空之太虚，手挪不动，气吹不移，则从何而施其正？且东西南北，无非太虚之位，而又何所正耶？

用"如太虚"之说以释"明明德"，则其所争，尚隐而难见。以此言"明"，则犹近老氏"虚生白"之旨。以此言"正心"，则天地悬隔，一思而即知之矣。故程子直以孟子持志而不动心为正心，显其实功，用昭千古不传之绝学，其功伟矣。

孟子之论养气，曰"配义与道"。养气以不动心，而曰"配义与道"，则心为道义之心可知。以道义为心者，孟子之志也。持其志者，持此也。夫然，而后即有忿懥、恐惧、好乐、忧患，而无不得其正。何也？心在故也。而耳目口体，可得言修矣。<small>此数句正从传文反勘出。</small>

传者于此章，只用半截活文，写出一心不正、身不修之象，<small>第一节心不正之象。</small>以见身心之一贯。故章首云"所谓修身在正其心者"，章末云"此谓修身在正心"，但为两"在"字显现条理，以见欲修其身者，不可竟于身上安排，而《大学》正心之条目，非故为迂玄之教。若正心工夫，则初未之及，<small>诚意修身等传，俱未尝实说本等工夫。</small>固不以无所忿懥云云者为正之之功，而亦不以致察于四者之生，使不以累虚明之本体为正也。

夫不察则不正，固然矣。乃虑其不正而察之者，何物也哉？必其如鉴如衡而后能察，<small>究竟察是诚意事。</small>则所以能如鉴如衡者，亦必有其道矣。故曰"不动心有道"也。

盖朱子所说，乃心得正后更加保护之功，<small>此自是诚意以正心事。</small>而非欲修其身者，为吾身之言行动立主宰之学。故一则曰"圣人之心莹然虚明"，一则曰"至虚至静，鉴空衡平"，终于不正之纇与得正之故，全无指证。则似朱子于此"心"字，尚未的寻落处，不如程子全无忌讳，直下"志"字之为了当。此"心"字在明德中，与身、意、知各只分得一分，不可作全体说。<small>若云至虚至明，鉴空衡平，则只消说个正心，便是明明德，不须更有身、意、知之妙。</small>其引伸传文，亦似误认此章实论正心工夫，而于文义有所不详。盖刻求工夫而不问条理，则将并工夫而或差矣。

今看此书，须高著眼，笼著一章作一句读，<small>本文"所谓""此谓"，原是一句首尾。</small>然后知正心工夫之在言外，而不牵文害义，以虚明无物为正。则程子之说，虽不释本文，而大义已自无遗。传盖曰：所谓"修身在正其心"者，以凡不能正其心者，一有所忿懥、恐惧、好乐、忧患，则不得其正矣，意不动尚无败露，意一动则心之不正者遂现。唯其心不在也。持之不定，则不在意发处作主。心不在焉，而不见、不闻、不知味，则虽欲修其身而身不听，此经所谓"修身在正其心"也。释本文。

"不得其正"，心不正也，非不正其心。"不见""不闻""不知味"，身不受修也，非身不修也。"心不在"者，孟子所谓"放其心"也。"放其心"者，岂放其虚明之心乎？放其仁义之心也。

盖既是虚虚明明地，则全不可收，更于何放？止防窒塞，无患开张。故其不可有者，留也、期也、系也。留则过去亦在，期则未来亦在，系则现前亦在。统无所在，而后心得其虚明，佛亦不作。何以又云"心不在焉"，而其弊如彼乎？朱子亦已明知其不然，故又以操则存、求放心、从大体为征。夫操者，操其存乎人者仁义之心也；求者，求夫仁人心、义人路也；从者，先立夫天之所与我者也。正其心于仁义，而持之恒在，岂但如一镜之明哉？惜乎其不能畅言之于《章句》，而启后学之纷纭也！

二

切须知以何者为心，不可将他处言心者混看。抑且须知忿懥、恐惧、好乐、忧患之属心与否。以无忿懥等为心之本体，是"心如太虚"之说也，不可施正，而亦无待正矣。又将以忿懥等为心之用，则体无而用有，既不相应。如镜既空，则但有影而终无光。且人之释心意之分，必曰心静而意动，今使有忿懥等以为用，则心亦乘于动矣。只此处从来不得分明。不知《大学》工夫次第，固云"欲正其心者先诚其意"，然煞认此作先后，则又不得。且如身不修，固能令家不齐；乃不能齐其家，而过用其好恶，则亦身之不修也。况心之与意，动之与静，相为体用，而无分于主辅，故曰"动静无端"。故欲正其心者必诚其意，而心苟不正，则其害亦必达于意，而无所施其诚。

凡忿懥、恐惧、好乐、忧患，皆意也。不能正其心，意一发而即向于邪，以成乎身之不修。此意既随心不正，则不复问其欺不欺、慊不慊矣。若使快足，入邪愈深。故愚谓意居身心之交，八条目自天下至心，是步步向内说；自心而意而知而物，是步步向外说。而《中庸》末章，先动察而后静存，与《大学》之序并行不悖。则以心之与意，互相为因，互相为用，互相为功，互相为效，可云縣诚而正而修，不可云自意而心而身也。心之为功过于身者，必以意为之传送。

三

朱子说"鉴空衡平之体，鬼神不得窥其际"，此语大有病在。南阳忠国师勘胡僧公案，与列子所纪壶子事，正是此意。凡人心中无事，不思善，不思恶，则鬼神真无窥处。世有猜棋子戏术，握棋子者自不知数，则彼亦不知，亦是此理。此只是谚所云"阴阳怕懵懂"，将作何用，岂可谓之心正？心正者，直是质诸鬼神而无疑。若其光明洞达，匹夫匹妇亦可尽见其心，岂但窥其际也而已哉？

四

"仰面贪看鸟，回头错应人"，恁般时，心恰虚虚地，鬼神亦不能窥其际，唯无以正之故也。不然，岂杜子美于鸟未到眼时，预期一鸟而看之；鸟已飞去后，尚留一鸟于胸中；鸟正当前时，并将心系著一鸟乎？唯其无留、无期、无系，适然一鸟过目，而心即趋之，故不觉应人之错也。

正心者，过去不忘，未来必豫，当前无丝毫放过。则虽有忿懥、恐惧、好乐、忧患，而有主者固不乱也。

传第八章

一

或问之论敖惰，足破群疑。但朱子大概说待物之理，而此传之旨，乃以发修身、齐家相因之理。则在家言家，而所谓"泛泛然之涂人"与夫求见之孺悲，留行之齐客，固非其类。

又"亲爱"以下五者，亦比类而相反。敖惰者畏敬之反，贱恶者亲爱、哀矜之反。各有所反，则亲爱、哀矜者，其或在所敖惰也有矣。敖者，亢敖自尊而卑之也。惰者，适意自便而简之也。敖必相与为礼时始见，如扶杖而受卑幼之拜是已。惰则闲居治事，未与为礼时乃然，虽过吾前，不为改容也。此则一家之中，繁有其人，亦繁有其时，外之家臣仆隶，大夫而后可云家。内则子孙群从，日侍吾前者皆是也。然使其辟，则自处过亢而情不下接，有所使令，亦惮其尊严而不敢自白，则好不知恶，恶不知美，自此积矣。是身之不修，家缘不齐之一端也。

凡释字义，须补先儒之所未备，逐一清出，不可将次带过。一部《十三经》，初无一字因彼字带出混下者。如此章"亲爱"等十字，其类则五，而要为十义。亲者相洽相近之谓，爱则有护惜而愿得之意。已得则护惜，未得则愿得。孟子云"彼以爱兄之道来"，不可云亲兄；以"郁陶思君"之言有护念而愿见之意。畏者畏其威，敬者敬其仪。畏存乎人，敬尽乎已。父兼畏敬，母兄唯敬。哀则因其有所丧而悼之，矜则因其未足以成而怜之。丧则哀，病不成人则矜。贱以待庸陋，恶以待顽恶。近取之家，自不乏此十种。敖惰前已释。或以人别，或以事别，其类则有五，其实凡十也。

二

好知恶，恶知美，知子之恶，知苗之硕，要未可谓身修，未可谓家齐，亦不可以务知之明为修其身、齐其家之功。修身在于去辟，无所辟而后身修。若齐家之功，则教孝、教弟、教慈，非但知之，而必教之也。

唯身之有辟，故随其辟以为好恶，须玩本文一"故"字。而教之失宜。如其无辟，则于身取则，而自有以洞知人之美恶。知其如此者之为不孝、不弟、不慈，则严戒之得矣。知其如此者之为能孝、能弟、能慈，则奖掖之得矣。故《章句》著"所以"二字。"所以"云者，于以为立教之本而利用之也。

到知美知恶，大要著力不得。假令好而欲知其恶，恶而欲知其美，其起念已矫揉不诚。强制其情而挟术以为讥察，乃欲如吴季子所云镜明衡平者，亦万不可得之数。故传意但于辟不辟上致克治之功。此以外制内之道，_{亲爱等见于事，故属外。知与好恶属内。}自与正心殊科。

盖所谓修身者，则修之于言行动而已。繇言行动而内之，则心意知为功，乃所以修身之本，而非于身致修之实。_{知美知恶，自致知事。好恶，自正心}事。而人终日所言、所行、所动，必因人因事而发，抑必及于物；而受之者，则所亲爱、贱恶、畏敬、哀矜、敖惰者是已。君子而入大学，则固非忧患困穷，避世土室者之所可例，又岂至如浮屠之弃家离俗，杜足荒山，习四威仪于人所不接之地也与？故列数所施之地，以验其言行动辟与不辟之实。然则修其身而使不辟者，必施之得宜，而非但平情以治其好恶，_{此自正心诚意事。}如吴季子镜衡之说，内求之心知而略于身，外求之物理而内失已也。

才有所辟，言必过言，行必过行，动必过动。抑言有过言，行有过行，动有过动，而后为用情之辟。辟者偏也，非邪也。邪生心而偏在事。非施之言行动而何以云辟哉？故修身者，修其言行动之辟也。

欲得不辟，须有一天成之矩为之范围，为之防闲，则礼是已。故曰"非礼不动，所以修身也"。_{"齐明"是助修，"非礼不动"乃是正修。}礼以简束其身，矫偏而使一于正，则以此准己之得失者，即以此而定人之美恶，不待于好求恶，于恶求美，而美恶粲然，无或蔽之矣。此修身所以为齐家之本。舍是，则虽欲平情以齐其家，不可得也。

亲爱、贱恶、畏敬、哀矜、敖惰而云"其所"，乃以谓身之所施，而非言情之所发。或问"今有人焉"一段，亦甚深切著明矣。惜乎门人之不察，求之于情而不求之于事，徒区区于爱最易偏，辨平情之次第，入荆棘而求蹊径，劳而无益久矣！

三

有所当言，因亲爱而黩，因畏敬而隐，因贱恶而厉，因哀矜而柔，因敖惰而简；有所当行，因亲爱而茬，因畏敬而葸，因贱恶而矫，因哀矜而沮，因敖惰而吝；于其动也，因亲爱而媟，因畏敬而馁，因贱恶而暴，因哀矜而靡，因敖惰而骄：皆身之不修也。

君子所贵乎道者，鄙倍、暴慢、淫昵之不作，虽因亲疏贵贱贤不肖而异施，亦何辟之有哉？如是，方是修身。若但云平情如衡，则苟所当致其亲爱者，虽极用其亲之爱之之心，如舜之于象，亦未为辟，敬畏等放此。岂酌彼损此，漫无差等，抑所有余以就不足之得为齐哉？唯然，故身不修而欲齐其家，必不可也。

传第九章

一

《章句》"立教之本"云云，亦但从性情会通处，发明家国之一理，以见教家之即以教国耳。"识端推广"，乃朱子从言外衍说，非传意所有。缘恐人将孝弟慈说得太容易，以为不待学而自能，竟同处子之不学养子一例，故补此一说，见教家教国，理则一而分自殊；事之已殊，有不待推而不可者。

其云"立教之本"，即指上孝弟慈，金仁山之说为近。所云本者，以家国对勘：教家者教国之本，孝弟慈者事君、事长、使众之本也。唯其不假强为，则同命于天，同率于性，天理流行，性命各正，非仅可通于家而不可行于国也。唯养子不待学，则使众亦不待别有所学，而自无不可推矣。故立教之本，有端可识，而推广无难也。

《章句》恰紧在一"耳"字，而朱子又言"此且未说到推上"，直尔分明。玉溪无端添出明德，仁山以"心诚求之"为推，皆是胡乱忖度。"心诚求之"元是公共说的，保赤子亦如此，保民亦如此。且此但言教而不言学。一家之教，止教以孝于亲、弟于长、慈于幼，何尝教之以推？所谓推者，乃推教家以教国也，非君子推其慈于家者以使国之众也。

所引《书》词，断章立义。但据一"如"字，明二者之相如；而教有通理，但在推广，而不待出家以别立一教。认《章句》之旨不明，乃谓君子推其慈家之恩以慈国，其于经传"齐""治"二字何与，而传文前后六"教"字，亦付之不问。小儒见杌惊鬼，其瞀乱有如此者，亦可叹也已！

二

径以孝弟慈为"明明德"者，黄氏之邪说也。朱门支裔，背其先师之训，淫于鹅湖者，莫此为甚。其始亦但牵枝分段，如今俗所谓章旨者，而其悖遂至于是。王阳明疑有子支离，只欲将仁与孝弟并作一个。若论孝弟慈之出于天性，亦何莫非"明德"？尽孝、尽弟、尽慈，亦何不可云"明明德"？而实则不然。如《廿一史》所载孝友、《独行传》中人物，乃至王祥、李密一流，不可云他孝弟有亏欠在；而其背君趋利，讵便可许之为克明其德？

至如所云"天明地察"，则又不可以此章所言孝者例之。此但据教家教国而言，则有七八分带得过，而君子之教已成。故曰："敬敷五教在宽。"且不敢遽责其为王祥、李密，而况其进焉者乎？

明明德之事，经文所云格物、致知、诚意、正心、修身，缺一不成，《章句》已分明言之。倘必待格致诚正之已尽，而后可云孝子、弟弟、慈长，则即令尧、舜为之长，取一家之人，戒休董威之，且没世而不能。如但以保赤子之慈，而即可许之明明德，则凡今之妇姬，十九而明其明德矣。

于德言明，于民言新，经文固自有差等。陆、王乱禅，只在此处，而屈孟子不学不虑之说以附会己见，其实则佛氏呴呴呕呕之大慈大悲而已。圣贤之道，理一分殊，断不以乳媪推干就湿、哺乳嚼粒之恩为天地之大德。故朱子预防其弊，而言识、言推，显出家国殊等来。家国且有分别，而况于君德之与民俗，直是万仞壁立，分疆画界。比而同之，乱天下之道也。

三

程子所云"慈爱之心出于至诚"，乃以引伸养子不待学之意，初不因传文"诚求""诚"字而设。凡母之于子，性自天者，皆本无不诚，非以"诚"字为工夫语。吴季子无端蔓及诚意，此如拈字酒令，搭著即与安上，更不顾理。学者最忌以此种戏心戏论窥圣贤之旨。如母之于赤子，岂尝戒欺求谦，慎其独知，而后知保哉？

诚之为说，《中庸》详矣。程子所云"出于至诚"者，"诚者天之道也"。天以是生人。"诚其意"者，"诚之者人之道也"。^{须择善而固执。}天道不遗于夫妇，人道则唯君子为能尽之。若传文"心诚求之"之"诚"，则不过与"苟"字义通。言"心"言"求"，则不待言"诚"而其真实不妄自显矣。

经传之旨，有大义，有微言，亦有相助成文之语。字字求义，而不顾其安，鲜有不悖者。况此但据立教而言，以明家国之一理。家之人固不能与于诚意之学，矧国之人万有不齐，不因其固有之良，导之以易从之功，而率之与讲静存动察之学，不亦惧乎！

若云君子之自诚其意者，当以母之保子为法，则既非传者之本意；而率入大学之君子，相与呴呴呕呕以求诚，"好仁不好学，其蔽也愚"，此之谓夫！故戏论之害理，剧于邪说，以其似是而非也。

四

机者发动之繇，只是动于此而至于彼意，要非论其速不速也。国之作乱，^{作乱自是分争草窃，非但不仁不让而已也。}非一人之甫为贪戾而即然。且如无道如隋炀帝，亦延得许久方乱；汉桓帝之后无灵帝，黄巾之祸亦不如是之酷。且传文此喻，极有意在。如弩机一发，近者亦至之有准，远者亦至之有准，一条蓦直去，终无迂曲走移。一人贪戾，则近而受之者家，远而受之者国，其必至而不差，一也。

矢之中物，必有从来。仁让作乱之成于民，亦必有从来。如云礼达分定，则民易使，实是上之人为达之而为定之，岂但气机相感之浮说乎？一家之仁让，非自仁自让也，能齐其家者教之也。教成于家而推以教国者，即此仁让，而国无不兴焉。盖实恃吾教仁教让者以为之机也。若但以气机感通言之，则气无畛域，无顿舍，直可云身修而天下平矣。

《大学》一部，恰紧在次序上，不许人作无翼而飞见解。吴季子"瞬息不留"之淫词，为害不小。既瞬息不留，则一念初起，遍十方界，所有众生，成佛已竟，何事言修、言齐、言治、言平之不已哉？

五

齐云"有诸己不必求诸人，无诸己不必非诸人"，断章取义，以明君子自治之功则然。子曰"攻其恶，无攻人之恶"，要为修慝者言之尔。盖明德之功而未及于新民也。经云："欲治其国者，先齐其家。"既欲治其国矣，而可不必求，不必非乎？但有诸己者与求诸人者，无诸己者与非诸人者，亦自有浅深之不同。如舜之事父母，必至于"烝烝乂不格奸"，而后自谓可以为人子。其求于天下之孝者，亦不过服劳奉养之不匮而已。

细为分之，则非但身之与国，不可以一律相求，即身之于家，家之于国，亦有厚薄之差。曾子固不以己之孝责曾元，而天子使吏治象之国，亦不概施夫异姓不毗之诸侯也。故曰理一而分殊。然原其分殊，而理未尝不一，要以帅人而后望人之从，其道同也。故在家无怨者，在邦亦无怨也。

传第十章

一

第十章传，且俱说治国，故云"有国者不可以不慎"，云"得众则得国"，云"此谓国不以利为利"。絜矩之道、忠信之德、外末内本、以财发身、见贤先举、远退不善，凡此皆治国之大经，而可通之于天下者也。若平天下之事，则自有命德讨罪、制礼作乐之大政，要亦可以此通之。而其必待推者，传所未及，且所谓"文武之政，布在方策"，而非入学者所预习也。

先儒未能推传意之所未及，而以体经文言"天下平"不言"平天下"之旨，竟于此传言"天下"，则似治国之外，别无平天下之道。既不顺夫理一分殊之义，而抑不察夫古之天下为封建，故国必先治；今之天下为郡县，故不须殊直隶于司道；固难以今之天下统为一国者，为古之天下释。孟子论世之说，真读书者第一入门法。惜乎朱子之略此也！

自秦以后，有治而无平，则虽有王者起，亦竟省下一重事业。唯其然，是以天下终不易平。即以圣神之功化莅之，亦自难使长鞭之及马腹。今以说古者大学之道，那得不还他层次，以知三代有道之长，其规模如彼哉？

二

"是以君子有絜矩之道"，须于教孝、教弟、教慈之外，别有一教之之道在。《章句》云"亦可以见人心之所同"云云，"是以君子必当因其所同，推以度物"，明分两折。而所谓絜矩者，自与藏身之恕不同。所云"毋以使下""毋以事上"云者，与"勿施于人"，文似而义实殊也。

唯东阳许氏深达此理，故云："天下之大，<small>此句有病</small>。兆民之众，须有规矩制度，使各守其分，是以己之心度人之心，品量位置以为之限。"则明乎君子以絜矩之道治民，而非自絜矩以施之民也。朱子"交代官""东西邻"之说，及周阳繇、王肃之事，皆且就絜矩上体认学问，姑取一人之身以显絜矩之义，而非以论絜矩之道。

齐家之教，要于老老、长长、恤孤，而可推此以教国矣。乃国之于家，人地既殊，理势自别，则情不相侔，道须别建。虽其心理之同，固可类通，而终不能如家之人，可以尽知其美恶以因势而利导之。乃君子因其理之一，而求之于大公之矩，既有以得其致远而无差者，则不患夫分之悬殊，而困于美恶之不知，使教有所不行也。

一国之人，为臣为民，其分之相临，情之相比，事之相与，则上下、左右、前后尽之矣。为立之道焉，取此六者情之所必至、理之所应得者，以矩絜之，使之均齐方正，厚薄必出于一，轻重各如其等，则人得以消其怨尤，以成孝弟慈之化，而国乃治矣。其授之以可以尽孝弟慈之具，则朱子所谓"仰足事，俯足育"者，固其一端；而为之品节位置，使人皆可共率繇夫君子之教者，则必东阳所谓"规矩制度"者，而后为治道之全也。

唯然，则一国之人虽众，即不孤恃其教家者以教国，而实则因理因情，变通以成典礼，则固与齐家之教相为通理，而推广固以其端矣。矩之既絜，则君子使一国之人并行于恕之中，而上下、前后、左右无不以恕相接者，非但君子之以恕待物而国即治也。

若《传》所谓内德外财，则是非争斗其民而施之以劫夺之教；爱贤恶不肖，为严放流之法，而不使娼疾者得以病有技、彦圣之人：要皆品节斯民，限以一程之法，使相胥而共繇于矩之中者也。

齐家恃教而不恃法，故立教之本不假外求。治国推教而必有恒政，故既以孝弟慈为教本，而尤必通其意于法制，以旁行于理财用人之中，而纳民于清明公正之道。故教与养有兼成，而政与教无殊理。则《大学》之道，所以新其民者，实有以范围之于寡过之地，不徒恃气机之感也。此则以治其国，而推之天下亦无不可矣。

三

周阳繇、王肃所以能尔者，自是乱世事，此固不足道。如叔孙通所草汉仪，萧何所制汉法，何尝从大公之矩絜得整齐？固原留一渗漏，教郡守、教尉可以互相陵傲。而繇则以武帝为之君，又施劫夺之教，而好人所恶，如何不教成他胡乱？若伯鲧只一方命圮族，以恶于下者事上，方命。恶于上者使下，圮族。便进诸四夷，则虞廷上下，交好于仁让之中，如繇、肃者，岂得以肆其志哉？

故治国之道，须画一以立絜矩之道。既不可全恃感发兴起，以致扞格于不受感之人；而或问谓"絜矩必自穷理正心来"，一皆本自新者以新民，则傲很苟不如伯鲧者，亦可教而不待刑也。周阳繇便教不入，若王肃自可教。

四

民之所好，民之所恶，矩之所自出也。有絜矩之道，则已好民之好，恶民之恶矣。乃"所恶于上，毋以使下"，则为上者必有不利其私者矣；"所恶于下，毋以事上"，则为下者必有不遂其欲者矣。君子只于天理人情上絜著个均平方正之矩，使一国率而繇之。则好民之所好，民即有不好者，要非其所不可好也；恶民之所恶，民即有不恶者，要非其所不当恶也。

如妨贤病国之人，又岂无朋党私昵幸其得位而恐其见逐者？乃至争民施夺之政，亦岂尽人而皆恶之？若王介甫散青苗钱，当其始散，或踊跃而愿得之，迨其既散，或亦因之而获利，未尝一出于抑配。故民之好恶，直恁参差，利于甲者病于乙，如何能用其好恶而如父母？唯恃此絜矩之道，以整齐其好恶而平施之，则天下之理得，而君子之心亦无不安矣。

所谓父母者，《鸤鸠》七子之义，均平专壹而不偏不吝也。不然，则七子待哺，岂不愿己之多得，而哺在此，且怨在彼矣。曰"民"者，公辞也，合上下、前后、左右而皆无恶者也。故《或问》曰："物格知至，有以通天下之志；意诚心正，有以胜一己之私。"又曰："人之为心，必当穷理以正之，使其所以爱己治人者皆出于正，然后可以即是而推之人。"民不能然，故须上为絜之。盖物格知至，则所好所恶者曲尽其变，不致恃其私意，而失之于偏；意诚心正，则所好所恶者一准于道，不致推私欲以利物，而导民于淫。故传于好人所恶、恶人所好者，斥其"拂人之性"，而不言"拂人之情"也。

自然天理应得之处，性命各正者，无不可使遂仰事俯育之情，君子之道，斯以与天地同流，知明处当，而人情皆协者也。此之为道，在齐家已然，而以推之天下，亦无不宜。特以在家则情近易迷，而治好恶也以知；在国则情殊难一，而齐好恶也以矩。故家政在教而别无政，国教在政而政皆教，斯理一分殊之准也。

五

"先慎乎德"，"德即所谓明德"，《章句》《或问》凡两言之，而愚窃疑其为非。朱子之释明德曰："人之所得于天，而虚灵不昧，以具众理而应万事者也。"若夫慎之云者，临其所事，拣夫不善而执夫善之谓也。故《书》曰："慎厥身。"身则小体大体之异从而善恶分也。《论语》曰："子之所慎，齐、战、疾。"临夫存亡得失之交，保其存与得而远夫失与亡也。《礼记》凡三言慎独，独则意之先几、善恶之未审者也。乃若虚灵不昧之本体，存乎在我，有善而无恶，有得而无失，抑何待拣其不善者以孤保其善哉？此以知明德之可言明，而不可言慎也。

或朱子之意，以明其明德者谓之明德。则当其未明，不可言明，及其已明，亦无待慎，而岂其云君子先慎明其德哉？且明德之功，则格物、致知、诚意、正心是已。传独于诚意言慎者，以意缘事有，以意临事，则亦以心临意也。若夫心固不可言慎矣。是以意在省察，而心唯存养。省察故不可不慎，而存养则无待于慎，以心之未缘物而之于恶也。至于致知格物，则博学、审问、明辨，而慎思特居其一，是慎不可以尽格致之功明矣。安得以慎之一言，蔽明德之全学乎？是故以德为明德者，无之而可也。

德者，行焉而有得于心之谓也。则凡行而有得者，皆可谓之德矣。故《书》曰"德二三，动罔不凶"；《易》曰"不恒其德"；《诗》曰"二三其德"。审夫德者，未必其均为善而无恶，乃至迁徙无恒，佻得以自据者，亦谓之德，故不可以不慎也。

是以所得于天而虚灵不昧者，必系之以明，而后其纯乎善焉。但夫人之迁徙无恒，佻得以自据者，虽非无得于心，而反诸心之同然者，则所得者其浮动窃取之情，而所丧者多。故凡言德者，十九而皆善。十九而善，故既慎之余，竟言"有德"，而不必言"有懿德"。然以不善者之非无所得也，故君子之于德，必慎之也。

慎者，慎之于正而不使有辟也。慎于正而不使有辟者，好恶也。好恶者，君子之以内严于意，而外修其身者也。唯意为好恶之见端，而身为好恶之所效动，<small>身以言行动言</small>。则君子出身加民，而措其有得于心者以见之行事，故曰："是故君子先慎乎德。""是故"云者，以絜民之好恶而好恶之，则为"民之父母"；任其好恶之辟而德二三，则"为天下僇"。故君子之抚有人土财用者，必先慎之乎此也。又曰"有德此有人"，则以慎其好恶之几得之于心者，慊乎人心之所同然；而措夫好恶之用行之于道者，尽夫众心之攸好；故臣民一率其举错用缓之公，知其大公至正而归之也。

且《大学》之教，理一分殊。本理之一，则众善同原于明德，故曰"明德为本"。因分之殊，则身自有其身事，家自有其家范，国自有其国政，天下自有其天下之经。本统乎末，而繇本向末，茎条枝叶之不容夷也。今云"有人此有土，有土此有财，有财此有用"，则一国之效乎治者，其次序相因，必如是以为渐及之词，而后足以见国之不易抵于治。乃云君子有其明德而遂有人，则躐等而为迫促之词，是何其无序耶！

夫明德为新民之本，而非可早计其效于民新，故身修之后，必三累而至乎天下平。则新民者固原本于已明之君德，而必加之以齐治平之功。岂德之既明，而天下即无不平乎？故格致诚正，其报成在身修，而修齐治之底绩在天下平。是以明德、新民，理虽一贯，而显立两纲，如日月之并行而不相悖。今此言治平之理，则有德有人，以是功，取是效，捷如影响，必其为新民之德审矣。

新民之德，非不原本于明德，而固自有所及于民之德。故好恶之为功，内严于诚意，而必外著之絜矩之道，然后人土财用之应成焉。使其不然，则《大学》之道，一明德尽之，而何以又云"在新民"乎？又况为格、为致、为诚、为正者，未尝有以及乎民，而遽期夫人土财用之归，是以其心身之学，坐弋崇高富贵之获，抑异夫先事后得、成章后达之教者矣。

《大学》一书，自始至终，其次第节目，统以理一分殊为之经纬。故程子以此书与《西铭》并为入德之门。朱子或有不察，则躐等而不待盈科之进，如此类者，亦所不免。董氏彝云"明德言自修，慎德言治天下"，不徇章句，乃以为有功于朱子。

六

吴季子以发钜桥之粟为"财散"，不知彼固武王一时之权，而为不可继之善政也。倘不经纶积来，何所得粟而发之？故孟子以发棠拟之冯妇，而谓见笑于士，以其不务制民之产，而呴呴以行小惠也。

财聚者，必因有聚财者而后聚。财散者，财固自散，不聚之而自无不散也。东阳许氏云"取其当得者而不过"，其论自当。

乃财聚者，非仅聚于君而已。如《诗》所云"鞫侯多藏"，《盘庚》所云"总于货宝"者，强豪兼并之家，皆能渔猎小民，而使之流离失所。絜矩之道行，则不得为尔矣。

民散云者，《诗》所谓"逝将去女，适彼乐土"者也。即此，亦以知此为治国而言。若以天下统言之，共此四海之内，散亦无所往。故郡县之天下，财殚于上，民有死有叛而已矣，不能散也。

七

忠信之所得，骄泰之所失，《章句》以天理存亡言之，极不易晓。双峰早已自惑乱在。其云"忠信则得善之道，骄泰则失善之道"，竟将二"之"字指道说。俗儒见得此说易于了帐，便一意从之。唯吴季子云："忠信则能絜矩，而所行皆善，岂不得众乎？骄泰则不能絜矩，而所行皆不善，岂不失众乎？"一串穿下，却是不差。

《章句》云："君子以位言之，道谓居其位而修己治人之术。"是道与位相配，而凝道即以守位，一如"生财有大道"，非"生众、食寡，为疾、用舒"，则失其道而财不能生也。双峰认天理不尽，如何省得朱子意？

倘只靠定絜矩不絜矩作天理，乃不知天生人而立之君，君承天理民，而保其大宝，那一般不是天理来？古人于此见得透亮，不将福之与德打作两片。故"天命之谓性"，与"武王末受命"，统唤作命。化迹则殊而大本则一，此自非靠文字求解者之所能知。

若论到倒子处，则必"得众得国"，"失众失国"，方可云"以得之""以失之"。特为忠信、骄泰原本君心而言，不可直恁疏疏阔阔，笼统说去，故须找出能絜矩不能絜矩，与他做条理。但如吴季子之说，意虽明尽，而于本文直截处不无腾顿，则终不如朱子以"天理"二字大概融会之为广大深切而无渗也。

若抹下得众得国一层，只在得道失道上捎煞，则忠信之外有道，而忠信为求道之敲门砖子，不亦悖与！君子之大道，虽是尽有事在，然那一件不是忠信充满发现底？故曰："夫子之道，忠恕而已矣。"只于此看得真，便知双峰之非。双峰则以道作傀儡，忠信作线索，拽动他一似生活，知道者必不作此言也。

或疑双峰之说，与程子所云"有《关雎》《麟趾》之精意，而后《周官》之法度可行"义同，则忠信岂非所以得道者？不知程子所云，元是无病。后人没理会，将《周官》法度作散钱，《关雎》《麟趾》之精意作索子，所以大差。钱与索子，原是两项物事，判然本不相维系，而人为穿之。当其受穿，终是拘系强合，而漠不相知。若一部《周官》法度，哪一条不是《关雎》《麟趾》之精意来？周公作此法度，原是精意在中，遇物发现，故程子直指出周公底本领教人看。所谓"有《关雎》《麟趾》之精意"者，即周公是也。岂后人先丢下者法度，去学个精意，然后可把者法度来行之谓乎？如王介甫去学《周礼》，他不曾随处体认者精意，便法度也何曾相似？看他青苗钱，与国服之制差得许远！

故《大学》之道，以明德者推广之新民，而云"明德为本，新民为末"。末者，本之所生也。可云生，不可云得。岂以明德作骨子，撑架著新民使挣扎著；以明德作机关，作弄著新民使动荡；以明德作矰缴，弋射著新民使速获之谓乎？知此，则群疑可以冰释矣。

八

古人说个忠信，直尔明易近情，恰似人人省得。伊川乃云"尽己之谓忠，以实之谓信"，明道则云"发己自尽为忠，循物无违为信"，有如增以高深隐晦之语，而反使人不知畔岸者然。呜呼！此之不察，则所谓微言绝而大义因之以隐也。

二程先生之语，乃以显忠信之德，实实指出个下手处，非以之而释忠信也。盖谓夫必如是而后为忠，如是而后为信也。二先生固有而自知之，则并将工夫、体段一齐说出。未尝得到者地位人，自然反疑他故为隐晦之语。而二先生于此发己所见，无不自尽，循忠信之义，毫厘不违，以教天下之学为忠信者，深切著明。除是他胸中口下，方说得者几字出，而后学亦有津涘之可问，不患夫求忠而非忠，求信而不信矣。

所谓"发己自尽"者，即"尽己"之谓也。所谓"以实"者，则"循物无违"之谓也。说"忠"字，伊川较直截；而非明道之语，则不知其条理。说"信"字，明道乃有指征；而伊川所谓"以实"者，文易求而旨特深也。

盖所谓"己"者，言乎己之所存也，"发己"者，发其所存也。发之为义，不无有功，而朱子以凡出于己者言"发己"，见《性理》。则以其门人所问发为奋发之义，嫌于矫强，故为平词以答之。乃此发字，要如发生之发，有繇体生用之意；亦如发粟之发，有散所藏以行于众之意；固不可但以凡出诸己者言之也。唯发非泛然之词，然后所发之己，非私欲私意，而自尽者非违道以干誉矣。

若所谓"自尽"者，则以其发而言，义亦易晓。凡己学之所得，知之所及，思之所通，心之所信，遇其所当发，沛然出之而无所吝。以事征之，则孟子所谓"知其非义，斯速已"而无所待者，乃其发之之功；而当其方发，直彻底焕然，"万紫千红总是春"者是也。

若伊川所云"尽己""尽"字，大有力在，兼"发"字意在内。亦如天地生物，除却已死已槁，但可施生，莫不将两闲元气，一齐进将去。所以一言忠，则在己之无虚无伪者已尽。而"以实谓信"之"实"，则固非对虚伪而言，乃因物之实然者而用之也。于此不了，则忠外更无信；不然，亦且于忠之外，更待无虚无伪而始为信，则所谓忠者亦非忠矣。

"信"者不爽也，名实不爽、先后不爽之谓也。唯名实爽而后先后爽。如《五行志》所载李树生瓜，名实既爽，故前此初不生瓜，后此仍不生瓜而生李，则先后亦因之而爽矣。

"循"者，依缘而率繇之谓也。依物之实，缘物之理，率繇其固然，而不平白地画一个葫芦与他安上，则物之可以成质而有功者，皆足以验吾所行于彼之不可爽。抑顺其道而无陵驾倒逆之心，则方春而生，方秋而落，遇老而安，遇少而怀，在桃成桃，在李成李，心乎上则忠，心乎下则礼，彻始彻终，一如其素，而无参差二三之德矣。

君子于此，看得物之备于我，己之行于物者，无一不从天理流行，血脉贯通来。故在天则"云行雨施，品物流形"，天之"发己自尽"者，不复吝留而以自私于己；"乾道变化，各正性命"，天之"循物无违"者，不恣己意以生杀而变动无恒。则君子之"首出庶物，万国咸宁"者，道以此而大，矩以此而立，絜以此而均，众以此而得，命以此而永。故天理之存也，无有不存；而几之决也，决于此退藏之密而已矣。

不然，则内不尽发其己，而使私欲据之；外不顺循乎物，而以私意违之。私欲据乎己，则与物约而取物泰；私意违乎物，则刍狗视物而自处骄。其极，乃至好佞人之谀己，而违人之性以宠用之；利聚财之用，而不顾悖入之多畜以厚亡。失物之矩，安所施絜，而失国失命，皆天理之必然矣。故曰："忠信以得之，骄泰以失之。"君子之大道所必择所从而违其害者也。

上推之天理，知天之为理乎物者则然。下推之人事，知天理之流行于善恶吉凶者无不然。此非传者得圣学之宗，不能一言决之如此。而非两程子，则亦不能极之天道，反之己心，而见其为功之如是者。不然，则不欺之谓忠，无爽之谓信，此解亦是。人具知之，而何以能不欺，何以能无爽？究其怀来，如盲人熟记路程，亦安知发足之何自哉？则谓南为北，疑江为淮，固不免矣。

九

明道曰："忠信，表里之谓。"伊川曰："忠信，内外也。"表里、内外，字自别。南轩以体用言，则误矣。表里只共一件衣，内外共是一件物，忠信只是一个德。若以居为内，以行为外，则忠信皆己及物之事，不可作此分别。缘程子看得天理浑沦，其存于吾心者谓之里，其散见于物理者谓之表，于此理之在己、在物者分，非以事之藏于己、施于物者分也。

如生财之道，自家先已理会得详明，胸中有此"生众食寡、为疾用舒"的经纶条理，此谓之里。便彻底将来为一国料理，不缘于己未利，知而有所不为，此是"发己自尽"。乃以外循物理，生须如此而众，食须如此而寡，为须如此而疾，用须如此而舒，可以顺人情，惬物理，而经久不忒，此之谓表。不恃己意横做去，教有头无尾，此是"循物无违"。及至两者交尽，共成一"生众食寡、为疾用舒"之道，则尽己者即循物无违者也，循物无违者即尽己者也。故曰只是一个德。

此之为德，凡百俱用得去。缘天理之流行敦化，共此一原，故精粗内外，无所不在。既以此为道，而道抑以此而行，君子修己治人，至此而合。且如生财之道，在人君止有"生众食寡、为疾用舒"为所当自尽之道，而即己尽之；而财之为理，唯"生众食寡、为疾用舒"则恒足，而即循用其理而无违。此是忠信合一的大腔壳，大道必待忠信而有者也。

乃随举一节，如"生之者众"，必须尽己之心以求夫所以众之道而力行之。乃民之为道，其力足以任生财者本众也，即因其可生而教之生，以顺其性，此是忠信细密处，忠信流行于大道之中者也。

而君子则统以己无不尽、物无或违之心，一于无妄之诚，遇物便发得去。理财以此，用人以此，立教于国，施政于天下，无不以此。是忠信底大敷施，而天之所以为命以福善祸淫，人之所以为情而后抚仇虐，亦皆此所发之不谬于所存，而物理之信然不可违者也。故操之一念，而天理之存亡以决也。

十

"发"字、"循"字，若作等闲看，不作有工夫字，则自尽、无违，只在事上见，而忠信之本不立矣。发者，以心生发之也。循者，以心缘求之也。非此，则亦无以自尽而能无违也。"尽己"，功在"尽"字上；"以实"，功在"以"字上；以，用也。与此一理。"以实"者，不用己之私意，而用事物固然之实理。

《读四书大全说》卷一终

读四书大全说卷二·中庸

中庸序

随见别白曰知，触心警悟曰觉。随见别白，则当然者可以名言矣。触心警悟，则所以然者微喻于己，即不能名言而已自了矣。知者，本末具鉴也。觉者，如痛痒之自省也。知或疏而觉则必亲，觉者隐而知则能显。赵格庵但据知觉之成效为言耳，于义未尽。

名篇大旨

《中庸》之名，其所自立，则以圣人继天理物，修之于上，治之于下，皇建有极，而锡民之极者言也。二"极"字是中，"建"字"锡"字是庸。故曰："中庸其至矣乎！民鲜能久矣。"又曰："中庸不可能也。"是明夫中庸者，古有此教，而唯待其人而行；而非虚就举凡君子之道而赞之，谓其"不偏不倚，无过不及"之能中，"平常不易"之庸矣。

天下之理统于一中：合仁、义、礼、知而一中也，析仁、义、礼、知而一中也。合者不杂，犹两仪五行、乾男坤女统于一太极而不乱也。离者不孤，犹五行男女之各为一〇，而实与太极之〇无有异也。审此，则"中和"之中，与"时中"之中，均一而无二矣。朱子既为分而两存之，又为合而贯通之，是已。然其专以中和之中为体则可，而专以时中之中为用则所未安。

但言体，其为必有用者可知；言未发则必有发。而但言用，则不足以见体。"时中"之中，何者为体耶？"时中"之中，非但用也。中，体也；时而措之，然后其为用也。喜怒哀乐之未发，体也；发而皆中节，亦不得谓之非体也。所以然者，喜自有喜之体，怒自有怒之体，哀乐自有哀乐之体。喜而赏，怒而刑，哀而丧，乐而乐，音岳。则用也。虽然，赏亦自有赏之体，刑亦自有刑之体，丧亦自有丧之体，乐音岳亦自有乐之体，是亦终不离乎体也。《书》曰："允执厥中。"中，体也；执中而后用也。子曰："君子而时中。"又曰："用其中于民。"中皆体也；时措之喜怒哀乐之闲，而用之于民者，则用也。以此知夫凡言中者，皆体而非用矣。周子曰："中也者，和也。"言发皆中节之和，即此中之所为体撰者以为节也。未发者未有用，而已发者固然其有体。则"中和"之和，统乎一中以有体，不但中为体而和非体也。"时中"之中，兼和为言。和固为体，"时中"之中不但为用也明矣。

中无往而不为体。未发而不偏不倚，全体之体，犹人四体而共名为一体也。发而无过不及，犹人四体而各名一体也。固不得以分而效之为用者之为非体也。若朱子以已发之中为用，而别之以无过不及焉，则将自其已措咸宜之后，见其无过焉而赞之以无过，见其无不及焉而赞之以无不及。是虚加之词，而非有一至道焉实为中庸，胥古今天下之人，乃至中材以下，得一行焉无过无不及，而即可以此名归之矣。夫子何以言"民鲜能久"，乃至"白刃可蹈"，而此不可能哉？

以实求之：中者体也，庸者用也。未发之中，不偏不倚以为体，而君子之存养，乃至圣人之敦化，胥用也。已发之中，无过不及以为体，而君子之省察，乃至圣人之川流，胥用也。未发未有用，而君子则自有其不显笃恭之用。已发既成乎用，而天理则固有其察上察下之体。中为体，故曰"建中"，曰"执中"，曰"时中"，曰"用中"；浑然在中者，大而万理万化在焉，小而一事一物亦莫不在焉。庸为用，则中之流行于喜怒哀乐之中，为之节文，为之等杀，皆庸也。

故"性""道"，中也；"教"，庸也。"修道之谓教"，是庸皆用中而用乎体，用中为庸而即以体为用。故《中庸》一篇，无不缘本乎德而以成乎道，则以中之为德本天德，_{性道。}而庸之为道成王道，天德、王道一以贯之。是以天命之性，不离乎一动一静之间，而喜怒哀乐之本乎性、见乎情者，可以通天地万物之理。如其不然，则君子之存养为无用，而省察为无体，判然二致，将何以合一而成位育之功哉？

夫手足，体也；持行，用也。浅而言之，可云但言手足而未有持行之用；其可云方在持行，手足遂名为用而不名为体乎？夫唯中之为义，专就体而言，而中之为用，则不得不以"庸"字显之，故新安陈氏所云"'中庸'之中为中之用"者，其谬自见。

若夫庸之为义，在《说文》则云"庸，用也"；_{字从庚从用，言用之更新而不穷。}《尚书》之言庸者，无不与用义同。自朱子以前，无有将此字作平常解者。_{庄子言"寓诸庸"，庸亦用也。}《易》文言所云"庸行""庸言"者，亦但谓有用之行、有用之言也。盖以庸为日用则可，_{日用亦更新意。}而于日用之下加"寻常"二字，则赘矣。道之见于事物者，日用而不穷，在常而常，在变而变，总此吾性所得之中以为之体而见乎用，非但以平常无奇而言审矣。

朱子既立庸常之义，乃谓汤、武放伐，亦止平常。夫放君伐主而谓之非过不及，则可矣，倘必谓之平常而无奇，则天下何者而可谓之奇也？若必以异端之教而后谓之奇，则杨、墨之无父无君，亦充义至尽而授之以罪名，犹未至如放君伐主之为骇。故彼但可责其不以中为庸，而不可责之以奇怪而非平常。况《中庸》一篇元不与杨、墨为敌，当子思之时，杨、墨之说未昌。且子言"民鲜能久"，则《中庸》之教，著自古者道同俗一之世，其时并未有异端起焉，则何有奇怪之可辟，而须标一平常之目耶？

子所云过不及者，犹言贤者俯而就，不肖者企而及，谓夫用其喜怒哀乐者，或过于情，或不及夫情，如闵子、子夏之释服鼓琴者尔。至其所辨异于小人之道无忌惮而的然日亡者，盖亦不能察识夫天命之理，以尽其静存动察之功，而强立政教如管、商之类，为法苛细，的然分明，而违理拂情，不能久行于天下而已。岂其无忌惮也，果有吞刀吐火、御风入瓮之幻术，为尤异于汤、武之放伐也乎？

朱子生佛、老方炽之后，充类而以佛、老为无忌惮之小人，固无不可。乃佛、老之妄，亦唯不识吾性之中而充之以为用，故其教亦浅鄙动俗，而终不能奇；则亦无事立平常之名，以树吾道之垒也。

况世所谓无奇而为庸者，其字本作"佣"。言如为人役用之人，识陋而行卑，《中庸》所谓"鲜能知味"之下游也。君子之修道立教而为佣焉，其以望配天达天之大德，不亦远哉？故知曰"中庸"者，言中之用也。

第一章

一

《章句》言"命犹令也"。小注朱子曰："命如朝廷差除。"又曰："命犹诰敕。"谓如朝廷固有此差除之典，遇其人则授之，而受职者领此诰敕去，便自居其位而领其事。以此喻之，则天无心而人有成能，审矣。

董仲舒对策有云"天令之谓命"，朱子语本于此。以实求之，董语尤精。令者，天自行其政令，如月令、军令之谓，初不因命此人此物而设，然而人受之以为命矣。令只作去声读。若如北溪所云"分付命令他"，则读"令"如"零"，便大差谬。人之所性，皆天使令之，人其如傀儡，而天其如提驱者乎？

天只阴阳五行，流荡出内于两闲，何尝屑屑然使令其如此哉？必逐人而使令之，则一人而有一使令，是释氏所谓分段生死也。天即此为体，即此为化。若其命人但使令之，则命亦其机权之绪余而已。如此立说，何以知天人之际！

二

《章句》于性、道，俱兼人物说，或问则具为分疏：于命则兼言"赋与万物"，于性则曰"吾之得乎是命以生"；于命则曰"庶物万化繇是以出"，于性则曰"万物万事之理"。与事类言而曰理，则固以人所知而所处者言之也。其于道也，则虽旁及鸟兽草木、虎狼蜂蚁之类，而终之曰"可以见天命之本然，而道亦未尝不在是"，则显以类通而证吾所应之事物，其理本一，而非概统人物而一之也。

《章句》之旨，本自程子。虽缘此篇云"育物"，云"尽物之性"，不容间弃其实，则程、朱于此一节文字，断章取义，以发明性道之统宗，固不必尽合《中庸》之旨者有之矣。两先生是统说道理，须教他十全，又胸中具得者一段经纶，随地迸出，而借古人之言以证己之是。

若子思首发此三言之旨，直为下戒惧慎独作缘起。盖所谓中庸者，天下事物之理而以措诸日用者也。若然，则君子亦将于事物求中，而日用自可施行。然而有不能者，则以教沿修道而设，而道则一因之性命，固不容不于一动一静之闲，审其诚几，_{静存诚，动研几。}而反乎天则。是行乎事物而皆以洗心于密者，本吾藏密之地，天授吾以大中之用也。审乎此，则所谓性、道者，专言人而不及乎物，亦明矣。

天命之人者为人之性，天命之物者为物之性。今即不可言物无性而非天所命，然尽物之性者，亦但尽吾性中皆备之物性，使私欲不以害之，私意不以悖之，故存养省察之功起焉。

如必欲观物性而以尽之，则功与学为不相准。故或问于此，增入学问思辨以为之斡旋，则强取《大学》格物之义，施之于存养省察之上。乃《中庸》首末二章，深明入德之门，未尝及夫格致，_{第二十章说学问思辨，乃以言道之费耳。}则番阳李氏所云"《中庸》明道之书，教者之事"，其说为通。亦自物既格、知既致而言。下学上达之理，固不待反而求之于格致也。

况夫所云尽人物之性者，要亦于吾所接之人、所用之物以备道而成教者，为之知明处当，而赞天地之化育。若东海巨鱼，南山玄豹，邻穴之蚁，远浦之苹，虽天下至圣，亦无所庸施其功。即在父子君臣之间，而不王不禘，亲尽则祧，礼衰则去，位卑则言不及高。要于志可动气、气可动志者尽其诚，而非于不相及之地，为之蘷理。故理一分殊，自行于仁至义尽之中，何事撤去藩篱，混人物于一性哉？

程子此语，大费斡旋，自不如吕氏之为得旨。故朱子亦许吕为精密，而特谓其率性之解，有所窒碍；非如潜室所云，但言人性，不得周普也。

至程子所云马率马性，牛率牛性者，其言性为已贱。彼物不可云非性，而已殊言之为马之性、牛之性矣，可谓命于天者有同原，而可谓性于己者无异理乎？程子于是显用告子"生之谓性"之说，而以知觉运动为性，以马牛皆为有道。

夫人使马乘而使牛耕，固人道之当然尔。人命之，非天命之。若马之性则岂以不乘而遂失，牛之性岂以不耕而遂拂乎？巴豆之为下剂者，为人言也，若鼠则食之而肥矣。倘舍人而言，则又安得谓巴豆之性果以克伐而不以滋补乎？

反之于命而一本，凝之为性而万殊。在人言人，在君子言君子。则存养省察而即以尽吾性之中和，亦不待周普和同，求性道于猫儿狗子、黄花翠竹也。固当以或问为正，而无轻议蓝田之专言人也。

三

《章句》"人知己之有性"一段，是朱子借《中庸》说道理，以辨异端，故或问备言释、老、俗儒、杂伯之流以实之，而曰"然学者能因其所指而反身以验之"，则亦明非子思之本旨也。小注所载元本，乃正释本文大义，以为下文张本。其曰"知所用力而自不能已"，则"是故君子"二段理事相应之义，皎如白日矣。

程、朱二先生从《戴记》中抽出者一篇文字，以作宗盟，抑佛、老，故随拈一句，即与他下一痛砭，学者亦须分别观之始得。子思之时，庄、列未出，老氏之学不显，佛则初未入中国。人之鲜能夫中庸者，自饮食而不知味；即苟遵夫教，亦杳不知有所谓性道，而非误认性道之弊。子思于此，但以明中庸之道藏密而用显，示君子内外一贯之学，亦无暇与异端争是非也。

他本皆用元注，自不可易。唯祝氏本独别。此或朱子因他有所论辨，引《中庸》以证之，非正释此章语。辑《章句》者，喜其足以建立门庭，遂用祝本语，非善承先教、成全书者也。自当一从元本。

四

所谓性者，中之本体也；道者，中和之大用也；教者，中庸之成能也。然自此以后，凡言道皆是说教，圣人修道以立教，贤人繇教以入道也。生圣人之后，前圣已修之为教矣，乃不谓之教而谓之道，则以教立则道即在教，而圣人之修明之者，一肖夫道而非有加也。

故程子曰"世教衰，民不兴行"，亦明夫行道者之一循夫教尔。不然，各率其性之所有而即为道，是道之流行于天下者不息，而何以云"不明""不行"哉？不行、不明者，教也。教即是中庸，即是君子之道，圣人之道。《章句》《或问》言礼、乐、刑、政，而不提出"中庸"字，则似以中庸赞教，而异于圣言矣。然其云"日用事物"，是说庸。云"过不及者有以取中"，是中之所以为庸。则亦显然中庸之为教矣。

三句一直赶下，至"修道之为教"句，方显出中庸来，此所谓到头一穴也。李氏云"道为三言之纲领"，陈氏云"'道'字上包'性'字，下包'教'字"，皆为下"道也者"单举"道"字所惑，而不知两"道"字文同义异。吕氏于"率"字说工夫，亦于此差。"率性之谓道"一句是脉络，不可于此急觅工夫。若认定第二句作纲，则"修道"句不几成蛇足耶？

五

"天以阴阳五行化生万物"，以者用也，即用此阴阳五行之体也。犹言人以目视，以耳听，以手持，以足行，以心思也。若夫以规矩成方员，以六律正五音，体不费*费烦之费*而用别成也。天运而不息，只此是体，只此是用。北溪言"天固是上天之天，要即是理"，乃似不知有天在。又云"藉阴阳五行之气"，藉者借也，则天外有阴阳五行而借用之矣。

人却于仁、义、礼、智之外，别有人心；天则于元、亨、利、贞之外，别无天体。《通考》乃云"非形体之天"，尤为可笑。天岂是有形底？不见道"在天成象，在地成形"！

乃此所云"天"者，则又自象之所成为言，而兼乎形之所发。"大哉乾元，万物资始"，"至哉坤元，万物资生"，即资此天地之所以为天地者以始以生也。而又曰"乃统天"，则天之为天，即此资始万物者统之矣。有形未有形，有象未有象，统谓之天；则健顺无体而非无体，五行有形而不穷于形也。只此求解人不易。

六

拆著便叫作阴阳五行，有二殊，又有五位；合著便叫作天。犹合耳、目、手、足、心思即是人。不成耳、目、手、足、心思之外，更有用耳、目、手、足、心思者！则岂阴阳五行之外，别有用阴阳五行者乎？

七

《章句》"人物各有当行之路"，语自有弊，不如或问言"事物"之当。盖言"事物"，则人所应之事、所接之物也。以物与人并言，则人行人道，而物亦行物道矣。即可云物有物之性，终不可云物有物之道，故经传无有言物道者。此是不可紊之人纪。

今以一言蔽之曰：物直是无道。如虎狼之父子，他那有一条径路要如此来？只是依稀见得如此。万不得已，或可强名之曰德，<small>如言虎狼之仁、蜂蚁之义是也。</small>而必不可谓之道。

若牛之耕，马之乘，乃人所以用物之道。不成者牛马当得如此拖犁带鞍！倘人不使牛耕而乘之，不使马乘而耕之，亦但是人失当然，于牛马何与？乃至蚕之为丝，豕之充食，彼何恩于人，而捐躯以效用，为其所当然而必繇者哉？则物之有道，固人应事接物之道而已。是故道者，专以人而言也。

八

教之为义，《章句》言"礼乐刑政之属"，尽说得开阔。然以愚意窥之，则似朱子缘《中庸》出于《戴记》，而欲尊之于《三礼》之上，故讳专言礼而增乐、刑、政以配之。

二十七章说"礼仪三百"，孔子说"殷因于夏礼"，韩宣子言"周礼在鲁"，皆统治教政刑，繇天理以生节文者而谓之礼。若乐之合于礼也，经有明文。其不得以乐与刑政析言之，审矣。《或问》"亲疏之杀"四段，显画出一个礼来，何等精切！吕氏"感应重轻"一段文字，俱与一部《中庸》相为檃括。《章句》中言品节，亦与"礼者天理之节文"一意，但有所规避，不直说出耳。

自其德之体用言之，曰中庸；自圣人立此以齐天下者，曰教。自备之于至德之人者，曰圣人之道；自凝之于修德之人者，曰君子之道。要其出于天而显于日用者，曰礼而已矣。故礼生仁义之用，而君子不可以不知天，亦明夫此为中庸之极至也。

九

《章句》"皆性之德而具于心"，是从"天命之谓性"说来；"无物不有，无时不然"，则亦就教而言之矣。"道也者"三句，与"莫见乎隐"两句，皆从章首三句递下到脉络处，以言天人之际，一静一动，莫不足以见天命，而体道以为教本。

"戒慎不睹，恐惧不闻"，泰道也。所谓"不遐遗，朋亡，得尚于中行"，所以配天德也。"慎其独"，复道也。所谓"不远复，无祗悔"，"有不善未尝不知，知之未尝复行"，所以见天心也。道教因于性命，君子之功不如是而不得也。

十

朱子所云"非谓不戒惧乎所睹、所闻，而只戒惧乎不睹、不闻"，自是活语，以破专于静处用功、动则任其自然之说。然于所睹所闻而戒惧者，则即下文所谓慎独者是。而自隐微可知以后，大段只是循此顺行，亦不消十分怵惕矣。

后人见朱子此语，便添一句说"不睹不闻且然，则所睹所闻者，其戒惧益可知"，则竟将下慎独工夫包在里面，较或问所破一直串下之说而更悖矣。

十一

圣贤之所谓道，原丽乎事物而有，而事物之所接于耳目与耳目之得被于事物者，则有限矣。故或问以目不及见、耳不及闻为言，而朱子又引《尚书》"不见是图"以证之。夫事物之交于吾者，或有睹而不闻者矣，或有闻而不睹者矣，且非必有一刻焉为睹闻两不至之地，而又岂目之概无所睹，耳之概无所闻之谓哉？则知云峰所云"特须臾之顷"者，其言甚谬。盖有多历年所而不睹不闻者矣。唯其如是，是以不可须臾离也。

父在而君不在，则君其所不睹也。闻父命而未闻君命，则君命其所不闻也。乃何以使其事君而忠之道随感而遂通？此岂于不睹君之时，预有以测夫所以事之之宜；而事君之道，又岂可于此离之，待方事而始图哉？

君子之学，唯知吾性之所有，虽无其事而理不闲。唯先有以蔽之，则人欲遂入而道以隐。故于此力防夫人欲之蔽，如朱子所云"塞其来路"者，则蔽之者无因而生矣。

然理既未彰，欲亦无迹，不得预拟一欲焉而为之提防。斯所谓"塞其来路"者，亦非曲寻罅隙而窒之也。故此存养之功，几疑无下手之处。而蛟峰所云"保守天理"，初非天理之各有名目。朱子答门人持敬之问，而曰"亦是"，亦未尝如双峰诸人之竟以敬当之。

乃君子之于此，则固非无其事矣。夫其所有得于天理者，不因事之未即现前而遽忘也。只恁精精采采，不昏不惰，打迸着精神，无使几之相悖，而观其会通，以立乎其道之可生，不有所专注流倚，以得偏而失其大中，自然天理之皆备者，扑实在腔子里，耿然不昧，而条理咸彰。则所以塞夫人欲之来路者，亦无事驱遣，而自然不崛起相侵矣。

使其能然，则所睹闻在此，而在彼之未尝睹、未尝闻者，虽万事万物，皆无所荒遗。而不动之敬，不言之信，如江河之待决，要非无实而为之名也。要以不睹不闻之地，事物本自森然，尽天下之大，而皆须臾不离于己，故不可倚于所睹所闻者，以致相悖害。

戒慎恐惧之功，谨此者也。非定有一事之待睹待闻而歇之须臾，亦非一有所睹遂无不睹，一有所闻遂无不闻，必处暗室，绝音响，而后为不睹不闻之时。况如云峰所言"特须臾之顷"者，尤如佛氏"石火电光"之谓乎？微言既绝，圣学无征，舍康庄而求蹊间，良可叹也！

十二

《大学》言慎独，为正心之君子言也。《中庸》言慎独，为存养之君子言也。唯欲正其心，而后人所不及知之地，己固有以知善而知恶。唯戒慎恐惧于不睹不闻，而后隐者知其见，微者知其显。故《章句》云"君子既常戒惧"，《或问》亦云"夫既已如此矣"，则以明夫未尝有存养之功者，人所不及知之地，己固昏焉而莫辨其善恶之所终，则虽欲慎而有所不能也。

盖凡人起念之时，间向于善，亦乘俄顷偶至之聪明，如隔雾看花，而不能知其善之所著。若其向于恶也，则方贸贸然求以遂其欲者，且据为应得之理，而或亦幸阴谋之密成，而不至于泛滥。又其下焉者，则安其危，利其灾，乐其所以亡，乃至昭然于人之耳目，而己犹不知其所自起。则床第阶庭之外，已漠然如梦，而安所得独知之地，知隐之莫见，微之莫显也哉？

唯尝从事于存养者，则心已习于善，而一念之发为善，则善中之条理以动天下而有余者，人不知而己知之矣。心习于善，而恶非其所素有，则恶之叛善而去，其相差之远，吉凶得失之相为悬绝者，其所自生与其所必至，人不知而己知之矣。

乃君子则以方动之际，耳目乘权，而物欲交引，则毫厘未克，而人欲滋长，以卒胜夫天理，乃或虽明知之，犹复为之，故于此尤致其慎焉，然后不欺其素，而存养者乃以向于动而弗失也。"有不善未尝不知"，"莫见乎隐，莫显乎微"之谓也。"知之未尝复为"，慎独之谓也。使非存养之已豫，安能早觉于隐微哉？此朱子彻底穷原，以探得莫见莫显之境，而不但如吕氏以"人心至灵"一言，为笼统覆盖之语也。若程子举伯喈弹琴之事以证之，而谓为人所早知为显见，《或问》虽有两存之语，《章句》已不之从矣。

所传伯喈弹琴事，出于小说，既不足尽信。<small>小说又有夫子鼓琴，见狸捕鼠，</small>

颜渊疑而退避事，与螳螂捕蝉事同，要皆好事之言。且自非夔、旷之知，固不能察其心手相通之妙。是弹者之与闻者，相遇于微茫之地，而不得云莫见莫显。且方弹之时，伯嗜且不能知捕蝉之心必传于弦指，则固己所不知而人知之，又与独之为义相背而不相通。况夫畏人之知而始惮于为恶，此淮南之于汲黯，曹操之于孔融，可以暂伏一时之邪，而终不禁其横流之发。曾君子之省察而若此哉？

"莫见乎隐，莫显乎微"，自知自觉于"清明在躬、志气如神"者之胸中。即此见天理流行，方动不昧，而性中不昧之真体，率之而道在焉，特不能为失性者言尔。则喜怒哀乐之节，粲然具于君子之动几，亦犹夫未发之中，贯彻纯全于至静之地。而特以静则善恶无几，而普遍不差，不以人之邪正为道之有无，天命之所以不息也；动则人事乘权，而昏迷易起，故必待存养之有功，而后知显见之具足，率性之道所以縻不行而不明也。一章首尾，大义微言，相为互发者如此。《章句》之立义精矣。

十三

若谓"显""见"在人，直载不上二"莫"字。即无论悠悠之心眼，虽有知人之鉴者，亦但因其人之素志而决之；若渊鱼之察，固谓不祥，而能察者又几人也？须是到下梢头，皂白分明，方见十分"显""见"。螳螂捕蝉之杀机，闻而不觉者众矣。小人闲居为不善，须无所不至，君子方解见其肺肝。不然，亦不可逆而亿之。

唯夫在己之自知者，则当念之已成，事之已起，只一头趁着做去，直尔不觉；虽善恶之分明者未尝即昧，为是君子故。而中间千条万绪，尽有可以自恕之方，而不及初几之明察者多矣。故曰"莫见乎隐，莫显乎微"也。

然必存养之君子而始知者，则以庸人后念明于前念，而君子则初几捷于后几。其分量之不同，实有然者。知此，则程子之言，盖断章立义，以警小人之邪心，而非圣学之大义，益明矣。

十四

章首三个"之谓"，第四节两个"谓之"，是明分支节处。《章句》"首言道之本原"一段，分此章作三截，固于文义不协；而"喜怒哀乐"四句，亦犯重复。《或问》既以"道也者"两节各一"故"字为"语势自相唱和"，明分"道也者"二句作静中天理之流行。《章句》于第四节复统已发、未发而云"以明道不可离之意"，亦是渗漏。

绎朱子之意，本以存养之功无间于动静，而省察则尤于动加功；本缘道之流行无静无动而或离，而隐微已觉则尤为显见；故"道不可离"之云，或分或合，可以并行而不悖，则微言虽碍，而大义自通。然不可离者，相与存之义也。若一乘乎动，则必且有扩充发见之功，而不但不离矣。倘该动静而一于不离，则将与佛氏所云"行住坐卧不离者个"者同，究以废吾心之大用，而道之全体亦安矣。此既于大义不能无损，故《或问》于后二节，不复更及"不可离"之说。而《章句》言"以明"言"之意"，亦彼此互证之词，与"性情之德"直云"此言"者自别。朱子于此，言下自有活径，特终不如《或问》之为直截耳。

者一章书，显分两段，条理自著，以参之《中庸》全篇，无不合者，故不须以"道不可离"为关锁。十二章以下亦然。"天命之谓性"三句，是从大原头处说到当人身上来。"喜怒哀乐之未发"二句，是从人心一静一动上说到本原去。唯繇"天命""率性""修道"以有教，则君子之体夫中庸也，不得但循教之迹，而必于一动一静之交，体道之藏，而尽性以至于命。唯喜怒哀乐之未发者即中，发而中节者即和，而天下之大本达道即此而在，则君子之存养省察以致夫中和也，不外此而成"天地位、万物育"之功。是两段文字，自相唱和，各有原委，固然其不可紊矣。

后章所云"诚者天之道也，诚之者人之道也"，天道诚，故人道诚之，而择善固执之功起焉。功必与理而相符，即前段之旨也。其云"诚者自成也，而道自道也，诚者物之终始"，不外自成、自道而诚道在，天在人中。不外物之终始而诚理著，而仁知之措，以此咸宜焉。尽人之能，成己成物。而固与性合撰，功必与效而不爽，一后段之旨也。以此推夫"诚则明矣，明则诚矣"，本天以言至诚，推人道以合天道，要不外此二段一顺一逆之理，而杨氏所谓"一篇之体要"，于此已见。

若前三言而曰"之谓"，则以天命大而性小，统人物故大，在一己故小。率性虚而道实，修道深而教浅，故先指之而后证之。以天命不止为己性而有，率性而后道现，修道兼修其体用而教唯用，故不容不缓其词，而无俾偏执。谓命即性则偏，谓道即性则执。实则君子之以当然之功应自然之理者，切相当而非缓也。故下二"故"字为急词。

后两言曰"谓之"者，则以四情之未发与其已发，近取之己而即合乎道之大原，则绎此所谓而随以证之于彼。浑然未发而中在，粲然中节而和在，故不容不急其词，而无所疑待。实则于中而立大本，于和而行达道，致之之功，亦有渐焉，而弗能急也。致者渐致，故《章句》云"自戒惧"云云，缓词也。功不可缓而效无速致，天不可恃而己有成能，俱于此见矣。

乃前段推原天命，后段言性道而不及命，前段言教，而后段不及修道之功，则以溯言繇人合天之理，但当论在人之天性，而不必索之人生以上，与前之论本天治人者不同。若夫教，则"致中和"者，固必繇乎修道之功，而静存动察，前已详言，不必赘也。《章句》为补出之，其当。

若后段言效而前不及者，则以人备道教，而受性于天，亦惧祗承之不逮，而不当急言效，以失君子戒惧、慎独、兢惕之心。故必别开端绪于中和之谓，以明位育之功，乃其理之所应有，而非君子之缘此而存养省察也。呜呼！密矣。

要以援天治人为高举之，以责功之不可略，推人合天为切言之，以彰理之勿或爽；则中庸之德，其所自来，为人必尽之道；而中庸之道，其所征著，为天所不违之德。一篇之旨，尽于此矣。故知《或问》之略分两支，密于《章句》一头双脚之解也。

十五

"喜怒哀乐之未发谓之中"，是儒者第一难透底关。此不可以私智索，而亦不可执前人之一言，遂谓其然，而偷以为安。

今详诸大儒之言，为同为异，盖不一矣。其说之必不可从者，则谓但未喜、未怒、未哀、未乐而即谓之中也。夫喜、怒、哀、乐之发，必因乎可喜、可怒、可哀、可乐。乃夫人终日之闲，其值夫无可喜乐、无可哀怒之境，而因以不喜、不怒、不哀、不乐者多矣，此其皆谓之中乎？

于是或为之说曰："只当此时，虽未有善，而亦无恶，则固不偏不倚，而亦何不可谓之中？则大用咸储，而天下之何思何虑者，即道体也。"

夫中者，以不偏不倚而言也。今曰但不为恶而已固无偏倚，则虽不可名之为偏倚，而亦何所据以为不偏不倚哉？如一室之中，空虚无物，以无物故，则亦无有偏倚者；乃既无物矣，抑将何者不偏，何者不倚耶？必置一物于中庭，而后可谓之不偏于东西，不倚于楹壁。审此，则但无恶而固无善，但莫之偏而固无不偏，但莫之倚而固无不倚，必不可谓之为中，审矣。此程子"在中"之说，与林择之所云"里面底道理"，其有实而不为戏语者，皆真知实践之言也。

乃所云在中之义及里面道理之说，自是活语。要以指夫所谓中者，而非正释此"中"字之义。曰在中者，对在外而言也。曰里面者，对表而言也。缘此文上云"喜怒哀乐之未发"，而非云"一念不起"，则明有一喜怒哀乐，而特未发耳。后之所发者，皆全具于内而无缺，是故曰在中。乃其曰在中者，即喜怒哀乐未发之云，而未及释夫"谓之中"也。若子思之本旨，则谓此在中者"谓之中"也。

朱子以此所言中与"时中"之中，各一其解，就人之见不见而为言也。时中而体现，则人得见其无过不及矣。未发之中，体在中而未现，则于己而喻其不偏不倚耳，天下固莫之见也。未发之中，诚也，实有之而不妄也。时中之中，形也，诚则形，而实有者随所著以为体也。

实则所谓中者一尔。诚则形，而形以形其诚也。故所谓不偏不倚者，不偏倚夫喜而失怒、哀、乐，抑不偏倚夫喜而反失喜，乃抑不偏倚夫未有喜而失喜。余三情亦然。是则已发之节，即此未发之中，特以未发，故不可名之为节耳。盖吾性中固有此必喜、必怒、必哀、必乐之理，以效健顺五常之能，而为情之所繇生。则浑然在中者，充塞两闲，而不仅供一节之用也，斯以谓之中也。

以在天而言，则中之为理，流行而无不在。以在人而言，则庸人之放其心于物交未引之先，异端措其心于一念不起之域，其失此中也亦久矣。故延平之自为学与其为教，皆于未发之前，体验所谓中者，乃其所心得；

而名言之，则亦不过曰性善而已。善者，中之实体，而性者则未发之藏也。

若延平终日危坐以体验之，亦其用力之际，专心致志，以求吾所性之善，其专静有如此尔；非以危坐终日，不起一念为可以存吾中也。盖云未发者，喜、怒、哀、乐之未及乎发而有言、行、声、容之可征耳。且方其喜，则为怒、哀、乐之未发；方其或怒、或哀、或乐，则为喜之未发。然则至动之际，固饶有静存者焉。圣贤学问，于此却至明白显易，而无有槁木死灰之一时为必静之候也。

在中则谓之中，见于外则谓之和。在中则谓之善，延平所云。见于外则谓之节。乃此中者，于其未发而早已具彻乎中节之候，而喜、怒、哀、乐无不得之以为庸。非此，则已发者亦无从得节而中之。故中该天下之道以为之本，而要即夫人喜、怒、哀、乐四境未接，四情未见于言动声容者而即在焉。所以或问言"不外于吾心"者，以此也。

抑是中也，虽云庸人放其心而不知有则失之；乃自夫中节者之有以体夫此中，则下逮乎至愚不肖之人，以及夫贤知之过者，莫不有以大得乎其心，而知其立之有本；唯异端以空为本，则竟失之。然使逃而归儒，居然仍在。则人心之同然者，然，可也。彼初未尝不有此自然之天则，藏于私意私欲之中而无有丧。乃君子之为喜、为怒、为哀、为乐，其发而中节者，必有所自中，非但用力于发以增益其所本无，而品节皆自外来；则亦明夫夫人未发之地，皆有此中，而非但君子为然也。此延平性善之说所以深切著明，而为有德之言也。

子思之旨，本以言道之易修，而要非谓夫人之现前而已具足。程、朱、延平之旨，本以言中之不易见，而要非谓君子独有，而众人则无。互考参观，并行不悖，存乎其人而已。

十六

序引"人心惟危"四语，为《中庸》道统之所自传，而曰"天命率性，则道心之谓也"，然则此所谓中者即道心矣。乃喜、怒、哀、乐，情也。延平曰："情可以为善。"可以为善，则抑可以为不善，是所谓惟危之人心也。而本文不言仁、义、礼、知之未发，而云喜、怒、哀、乐，此固不能无疑。

朱子为贴出"各有攸当"四字，是吃紧语。喜、怒、哀、乐，只是人心，不是人欲。"各有攸当"者，仁、义、礼、知以为之体也。仁、义、礼、知，亦必于喜、怒、哀、乐显之。性中有此仁、义、礼、知以为之本，故遇其攸当，而四情以生。乃其所生者，必各如其量，而终始一致。

若夫情之下游，于非其所攸当者而亦发焉，则固危殆不安，大段不得自在。亦缘他未发时，无喜、怒、哀、乐之理，所以随物意移，或过或不及，而不能如其量。迨其后，有如耽乐酒色者，向后生出许多怒、哀之情来。故有乐极悲生之类者，唯无根故，则终始异致，而情亦非其情也。

惟性生情，情以显性，故人心原以资道心之用。道心之中有人心，非人心之中有道心也。则喜、怒、哀、乐固人心，而其未发者，则虽有四情之根，而实为道心也。

十七

看先儒文字，须看他安顿处，一毫不差。或问"喜、怒、哀、乐，各有攸当"二句，安在"方其未发"上，补本文言外之意，是别嫌明微，千钧一发语。"浑然在中"者，即此"各有攸当"者也。到下段却云"皆得其当"，"得"字极精切。言得，则有不得者。既即延平"其不中节也则有不和"之意，而得者即以得其攸当者也，显下一"节"字在未发之中已固有之矣。

又于中而曰"状性之德"，则亦显此与下言"谓之和"者，文同而义异。不是喜怒哀乐之未发便唤作中，乃此性之未发为情者，其德中也。下云"著情之正"，著者，分别而显其实也。有不中节者则不和，唯中节者斯谓之和，故分别言之。其中节者即和，而非中节之中有和存，则即以和著其实也。

此等处，不可苟且读过。朱子于此见之真，而下语斟酌，非躁心所易测也。

自相乖悖之谓乖，互相违戾之谓戾。凡无端之喜怒，到头来却没收煞，以致乐极悲生，前倨后恭，乖也。其有喜则不能复怒，怒则不能复喜，_{哀乐亦尔。}陷溺一偏，而极重难返，至有临丧而歌，方享而叹者，戾也。中节则无所乖，皆中节则无所戾矣。

十八

云"'天地位，万物育'，以理言"者，诚为未尽。盖天地所以位之理，则中是也；万物所以育之理，则和是也。今但言得位育之理于己，是亦不过致中而至于中，致和而至乎和，而未有加焉，则其词不已赘乎？

但以事言之，而又有功与效之别。本文用两"焉"字，是言乎其功也。《章句》改用两"矣"字，则是言乎其效也。今亦不谓圣神功化之极，不足以感天地而动万物，而考之本文，初无此意。泛求之《中庸》全书，其云"配天"者，则"莫不尊亲"之谓尔；其云"譬如天地"者，则"祖述""宪章"之谓尔；其云"如神"者，则"前知"之谓尔；其云"参天地"者，则"尽人、物之性"之谓尔。未尝有所谓三辰得轨，凤见河清也。

《或问》所云"吾身之天地万物"，专以穷而在下者言之。则达而在上者，必于吾身以外之天地万物，著其位育之效矣。夫其不切于吾身者，非徒万物，即天地亦非圣人之所有事。而不切于吾身之天地万物，非徒孔、孟，即尧、舜亦无容越位而相求。

帝尧之时，洪水未治，所谓天下之一乱也。其时草木畅茂，禽兽繁殖，则为草木禽兽者，非不各遂其育也，而圣人则以其育为忧。是知不切于身之万物，育之未必为利，不育未必为害。达而在上，用于天下者广，则其所取于万物者弘；穷而在下，用于天下者约，则取于万物者少；要非吾身之所见功，则亦无事于彼焉，其道一也。

至于雨旸寒燠之在天，坟埴山林之在地，其欲奠位于各得者，亦以济人物之用者为位。而穹谷之山或崩，幽涧之水或涌，与夫非烟非雾之云，如蜜如饧之露，不与于身之所资与身之所被及者，亦不劳为之燮理也。

若其为吾身所有事之天地万物，则其位也，非但修吾德而听其自位，圣人固必有以位之。其位之者，则吾致中之典礼也。非但修吾德而期其自育，圣人固有以育之。其育之者，则吾致和之事业也。祀帝于郊而百神享，在璇玑玉衡而四时正，一存中于敬以位天也，而天以此位焉。奠名山大川而秩祀通，正沟洫田畴而经界定，一用中于无过不及以位地也，而地以此位焉。若夫于己无贪，于物无害，以无所乖戾之情，推及万物，而俾农不夺、草不窃、胎不伐、夭不斩，以遂百谷之昌、禽鱼之长者，尤必非取效于影响也。万物须用之，方育之，故言百谷禽鱼。若兔葵、燕麦、蠛蠓、蚯蚓，君子育之何为？又况堇草虺蛇之为害者耶？

《或问》云"于此乎位，于此乎育"，亦言中和之德所加被于天地万物者如是。又云"圣神之能事，学问之极功"，则不但如《章句》之言效验。且《章句》推致其效，要归于修道之教，则亦以礼乐刑政之裁成天地、品节万物者言之，固不以三辰河岳之瑞、麟凤芝草之祥为征。是其为功而非效亦明矣。

抑所云"吾身之天地万物"，亦推身之所过所存者而言。既不得以一乡一家为无位之圣人分界段，而百世以下，流风遗教所及，遂无与于致中和之功。而孝格父母，慈化子孙，又但发皆中节之始事。据此为言，义固不广。

若不求其实，而于影中之影、象外之象，虚立一吾身之天地万物以仿佛其意象，而曰即此而已位育矣，则尤释氏"自性众生"之邪说。而云："一曼答辣之内，四大部洲以之建立；一滴化为乳海，一粒化为须弥，一切众生，咸得饱满。"其幻妄不经，适足资达人之一笑而已。

今请为引经以质言之曰："会通以行其典礼"，"以裁成天地之宜，辅相天地之道"，"位焉、育焉"之谓也，庶不诬尔。自十二章至二十章，皆其事也。

十九

以父父、子子、夫夫、妇妇为天地位，则亦可以鸟飞于上、鱼游于下为天地位矣。父、夫为天，子、妇为地，是名言配出来的。鸟属阳，亦天也；鱼属阴，亦地也。如此，则天地之外，更有何万物来？且言一家有一家之天地，一国有一国之天地，则亦可云一身有一身之天地，头圆象天，足方象地，非无说也。然则倒悬之人，足上而首下，而后为一身之天地不位乎？

总缘在效验上作梦想，故生出许多虚脾果子话来。致中和者，原不可以不中不和者相反勘。不中不和者，天地未尝不位，万物未尝不育，特非其位焉育焉之能有功尔。"尔所不知，人其舍诸！"圣贤之言，原自平实，几曾捏目生花，说户牖闲有天地万物在里面也？

二十

使云一家有一家之万物，一国有一国之万物，犹之可也。以语天地，真是说梦。或穷或达，只共此一天地。不成尧、舜之天地，到孔子便缩小了！孔子删《诗》《书》，定《礼》《乐》，立百王之大法，尽有许多位天地之事。只此不偏不倚，无过不及，以为之范围，曾何异于尧、舜？故曰"无不持载"，"无不覆帱"。倘以一家一国之效言，则其不持载覆帱者多矣。且孔子相鲁时，将鲁之天地位，而齐之天地有薄蚀崩涌之灾否耶？

第二章

《或问》于第二章、第三章，皆有"未遽及"之语。此朱子一部《中庸》浑然在胸中，自然流出来底节目，非汉人随句诠解者所逮，而况后人之为字诱句迷，妄立邪解者乎？

《中庸》第一章既彻底铺排，到第二章以后，却又放开，从容广说，乃有德之言涵泳宽和处，亦成一书者条理之必然也。不则为皮日休《天隐子》、刘蜕《山书》，随意有无，全无节次矣。

自第二章以下十章，皆浅浅说，渐向深处。第二章只言君子小人之别，劈开小人在一边，是入门一大分别。如教人往燕，迎头且教他向北去，若向南行，则是往粤。而既知北辕以后，其不可东北而之于齐，西北而之于晋，皆所未论。《中庸》只此一章辨小人，径路既分，到后面不复与小人为辨，<small>行险侥幸是就情事上说，非论小人之道。</small>直至末章，从下学说起，乃更一及之。

《或问》于第三章云："承上章小人反中庸之意而泛论之。"吃紧在"泛论"二字。不可误认朱子之意，以民之鲜能为反中庸。小人自小人，民自民。反则有以反之，鲜能只是鲜能。末章云"小人之道"，小人固自有道，与不兴行之民漫无有道者不同。民无小人陷溺之深，则虽不兴行，而尚不敢恣为反中庸之事。民亦无小人为不善之力，则既鲜能中庸，而亦不得成其反中庸之道。

向后贤知之过，愚不肖之不及，则又从鲜能之民，拣出中间不安于不知味者言之。所谓愚不肖者，亦特对贤知而言天资之滞钝者也，与夫因世教衰而不兴行、可縢而不知之民，自进一格。到十一章所言"索隐行怪"，则又就贤知之专志体道而为之有力者身上撇开不论，而后就遵道之君子进而求作圣之功。此《中庸》前十章书次第之井井者也。

"小人反中庸"，只如叔孙通之绵蕞，欧阳永叔之濮议，王介甫之新法，直恁大不可而有害于世，故先儒以乡原当之，极是。若鲜能之民，则凡今之人而皆然。贤知之过，愚不肖之不及，则孔、孟之门多有之。要亦自其见地操履处，显其过不及，而未尝显标一过不及者以为道。且过不及，亦皆以行乎中庸之教，而初未反戾乎中庸。抑过则业亦有所能，而不及者亦非全乎其不能，与不兴行之民自别。至于"索隐行怪"，则又从天理上用力推测安排，有私意而无私欲，其厌恶小人而不用其道者，更不待说，盖庄、列、陆、王之类是也。

小人只是陷于流俗功利而有权力者，<small>如欧阳濮议，但以逢君；王介甫狼狈处，尤狼下。</small>隐怪方是异端，过不及乃儒之疵者。三种人各有天渊之别。此十章书步步与他分别，渐撇到精密处，方以十二章以后八章，显出"君子之道"，妄既辟而真乃现也。一书之条理，原尔分明不乱。

"舜知""回仁""夫子论强"三章，乃随破妄处，随示真理，皆只借证，且未及用功实际，终不似"道不远人"诸章之直示归宿。盖阅尽天下之人，阅尽天下之学术，终无有得当于中庸，而其效亦可睹，所以云"中庸其至矣乎"。北溪所云"天下之理无以加"者，此之谓也。

或以隐怪为小人，或以贤知为隐怪，自《章句》之失。而后人徇之，益入于梦迷而不可别白。取《中庸》全书，作一眼照破，则曲畅旁通矣。

第三章

一

"天下之理无以加"，是赞"至"字语。若以此为"至"字本释，则于文句为歇后，其下更须著一字，如《大学》言"至善"方尽。后人于此添入至平、至奇、至微、至大一切活套话，皆于此未谛。所以《章句》用"未至""为至"二语反形，乃得亲切。

"至"字有二义：极也，到也。《章句》却用至到一释，不作至极说。所行者至于所道，则事理合辙，而即天理即人心，相应相关。犹适燕而至于燕，则燕之风物，切于耳目肌肤，而己所言行，皆得施于燕也。

此中庸之为德，上达天地鬼神，下彻夫妇饮食，俱恰与他诚然无妄之理相为通合。若射者之中鹄，镞已入侯，而非浮游依倚，相近而实相远，故曰至也。论语"知及之""及"字，及十二章"察"字，正可作此注脚。

二

"中庸之为德"，"德"字浅，犹言功德；亦与"鬼神之为德""德"字一例，则亦可以性情功效言之。但中庸是浑然一道理，说不得性情。其原本可与鬼神之性通，其发生可与鬼神之情通，而大要在功效上说。可令人得之而见德于人，则亦可云德之为言得也。特与行道而有得于心不同，以未尝言及行之者，而心亦无主名故。

三

唯道不行、不明，故民鲜能。民者，凡民也，待文王而后兴。有文王，则此道大明，而流行于家、邦、天下，民皆率繇之矣。《江汉》之游女，《兔罝》之野人，咸有以效其能于中庸。唯有德位者或过或不及，以坏世教，而后民胥梦梦也。

中庸之道，圣以之合天，贤以之作圣，凡民亦以之而寡过。国无异政，家无殊俗，民之能也。岂尽人而具川流敦化之德，成容、执、敬、别之业，乃云能哉？三山陈氏逆说，不成理。

第四章

《或问》"揣摩事变"四字，说近平浅，却甚谛当。所谓"知者过之"，只是如此。本文一"之"字，原指道而言。贤知者亦在此道上用其知行，固与异端之别立宗风者迥别。如老子说"反者道之动，弱者道之用"，佛氏说"本觉妙明，性觉明妙"，他发端便不走者条路，到用处便要守雌守黑，空诸所有，乃至取礼乐刑政，一概扫除，则相去天渊，不可但云"过之"矣。如人往燕，过之者误逾延庆、保安，到口外去；异端则是发轫时便已南辕。故知知者之过，亦测度揣摩，就事而失其则耳。

此章及下章三"道"字，明是"修道之谓教"一"教"字在事上说。《章句》所云"天理之当然"，乃以推本教之所自出，而赞其已成之妙。云峰以不偏不倚、无过不及分释，依稀亦似见得。以朱子元在发而皆中之节上言无过不及，则亦言道之用而已。

道之用即是教。就子臣弟友以及于制礼作乐，中闲自有许多变在。先王所修之道，固已尽其变，而特待人择而执之。若但乘一时之聪明志意，以推测求合，则随物意移，非不尽一事之致，极乎明察，而要非经远可行之道，此知者之过也。若贤者之过，则亦如徐积之孝，不忍履石，屈原之忠，自沈于渊，乃至礼过繁而乐过清，刑过核而政过密，亦岂如异端之绝圣智而叛君亲也哉？此等区处，切须拣别，勿以异端混入。

第六章

一

行道者，行此道以成化也。明道者，明此道以立教也。舜惟知之，故道行于民。颜子惟服膺而弗失，故可与明道。若贤知之过，愚不肖之不及，则已失立教之本，而况能与天下明之而行于天下哉？与天下明之而行于天下，则教不衰；而民虽愚贱，亦不至鲜能之久矣。就中显出明行相因，只举一舜、颜便见。而舜之行道，颜子之明道，则不待更结言之也。

二

《或问》前云"舜之知而不过"，"回之贤而不过"，单反"过"一边，后却双影"过""不及"分说，此等处极不易看。当知说书者，须是如此开合尽理。说个贤知，自然是美名。舜之知，亦止与过者同其知；回之贤，亦止与过者同其贤。及至德之已成，则虽舜、颜，亦但无不及而已。

抑论天资之难易，自然尽着贤知一流，而付以行道、明道之任。若愚不肖者，则其用功固必倍也。乃言贤知，则愚不肖之当企及亦见。于此活看，足知《或问》之密，而《中庸》之为有归宿矣。

第七章

择乎中庸而不能守，兼过不及两种说。须知愚不肖者，亦未尝不曰"予知"也。《或问》"刻意尚行，惊世骇俗"，亦偏举一端。总緣他择乎中庸后，便靠硬做，则或过高而不可继。盖于制行时无加一倍谨始慎微之力，则中闲甘苦条理，不得亲切，故不能守之期月而不失。是贤者之过，大端因孟浪疏粗而得，其不能守其所知也固然。若不肖者，虽知之而守之无力，又不待言矣。

第八章

《章句》于舜用中，说个"行之至"，"至"字微有病，似只在身上说，未及于天下。则是舜行道而道因以行矣。至颜子，却作三节说，又于"择乎中庸"上，加"真知"一层。愚意《中庸》引夫子说，既只重行，而夫子所言颜子之"择乎中庸"，亦与"予知"之人同词而无异，则更不须添一"真知"于上。

且《章句》以"言能守"系之"奉持而著之心胸之闲"之下，则"弗失之矣"四字，别是一意。此一句不是带下语，勿仅于"拳拳服膺"句仅作一读。"弗失"者，"默而识"之"识"也。颜子既能得之于己，则至道皆成家珍，了了识念，使以之立教，可无恍惚亿中、不显不实之病矣。颜子早世，固不得见其明道之功，与舜之行道于天下者等。然观夫子"丧予"之叹，则所以期颜子者，非但取其自明也。

第九章

一

第九章之义，《章句》《或问》本无疵瑕，小注所载《朱子语录》，则大段可疑。程、朱虽摘出《中庸》于《戴记》之中，不使等于诸礼，而实不可掩者，则于"修道之谓教"注中，已明中庸之非无定体矣。今乃云"中庸便是三者之间，非是别有一个道理"，则竟抹杀圣贤帝王一段大学术、大治道，而使为浮游不定之名，寄于一切。则尧、舜、禹之所以授受，上因天理自然、不偏不倚之节文，下以尽人物之性者，果何所择而何所执乎？

此一章书，明放着"子路问成人"一章是显证据。"天下国家可均"，"冉求之艺"也。"爵禄可辞"，"公绰之不欲"也。"白刃可蹈"，"卞庄子之勇"也。"文之以礼乐"，则"中庸"是已。到中庸上，须另有一炉锤在，则于以善成其艺、廉、勇之用，而非仅从均之、辞之、蹈之之中，斟酌较好，便谓中庸。使然，则本文只平说可均、可辞、可蹈，固彻上彻下而为言，何所见其有太过不及而非中也哉？

《中庸》一书，下自合妻子、翕兄弟，上至格鬼神、受天命，可谓尽矣，而终未及夫辞禄蹈刃。则以就事言之，其局量狭小，仅以尽之在己，而不足于位天地、育万物之大；以人言之，则彼其为人，称其性之所近，硬直做去，初未知天下有所谓中庸者而学之也。

唯均天下国家，则亦中庸之所有事。而但言均而已，不过为差等其土宇畋章，位置其殷辅人民，则子路所谓"何必读书然后为学"者，固可治千乘之赋。求之后世，则汉文几至刑措，可谓均之至矣；而至于礼乐，固谦让而未遑。唯其内无存养省察之功、见天命流行之实体，而外不能备三重之权以寡过也。

存养省察者，三重之本，天理悉著于动静，而知天知人之道见。静见天心则知天，动察物理则知人。三重者，存养省察中所为慎独乐发，以备中和之理而行于天下者也。《中庸》一篇，始终开合，无非此理。今乃区区于均天下、辞禄、蹈刃之中求中庸，又奚可哉？均天下国家者，须撤下他那名法权术，如贾生、晁错议定诸侯等。别与一番经纶，使上安民治，风移俗易，方展得中庸之用出。若以辞爵禄言之，则道不可行，而退以明道为己任，如孔子归老于鲁，著删定之功，方在中庸上显其能，而非一辞爵禄之得其宜，便可谓之中庸。至蹈白刃，则虽极其当如比干者，要亦逢时命之不犹，道既不可行而又不可明，弗获已而自靖于死，不得爱身以存道矣。

本文前三"也"字，一气趋下，末一"也"字结正之。谓可乎彼者之不可乎此，非谓尽人而不可能；亦能均天下、能辞禄、能蹈刃者之不可许以能乎中庸尔。可均、可辞、可蹈者而不可能，则能中庸者，必资乎存养省察、修德凝道以致中和之用者而后可。故下云"唯圣者能之"，语意相为唱和，义自显也。中庸之为德，存之为天下之大本，发之为天下之达道，须与尽天下底人日用之，而以成笃恭而天下平之化，岂仅于一才一节之闲争得失哉？

《或问》云"盖三者之事，亦知、仁、勇之属"，一"属"字安顿极活；较小注"三者亦就知、仁、勇说来，盖贤者过之之事"等语，便自不同。三者之于中庸，堂室迥别，逵径早殊。仅能三者，而无事于中庸，则且未尝不及，而况于过？

前章所云过不及者，皆就从事于中庸者言也。若就三者以言乎过不及：则均天下者，黄、老过也，申、商不及也；辞爵禄者，季札过也，蚳蛙不及也；蹈白刃者，屈原过也，里克不及也。乃其过亦过夫三者，其不及亦不及夫三者，何尝与中庸为过不及哉？

若其为知、仁、勇之属，则就夫人性中之达德而言，亦可谓有此三者之资，足以入中庸之德，犹冉求、公绰、卞庄之可与进于礼乐而已。至于用中之知，服膺之仁，中和而不流不倚之勇，彼固未尝问津焉，而何足以与于斯？

故《或问》以"取必于行"指其不能中庸之病根，则谓其就事求可而置大道于未讲也；抑云"事势之迫"，则又以原夫辞爵禄、蹈白刃者不能中庸之故。而比干之剖心，一往之士可引决焉；箕子之陈范，则非箕子者终不能托迹也。后儒不察，乃于三者之中求中庸，亦相率而入于无本之学矣。

二

《章句》云"三者难而易，中庸易而难"，固已分明作两项说。若云"三者做得恰好，便是中庸"，则三者既难矣，做得恰好抑又加难，当云"中庸难而且难"，何以云易哉？三者之中，随一可焉，中庸不可能也；三者而皆可焉，中庸亦不可能也。张子房奋击秦始皇而不畏死，佐汉高定天下，已乃谢人闲事，从赤松游，顾于存养省察之心学，尧、舜、文、武三重征民之大道，一未之讲。是三者均可，而中庸不可能之一证。安得谓中庸即在三者之中哉？

第十章

"和而不流"，"中立而不倚"，俱就功用说。《章句》云"非有以自胜其人欲之私，不能择而守"，是推原语。君子之所以能为强者在胜欲，而强之可见者，则于和不流、中立不倚征之。故与下二段一例，用"强哉矫"以赞其德之已成。四段只是一副本领。其能为尔者，则胜欲而守乎理也。就其与物无竞，则见其和。就其行己不失，则见其中立。就其不随物意移，则见其不流。就其不挟私意以为畔岸，则见其不倚。

所以知此中和为德成之用，而非成德之功者：若存养而立本，则不待言不倚；省察而中节，则不待言不流。故择守之外，别无工夫，而唯加之胜欲，以贞二者之用而已。

知、仁是性之全体，勇是气之大用。以知、仁行道者，功在存理。以勇行道者，功在遏欲。至于和不流，中立不倚，则克胜人欲，而使天理得其正也。须知此一节，只写出大勇气象；其所以能为勇者，未尝言也。

第十一章

一

小注谓"深求隐僻，如邹衍推五德，后汉谶纬之说"，大属未审。《章句》于"隐"下添一"僻"字，亦赘入。隐对显而言，只人所不易见者是，僻则邪僻而不正矣。五德之推，谶纬之说，僻而不正，不得谓隐。凡言隐者，必实有之而特未发见耳。邹衍一流，直是无故作此妄想，白平撰出，又何所隐？

此"隐"字不可贬剥，与下"费而隐""隐"字亦大略相同，其病自在"索"上。索者，强相搜求之义。如秦皇大索天下，直繇他不知椎击者之主名，横空去搜索。若有迹可按，有主名可指求，则虽在伏匿，自可擒捕，不劳索矣。

道之隐者，非无在也，如何遥空索去？形而上者隐也，形而下者显也。才说个形而上，早已有一"形"字为可按之迹、可指求之主名，就者上面穷将去，虽深求而亦无不可。唯一概丢抹下者形，笼统向那没边际处去搜索，如释氏之七处征心，全不依物理推测将去，方是索隐。

又如老氏删下者"可道""可名"的，别去寻个"绵绵若存"。他便说有，我亦无从以证其无；及我谓不然，彼亦无执以证其必有。则如秦皇之索张良，彼张良者，亦未尝不在所索之地界上住，说他索差了不得；究竟索之不获，则其所索者之差已久矣。

下章说到"鸢飞戾天，鱼跃于渊"，可谓妙矣，却也须在天渊、鸢鱼、飞跃上理会。鬼神之德，不见、不闻而不可度，也须在仁人孝子、齐明盛服上遇将去。终不只恁空空窅窅，便观十方世界如掌中，果无数亿佛自他国来也。

道家说"有有者，有未始有者，有未始有夫未始有者"，到第三层，却脱了气，白平去安立寻觅。君子之道，则自于己性上存养者仁义礼知之德，己情中省察者喜怒哀乐之则。天之显道，人之恒性，以达鬼神后圣之知能，皆求之于显以知其隐，则隐者自显。亦非舍隐不知，而特不索耳。

索隐则行必怪。原其索而弋获者非隐之真，则据之为行，固已趋入于僻异矣。若夫邹衍之流，则所索已怪，迨其所行，全无执据，更依附正道以自解免，将有为怪而不得者。故愚定以此为异端佛老之类，而非邹衍之流也。

二

勇带一分气质上的资助，虽原本于性，<small>亦知仁之所生故。</small>而已属人情。《中庸》全在天理上生节文，故第二十章言"人道敏政"，<small>人道，立人之道，即性也。</small>只说"修道以仁"，说"知天知人"，而不言勇；到后兼困勉，方说到勇去，性有不足而气乃为功也。

知、仁以存天理，勇以遏人欲。欲重者，则先胜人欲而后能存理，如以干戈致太平而后文教可修。若圣者，所性之德已足，于人欲未尝深染，虽有少须克胜处，亦不以之为先务；止存养得知、仁底天德完全充满，而欲自摒除。此如舜之舞干羽而苗自格，不赖勇而裕如矣。

朱子于前数章平叙知、仁、勇之功，到此却删抹下勇而曰"不赖"，才得作圣者功用之浅深，性学之主辅。许东阳"皆出于自然"之说，恶足以知此！

第十二章

一

　　愚不肖之与知与能，圣人之不知不能，天地之有憾，皆就君子之道而言。语大、语小，则天下固然之道，而非君子之所已修者也。本文用"故君子"三字作廉隅，《章句》以"君子之道"冠于节首，俱是吃紧节目，不可略过。

　　唯君子修明之以俟后圣，故圣人必于此致其知能，而因有不知不能之事。君子修之以位天地，故天地亦有不能如君子所位之时。若夫鸢飞鱼跃，则道之固然而无所待者，日充盈流荡于两间，而无一成之体，知能定有不至之域，不待言圣人之有所诎矣。

　　且如"鸢飞戾天，鱼跃于渊"，圣人如何能得，而亦何用能之？抑又何有不能飞天跃渊、为鸢为鱼者？道之不遐遗于已然之物也，而既已然矣。故君子但于存心上体认得此段真理，以效之于所当知、所当能之事，则已足配其莫载之大，莫破之小，而经纶满盈；实未须于鸢之飞、鱼之跃，有所致其修也。

　　道有道之上下，天地有天地之上下，君子有君子之上下。上下者，无尽之词。天地者，有所依之上下也。"察乎天地"，已修之道昭著之见功也。故不言察乎上下，而云"察乎天地"，亦以人之所亲者为依耳。

　　察乎天而不必察乎鸢飞之上，察乎地而不必察乎鱼跃之下。认取时不得不极其广大，故不以鸢鱼为外，而以存充周流行、固然之体于心。至其所以经之、纪之者，则《或问》固云"在人则日用之际，人伦之间"，已分明拣出在天在人之不同矣。此中有一本万殊之辨，而吾儒之与异端径庭者，正不以虫臂、鼠肝、翠竹、黄花为道也。

二

　　"君子之道"而圣人有所不知不能者，自修道而言，则以人尽天，便为君子之事。《章句》以夫子问礼、问官当之，极为精当。少昊之官，三代之礼，亦非必尽出于圣人之所定，故仅曰君子。知能相因，不知则亦不能矣。或有知而不能，如尧非不知治水之理，而下手处自不及禹是也。只此亦见君子之道非天地自然之道，而有其实事矣。

然到第二十七章，又以此为"圣人之道"，则以言乎圣人之行而明者，以君子所修为则；君子之修而凝者，以圣人之所行所明为则也。因事立词，两义互出，无不通尔。

三

"语小，天下莫能破"，言天下之事物莫有能破之者。《章句》一"内"字极难看。"内"字作中间空隙处解，谓到极细地位，中间亦皆灌注扑满，无有空洞处也。以此言天理流行、一实无间之理，非不深切。然愚意本文言"莫破"，既就天下而言，则似不当作此解。

破者，分析教成两片，一彼一此之谓也。则疑天下之事物，其或得道之此而不得道之彼者有矣。乃君子推而小之，以至于一物之细、一事之微，论其所自来与其所自成，莫非一阴一阳、和剂均平之构撰；论其所体备，莫不有健顺五常，咸在其中而无所偏遗。故欲破此一物为有阴而无阳，彼一物为有阳而无阴，此一事道在仁而不在义，彼一事道在义而不在仁，而俱不可得。

大而大之，道之全者如大海之吞吸，无有堤畔；小而小之，道之全者亦如春霖灌乎百昌，一滴之中也是者阳蒸阴润所交致之雨。则"礼仪三百"，三百之中，随一焉而仁至义尽；"威仪三千"，三千之中，随一焉而仁无不至，义无不尽也。此亦借在人者以征天地固然之道。

故"鸢飞戾天"，疑于阳升，而非无阴降；"鱼跃于渊"，疑于阴降，而非无阳升。健顺五常，和成一大料药，随炊一丸，味味具足，斯则以为天下莫能破也。如此，方得与"天下"亲切。

四

唯是个活底，所以充满天地之闲。若是煞著底，则自然成堆垛。有堆垛则有间断矣，间断处又是甚来？故知空虚无物之地，者道理密密绵绵地。所以不睹之中，众象胪陈；不闻之中，群声节奏。

泼泼者，如水泼物，着处皆湿也。在空亦湿空。空不受湿，湿理自在。与"鲅鲅"字音义俱别。泼，普活切。鲅，北末切。鲅鲅即是活意，泼泼则言其发散充周，无所不活也。

但非有事于存心者，则不见他生而不竭之盛。即如"鸢飞戾天，鱼跃于渊"二语，直恁分明觉得，必非与物交而为物所引蔽，及私意用事索隐于不然之域者，能以此而起兴。程子所谓"必有事，而勿正"，意止如此，不可误作从容自然，变动不居解。于此一错，则老氏所谓"泛兮其可左右"，佛氏所谓"渠今是我，我不是渠"，一例狂解而已。

五

"造端乎夫妇"，自是省文，犹云"造端乎夫妇之所知能"也。不知道之谓愚，不能行道之谓不肖，非谓其不晓了天下之事而拙钝无能也。只此与圣人对看，尽他俗情上千伶百俐，勤敏了当，也只是愚不肖。以此知"夫妇"云者，非以居室而言也。

今亦不可谓居室之非道，乃若匹夫匹妇之居室，却说是能知、能行此道不得。况上文原以"君子之道"而言，则固非一阴一阳之道矣。人唤作夫妇，大率是卑下之称，犹俗所谓小男女，非必夫妇具而后云然。《论语》云"匹夫匹妇……自经沟渎"，亦岂伉俪之谓哉？

《易》云"一阴一阳之谓道"，是大概须如此说。实则可云三阴三阳之谓道，亦可云六阴六阳之谓道，亦可云百九十二阴、百九十二阳，乃至五千七百六十阴、五千七百六十阳之谓道。而乾之纯阳，亦一阳也；坤之纯阴，亦一阴也；夬、姤之五阳，亦一阴也；剥、复之五阴，亦一阳也。师、比、同人、大有等皆然。所以下云"继之者善也"。"仁者见之谓之仁，知者见之谓之知"，则亦一仁一知之谓道矣。

《或问》此处夹杂《参同契》中语。彼唯以配合为道，故其下流缘托"好述"之义，附会其彼家之邪说。朱子于此辨之不早，履霜坚冰，其弗惧哉！

第十三章

一

"道不远人"，与上章所引《旱麓》诗词原无二义。云峰谓上章言性体之广大，此言率性者之笃实，大是妄分支节。率，循也，言循其性之所有而皆道也。岂率性者之别有阶梯，而不必遽如性之广大乎？

"以人治人"，观乎人而得治人之道也。"不愿勿施"，观乎人之施己而得爱人之道也。"庸德庸言之慊慊"，观乎人之得失而得治己之道也。盈天地之效于我者，人而已矣。一吾目之见鸢见鱼而心知其飞跃，鸢鱼之在天渊以其飞跃接吾之心目者也。而道不远于此，则亦何笃实之非广大哉？

内顾，而己之愿不愿者，尽乎人之情矣。外顾，而人之宜尽第二节。与其不克尽者，尽乎物之理矣。不能触处得理以择而执之，则必以私意为道，拂乎人而揉乱之矣。此"皆曰予知"而好自用之愚者是也。陈氏以老、庄当之，亦未为得。

二

己所不愿，则推人之必不愿而勿施之，是恕。推己所不愿，而必然其勿施，则忠矣。忠恕在用心上是两件工夫，到事上却共此一事。

《章句》云"忠恕之事"，一"事"字显出在事上合一。后来诸儒俱欠了当在，乃以忠为体，恕为用，似代他人述梦，自家却全未见影响。

三

史伯璇添上己所欲而以施之于人一层，大是蛇足。"己欲立而立人，己欲达而达人"，是仁者性命得正后功用广大事。若说恕处，只在己所不欲上推。盖己所不欲，凡百皆不可施于人，即饮食男女，亦须准己情以待人。若己所欲，则其不能推与夫不可推、不当推者多矣。仁者无不正之欲。且其所推者，但立达而已。文王固不以昌歜饱客，而况未至于仁者哉？

四

此章之义，《章句》尽之矣。其他则唯蓝田之说为允。或问改蓝田一段，不及元本"其治众人也""其爱人也""其治己也"分三段为切当。若双峰以下诸说，则一无足取。缘其所失，皆硬擒住"忠恕"二字作主。要以《论语》一贯之旨，横据胸中，无识无胆，不能于圣贤言语，求一本万殊之妙。朱子一片苦心，为分差等，正以防此混乱，何诸子之习而不察也！

本文云"施诸己而不愿，亦勿施于人"，只此是忠恕事。显然见此但为人之为道者，能近取譬，一入德之门而已。若子曰"吾道一以贯之"，而曾子乃云"夫子之道，施诸己而不愿，亦勿施于人而已矣"，则岂可哉？

此亦可言忠恕者，如孟子言"亲亲仁也，敬长义也"，亲亲敬长可言仁义，其得以孩提之亲亲敬兄，谓仁义之全体大用尽于此乎？知此忠恕专在施上说，则其上之不足以统治人，下之不足以统自治，亦明矣。且本文所云"忠恕违道不远"者，就人心道体而言，所包犹广；而其云"施诸己而不愿，亦勿施于人"，则指事而言，尤一节之专词耳。

史伯璇心无忠恕，漫为指射，乃以末节为"推己所欲者施之于人"。举君父与兄而为众贱之词曰"人"，事君、事父、事兄而为下逮之词曰"施"，言不顺则事不成，其颠悖莫此为甚！

故本文但于朋友言施，而尤必以先施为情礼之当。则朋友且不可仅言施，而况于君父？故可言施者，必谊疏而卑于己者也。其可言人者，必并不在朋友之科，而为泛然无交，特其事势相干、言行相接之人也。

故自有文字来，无有言施忠于君、施孝于父者。至于上云"治人"，其所治之人，则已固有君师之任，事在教而不在养。治之之术，戒休董威，不问其可愿不可愿也。

且末节言所求乎子、臣、弟、友，其所求之子、臣、弟、友，朱子谓为己之子臣若弟，亦以在己者痛痒自知，而其求之也较悉尔。实则天下固有年未有子，位未有臣，而为人之季弟者，其又将何所取则以事其上哉？是所求云者，不论求己之子、臣、弟、友，与从旁公论天下之为子臣、为弟友者，而皆可取彼旁观之明，以破当局之暗也。则抑知我之所求者，亦得其理于人，故曰"道不远人"。而非为在己之所欲，如史氏之所云者。人事人父以孝，于己何欲哉？

要此三段文字，每段分两截。"伐柯伐柯"五句，言治人之道不远于人也；"以人治人，改而止"，则不远人以为治人之道也。"忠恕违道不远"，言爱人之道不远于人也；"施诸己而不愿，亦勿施于人"，则不远人以为爱人之道也。"君子之道四"十句，言治己之道不远于人也；"庸德之行"以下，则不远人以为自治之道也。

"道不远人"一"人"字，唯黄勉斋兼人己而言之之说为近。缘忠恕一段，谓以爱己之心爱人，故可兼己而言。乃施诸己者他人也，于人之施者，得勿施于人之道，则虽云以爱己之心为准，而实取顺逆之度于人矣。

大抵此章之旨，本言费之小者，故极乎浅易。然于以见斯道之流行，散见于生人情理之内，其得失顺逆，无非显教，与鸢飞鱼跃，同一昭著于两间。故尽人之类，其与知与能，与其所未知未能，皆可以观察，而尽乎修己治人之理。盖以明斯道之充满形著，无所遗略，无所间断，而即费可以得隐。则其意原非欲反求之己，而谓取之一心而已足也。

《中庸》以观物而论天理之行，《论语》以存心而备万物之理。《中庸》致广大，而《论语》观会通。固宜忠恕之义，大小偏全之不一，而"不愿勿施"，但为忠恕之一端也。守朱子之诂，而勿为后儒所惑，是以读《大全》者之贵于删也。

第十四章

一

目前之人，不可远之以为道；唯斯道之体，发见于人无所间，则人皆载道之器，其与鸢鱼之足以见道者一几矣。现在之境，皆可顺应而行道；唯斯道之，散见于境无所息，则境皆丽道之墟，其与天渊之足以著道者一理矣。目前之人，道皆不远，是于鸢得飞、于鱼得跃之几也。现在之境，皆可行道，是在天则飞、在渊则跃之理也。无人不可取则，无境不可反求，即此便是活泼泼地。邵子《观物》两篇，全从此处得意。

双峰乃以十三章为就身而言，十四章为就位而言，则前云子、臣、弟、友者，未尝不居乎子、臣、弟、友之位；后云"反求诸其身"者，亦既归之于身矣。彼殊未见此两章大意，在只此是费之小者，就人、境两端，显道之莫能破。故新安谓"第十五章承上言道无不在，此四字好。而进道有序"，极为谛当。但新安所云承上者，似专承《素位》一章。如愚意，则必两承，而后见道之无不在也。

二

《章句》分"素位而行"与"不愿其外"为两支，道虽相因，而义自有别。"素位而行"，事之尽乎道也；"不愿其外"，心之远乎非道也。观上言"行"而不言"愿"，可知矣。

乃"不愿乎其外"一支，又有两层："不陵""不援"者，据他人所居之位以为外也；"不怨""不尤"者，据己所未得之位以为外也。乃人之有所觊于未得者，必因他人之已然而生歆羡，故"不陵""不援"为"无怨"之本；而所谓"正己"者，亦别于上文随位尽道之实，但以心之无邪而即谓之正矣。"正己"如言立身，"行"则言乎行己，行与立固有分也。

抑"不陵""不援"而统谓之"不求"，且于在上位者而亦云无怨尤，此疑乎说之不可通者。以在上位而愿乎其外，必将以诸侯干天子，大夫干诸侯。若但陵其下，则非有求于下，势可恣为，不至于不得而怀怨。若在上位而愿下，则又疑人情之所必无。

按《春秋传》，凡言强凌弱者，字皆作"凌"，左傍从"冰"，谓如寒威之逼人也。其云"侵陵"，云"陵替"者，字则作"陵"，左傍从"阜"。陵者，山之向卑者也。离乎上而侵乎下，若山之渐降于陵而就平地也。则"不陵""不援"，义正相类。陵下者，言侵下之事以为己事也。

夫人之乐上而不乐下，固情也。乃当其居上而覆愿为下之所为者，亦卞躁自喜者之情也。如人当在台谏之职，未尝不思登八座；及登八座而不能与台谏争搏击之权，则固有愿为台谏者矣。乃以此心而居八座，则必身为大臣，不恤国体，而侵陵台谏之职，欲与小臣争一言之得失。不得而求，求不得而怨矣。又人之方为子，岂不愿己之有子？及身老而子孙渐长，则动成拘忌，乃滨老而有童心，思与子孙争一旦之忧乐。不得而求，求不得而怨矣。夫唯天子则不宜愿为臣民，而唐宣且自称进士，武皇且自称大将军。况所云"在上位"者，初非至尊无偶之谓乎？

审乎此，则"陵下""援上"，皆据一时妄动之心而言。而除取现在所居之位为昔之所居而今怀之，他日之所必至而今期之，其为外也，一而已矣。此圣贤之言，所以范围天下之人情物理而无遗。蓝田云"陵下不从则罪其下"，既于"陵"字之义未当；又云"反仁反知所以不陵"，则是素位而行之事，而非不愿乎外之心：胥失之已。

三

"徼"只是求意。小注云"取所不当得"，于义却疏。求者，其心愿得之；取，则以智力往取而获之矣。若幸可取而得焉，则不复有命矣。富贵福泽，尽有不可知者。君子俟之，则曰"命"。小人徼之，则虽其得也，未尝不有命在；而据其心之欣幸者偶遂其愿，不可云"命"，而谓之"幸"矣。

《章句》云"谓所不当得而得者"，亦是奚落小人语，其实不然。如以孟郊之文，登一进士，亦岂其不当得？乃未得之时，则云"膀前下泪，众里嫌身"，既视为几幸不可得之事；迨其既得，而云"春风得意马蹄疾，一日看遍长安花"，其欣幸无已，如自天陨者然。则不特人以小人为幸，而小人亦自以为幸；乃至人不以小人为幸；而小人亦自以为幸：则唯其位外之愿无聊故也。

第十六章

一

《章句》一"然"字及"是其"二字，一串写得生活。"弗见""弗闻"，微也；"体物不可遗"，显也。义既两分，故不得不用"然"字一转。乃如朱氏伸竟为分别，则又成窒碍矣。弗见弗闻者，即以言夫体物者也。体物不遗者，乃此弗见弗闻者体之也。

侯氏形而上下之言，朱子既明斥之矣。双峰犹拾其余沈而以为家珍，则何其迷也！形而下者只是物，体物则是形而上。形而下者，可见可闻者也。形而上者，弗见弗闻者也。如一株柳，其为枝、为叶可见矣，其生而非死，亦可见矣。所以体之而使枝为枝，叶为叶，如此而生，如彼而死者，夫岂可得而见闻者哉？

物之体则是形。所以体夫物者，则分明是形以上那一层事，故曰"形而上"。然形而上者，亦有形之词，而非无形之谓。则形形皆有，即此弗见弗闻之不可遗矣。

不可见、不可闻者之体物不遗，鬼神之性情固然。此弗见弗闻之体物不遗，以使物得之为物者，则其功效也。三句全写性情，而功效则在言外，不可以体物不遗为功效。

二

于鬼神内摘出祭祀一段说，是从弗见弗闻中略示一可见可闻之迹。延平云"令学者有入头处"一语，甚精。此不可见闻者，物物而有。直是把一株柳去理会，则尽量只在可见可闻上去讨，急切间如何能晓得者里面有那弗见弗闻底是怎么生。及至到祭祀上，却得通个消息。

"天下之人"四字，是大概说。除下那嫚侮鬼神底不道，其余则浅者有浅者之见，深者有深者之见。是他一时精气凝聚，散乱之心不生，便忾乎如将见之，如将闻之，而信不遗者之真不可遗也。若到圣贤地位，齐明盛服以修其身，出门使民，皆以承祭之心临之，则不但于祭祀时见其洋洋，而随举一物，皆于其不可见者，虽不以目见而亦见之；不可闻者，虽不以耳闻而亦闻之矣。

乃此理气之洋洋者，下逮于天下之人，固亦时与之相遇，特习而不察，繇而不知，穷视听于耳目之间，而要亦何尝远人而托于希微之际也？故曰："诚之不可掩如此夫！"东阳许氏以祭祀为"识其大者"，殊属孟浪。

第十七章

"舜其大孝也与！"只此一句是实赞其德，下面俱是说道用之广。舜之所以为舜者，一"孝"尽之矣，所以"造端乎夫妇"而"察乎天地"也。东阳许氏说"下五句为孝之目"，极是乖谬。舜之孝，固有"五十而慕"及"烝烝乂，不格奸"之实，为极其大，岂可将此等抹煞，但以圣人而为天子为其孝乎？

孟子说："天下之士悦之。"士者，贤人君子之称；悦者，悦其德也。天下皆悦其德，乃圣人"莫不尊亲"之实。而孟子固曰"人悦之、贵为天子、富有天下，而不足以解忧"，则舜之不以此为孝明矣。

就中唯"德为圣人"一语，可附会立义，谓修德立身，乃孝之大者。其说大抵出于《孝经》。而《论》《孟》中说孝，总不如此汗漫。人子之于父母，使不得转一计较在。故先儒疑《孝经》非孔子之旧文，以其苟务规恢而无实也。孔子说"父母惟其疾之忧"，曾子说"全而生之，全而归之"。此是痛痒关心处，不容不于此身而见父母之在是。孟子谓"不失其身而能事其亲"，但云"不失"，则已载夔夔恻恻之意，而不敢张大其词，以及于德业。若《孝经》所称立身成名，扬于后世，却总是宽皮话，搭不上。以此为教，则将舍其恩义不容解之实，而求之于畔援、歆羡之地，于是一切功名苟简之士，得托之以为藏身之区薮矣。

人所疑者，"德为圣人"，实有圣学、圣功、圣德、圣业在，不与尊富之俟命于天者同。不见《尚书》说"天锡勇知"，《诗》称"帝谓文王，无然畔援，无然歆羡"，子贡亦曰"固天纵之将圣"？德至圣人，徒可以人力强为之乎？若云不全恃天而废人，则位禄与寿，得其名即为圣人。亦非无临御保守、尊生永命之道，岂但圣德之为有功耶？有子曰："孝弟也者，其为仁之本与！"则为仁之事，皆自孝弟而生。倘云修德以为孝，则是为仁为孝弟之本矣，岂不颠倒本末而逆施先后哉？

况子思引夫子此言，以见中庸之道即匹夫匹妇所知能者；驯至其极，而德无不备，命无不可受。此以为察乎天地之实，则一本万殊之旨；斯以显君子之道，费无不彻，而隐不易知。若云修德受命而后为能尽孝，则是造端乎大，而以成夫妇之知能矣。是天地位，万物育，而后能致中和，不已逆乎？故唯《章句》"道用之广"四字为不可易，其余皆不足观也。

第十八章

所云"无忧者其唯文王"，亦但以统论周家一代之事，前自太王、王季而开王业，后至武王、周公而成王道，以见积数世圣贤之功德以建治统，而文王适际夫俟命之时也。初非上下古今帝王，而但谓文王为无忧。则海陵、云峰之说皆不足存。

"忧"字有两义：有事不遂志而可忧者，在文王固有之，《系传》言"作《易》者其有忧患"之谓也；有事在可为而不必劳其忧思者，则此言"无忧"是也。天命未至，人事未起，不当预计天下之何以治、何以教，而但守先德以俟。故武王之缵绪克商，周公之制礼作乐、忧勤以图成者，皆文王之所不为，而非其不足以体道之广，乃唯文王宜然耳。使武王、周公而亦犹是，则是忘天下，而道之不行不明也，无所托矣。自非文王，则道用本广，不得以惮于忧而置之也。

若如二胡氏所云舜、禹无圣父，尧、舜无肖子，则父之不令，既非人子所可用其忧者，故舜亦但以不顺父母为忧，而不以瞽瞍之顽为忧。孟子谓瞽瞍杀人，舜窃负而逃，终身欣然，深见人子之心，唯知有亲，而其贤不肖，直不以改其一日之欢。至子之不肖，则天也。乐天知命夫何忧！杜子美非知道者，且云"有子贤与愚，何必挂怀抱"，况以此而得窥圣人之忧乐哉？若其以"父作子述"为言者，则以明文王虽无忧，而先世后昆，相为开继，则周之体道以承天者，未尝息也。

在夫子立言之旨，则以见时未至而事未起，则文王遵养以为道；时已至而事已集，则武、周忧劳以见功。若子思引此以释道用之广，则见三圣开周，因仍次序，以集武功而成文德，故制作隆而中和之极建，乃以体君子之道而无所旷。率性之道，自唐、虞以前而未有异；修道之教，至成周而始隆。所为道有显微，不可掩而抑不可尽，非一圣人之知能所得竟也。彼屑屑然较父子之贤愚于往古者，其何当焉！

第十九章

一

《章句》云"以其所制祭祀之礼，通于上下者言之"，盖谓推其孝思以立则于天下，礼虽有同异，而以敬其所尊、爱其所亲者同也。"春秋修其祖庙"以下三节，皆通上下而言。故《章句》于祖庙备纪诸侯、大夫、适士、官师之制，则亦以明夫非但武、周所自行之礼也。

然就中有兼言者，有分言者，有上下一例者，有差等各殊者，直不可执一立解。杂举自天子以至于士之礼，或全或偏，正以见其周遍。即其独为天子之礼，亦必有其可通于大夫、士之道。如大夫以下助祭者，无爵可序，而自有贵贱之可辨。非若郊、社、禘、尝，专言王侯而不及大夫也。

宗器，先世所藏之重器，诸侯大夫亦固有之。《章句》云"若周之赤刀、大训"云云，举一周以例其余，故曰"若"。亦可云若鲁之宝玉、大弓，卫孔悝氏之鼎也。许东阳徒以《顾命》所陈之宝当之，自属泥窒。而裳衣、时食，凡有庙者之必设必荐，又不待言矣。

其云"宗庙之礼，所以序昭穆"者，谓以禘祫序列祖宗昭穆之礼，行之于凡祭，以序助祭之同姓，乃通合祖之义以合族也。死者既各有庙，唯禘祫则合于太庙，以父南子北序之，此唯王侯之大享为然。而以此礼通诸合族之义，则自大享以达于时祭，自天子以达于士，自太庙以达于祢庙，苟其有同姓在助祭之列者，皆不复问其爵之有无、族之亲疏，而一以昭穆序之。举夫朝廷之贵贱有级，宗室之大宗、小宗有别，宗室谓宗子之家。至此而尊尊之义皆绌焉，而一以行辈为等夷，所以加恩于庶贱而联之也。特牲馈食礼有"众兄弟""兄弟子"之文，则虽士祭其祢，同姓咸在，岂必天子之大享而后序昭穆哉？

其为王侯之制，而下不概于大夫者，唯序爵耳。以士不受命，不得称爵，大夫之祭，唯士与焉，则固无爵之可序也。若序事辨贤，自通乎上下而言。在特牲馈食礼，固有公有司及私臣为宗、祝、佐食者；而少牢馈食，则司士、司马、宰夫、雍人咸备焉。其在诸侯之备官，又无论矣。乃若旅酬之典，下逮于士，祭毕之燕，于士无禁，礼有明文，固可考也。

是知《章句》所云"通于上下"者，括修庙以至燕毛而统言之矣。然则所云"践其位，行其礼，奏其乐"，既承上文而无特起之词，则亦通上下之承祭者而言也。践主祭之位，得致敬以昭对于祖考，曰"践其位"；位谓阼阶。行其所得为之礼，以秩神而叙人，曰"行其礼"；奏其所得奏之乐，以合漠而娱神，曰"奏其乐"。此三"其"字，乃泛指之词。泛言"其"，而隆杀差等之不一者见矣。

又云"敬其所尊，爱其所亲"，亦谓武、周既以此礼自敬其先王之所尊，爱其先王之所亲；而使诸侯以达于士，皆得以敬爱其先人之所尊亲者，而事死如生，事亡如存，文无不称，情无不尽，斯以广爱敬之德于天下，而先王之志以继，事以述也。故曰"孝之至也"。

《章句》前云"礼通上下"，而此乃云"'其'指先王"，则有自相矛盾之病。特其所云"'其'指先王"者，则以释"敬其所尊、爱其所亲"之"其"，而不以上累乎"践其位，行其礼，奏其乐"之"其"。观朱子引《虞礼》"反哭升堂，主妇入室"之文以明之，则亦显夫"其"者，指主祭者而非先王之谓。上章言祭用生者之礼，正与此"其"字合。而《章句》中文义未为界断，斯后人积疑之所自生。乃"其"专以先王而言，则句自成疵。固当统言先人，而后与通于上下之旨不相背也。黄氏云"上下通践其位"，大破群疑，而于以为功于朱子者不小矣。

总以此章之旨，谓武王、周公尽其孝之道，而创制立法，推行上下，无不各俾尽其性之仁孝；于以见道用之广，而夫妇所知能之理，孝。极其至而察乎上下。故末复以郊禘之义明而治国无余蕴者终之。若但以天子之自承其祭者言之，则极乎烦重，而但以毕其孝思；则本大末小，体广用微，岂不与中庸之道相为刺谬？而异端"万法归一"之逆说，自此生矣。

知此，则广平之言表，固贤于蓝田之言里。是以朱子或问中虽兼采游、吕之说，而《语录》独称广平之周密。若谭氏致敬之论，则其泥而不通也久矣。

二

序事辨贤，唯龟山之说为当，蓝田殊未分晓。人之当为宗、当为祝、当为有司，固先已各居其职矣。至有事于庙中，则太宰赞裸，宗伯莅裸，举王侯以例其余。祝自为祝，有司自各司其事，非临时差遣，随命一人而授以事也，明甚。

其云"所以辨贤"者，辨者昭著之义。以平日之量德授位，因能授职，至此而有事为荣，则以显贤者之别于不贤者；而堂室异地，贵贱异器，又以彰大贤者之殊于小贤也。上言"辨贵贱"，亦是此意。不然，爵之贵贱，岂素无班序，而直待庙中始从而分别之哉？辨贤只是辨官，位事惟能，建官惟贤。贤也者，即位之谓也。

其别于上所云"序爵"者，则公、侯、伯、子、男、卿、大夫之谓爵，六官之属之谓位。爵如今王、公、侯、伯及光禄大夫至修职佐郎是。位则内阁、六部至仓巡、驿递等衙门是。辨贤者，即辨此之尊卑。古今原分作两等，此序爵、序事之所以别，而贵贱与贤，亦可以互文见意也。

《周礼》固有"泽宫选士"之文，然所选者士尔。太宰、宗伯之类，既以尊而不待选，在大夫则家老亦然。祝则世其职而不容旁选。唯如宰夫上士八人，中士十六人，下士三十有二人，具员已繁，不能尽与于祭，则以射择之耳。而供戒具、荐羞、视涤濯者，亦必就此五十六人中择之，终不他取于别官之贤者，而一听之于射。故曰"庖人虽不治庖，尸祝不越樽俎而代之"。亦如诸侯之得与祭，亦以射择，而宋公之有淫威，鲁侯之为懿亲，则不待选于射而必与焉。盖爵之贵，贤之尊，虽素有等威之别，而合之于庙中，俾其贵其贤得昭著以为荣焉，此"爱其所亲"之道也。

《读四书大全说》卷二终

读四书大全说卷三·中庸

第二十章

一

"修道以仁"，只陈新安引"志道、据德、依仁"为据，及倪氏"自身上说归心上"之说为了当。"修身以道"，只说得修身边事；"修道以仁"，则修身之必先正心诚意者也。

道者，学术事功之正者也。学术事功之正，大要在五伦上做去。《章句》以"天下之达道"当之，乃为指出道所奠丽之大者，非竟以"达道"之道释此"道"字。

若仁者，则心学之凝夫天理者也，其与三达德之仁，自不相蒙。彼以当人性中之德而言，故曰"天下之达德"；此以圣贤心学之存主言，故《章句》云"能仁其身"。必不获已，则可云与下"诚"字相近，然就中须有分别。此仁字之可与诚字通者，择善固执之诚也。三达德之仁言天德，此仁言圣学。亦彼以性言而此以理言也。

二

不意朱门之荩稗，乃有如双峰以鬼对人之说！史伯璇讥之，当矣。然双峰岂解能奇，只是傍门求活见地。"仁者人也"，岂可云不仁者鬼乎？夫子谓"鬼神之为德"为"诚之不可掩"，鬼岂是不仁底？双峰引《论语》"未能事人，焉能事鬼"作话柄，早已失据。在《论语》，本谓幽明无二理。既无二理，则非人仁而鬼不仁，审矣。

彼似在气上说，生气仁，死气不仁，则以气主理，其悖既甚。而彼意中之所谓死气者，又非消息自然之气，乃夭枉厉害之邪气。使然，则人之有不正而害物者多矣，统云"仁者人也"，不已碍乎？子曰"人之生也直"，于直不直而分死生，且不于之而分人鬼，人鬼自与死生异。而况于仁乎？

圣人斩截说个"仁者人也"，者"人"字内便有彻始彻终、屈伸往来之理。如何把鬼隔开作对垒得？必不获已，则或可以"物"字对。然孟子以"万物皆备"为仁，《中庸》亦云"尽人之性则能尽物之性"，者"人"字也撇"物"字不下。特可就不仁者之心行而斥之，曰不仁者禽也，为稍近理。要此"仁"字，不与不仁相对，直不消为树此一层藩篱。

"仁者"属人道而言，"人也"属天道而言。盖曰君子之用以修道之仁，即天道之所以立人者也。天道立人，即是人道。则知"亲亲为大"，是推入一层语，非放出一层语。亲亲是天性之仁见端极大处，故《章句》云"自然便有恻怛慈爱之意"。此处不是初有事于仁者之能亲切，故曰"深体味之可见"，是朱子感动学者令自知人道处。双峰之孟浪，其不足以语此，又何责焉！

三

"仁"字说得来深阔，引来归之于人，又引而归之于"亲亲"，乃要归到人道上。"亲亲""尊贤"，自然不可泯灭，与自然不颠倒之节文者，人道也；而尊亲在此，等杀在此，修道修身者以此，故知人道之敏政也。《中庸》此处，费尽心力写出，关生明切，诸儒全然未省。

四

"仁者人也"二句，精推夫仁，而见端于天理自然之爱。"义者宜也"，因仁义之并行，推义之所自立，则天理当然之则，于应事接物而吾心固有其不昧者，因以推夫人心秉彝之好，自然有其所必尊而无容苟，则"尊贤"是也。

仁义之相得以立人道，犹阴阳之并行以立天道。故朱子曰"仁便有义，阳便有阴"。非谓阳之中有阴，仁之中有义。<small>如此则亦可云义之中有仁矣。</small>乃天地间既有阴，则阳自生；人道中既有仁，则义自显也。而仁义之施，有其必不容不为之等杀者，则礼所以贯仁义而生起此仁义之大用也。

仁与义如首之应尾，呼之应吸，故下云"思事亲不可以不知人"。礼贯于仁义之中而生仁义之大用，故下云"不可以不知天"。若统论之：则知天者，仁、知之品节者也；知人者，知、仁之同流者也。故曰"修道以仁"，而不劳曰以义、以礼也。

"立人之道曰仁与义"，故曰"人道敏政"者，仁义之谓也。仁义之用，因于礼之体，则礼为仁义之所会通，而天所以其自然之品节以立人道者也。礼生仁义，而仁义以修道，取人为政，咸此具焉，故曰"人道敏政"也。

此言仁义礼者，总以实指人道之目，言天所立人之道而人所率繇之道者若是。皆为人道之自然，则皆为天理之实然。与夫知之为德，人以其形其质受天灵明之用，得以为用，应乎众理万事而不适有体者自别。故仁义礼可云道，而知不可云道。双峰眩于"知天""知人"两"知"字，而以仁、知分支，则文义既为牵扭割裂，而于理亦悖。

凡此三节，用两"故"字，一顺一逆，俱以发明人道之足以敏政者。但务言人道可以敏政之理，而未及夫所以敏之功。是以下文三达德、三"近"之文，必相继立言，而后意尽。或可以此一段作致知，下四节作力行分，则以明人道之如是，<small>仁义礼。</small>而后有以施吾敏之之功，<small>知仁勇皆所以敏之。</small>亦与知先行后之理相符合。然而有不尽然者。则以此论人道之当然，为知中之知；而下"知斯三者"论人道之能然，<small>能然之道即</small>

德也。则固犹为行中之知，必待推其原于一，显其功于豫，立其程于择善固执，而后全乎其为力行之实矣。用其知仁勇者，必用之于学、问、思、辨、笃行。

或疑如此说，则仁义礼皆天所立人之道，而人得以为道，是自然之辞也。而又何以云知仁勇为天性之德，而仁义礼非以心德言耶？然而有不碍者。则以仁也，义也，仁之亲亲、义之尊贤也，亲亲之杀、尊贤之等也，皆就君子之修而言也。仁、义之有撰，礼之有体，则就君子之所修者而言也。故新安以依于仁证此。依者修之也，所依之仁所修者也，显然天理之实有此仁义礼，而为人所自立之道。故《章句》云："仁者天地生物之心，而人得以生，所谓'元者善之长也'。"亦可云：义者天地利物之理，而人得以宜；礼者天地秩物之文，而人得以立。是皆固然之道，而非若知仁勇，二"仁"字不同。人得受于有生之后，乘乎志气仁依志，勇依气，知兼依志气。以为德于人，而人用之以行道者比矣。

故愚前云"心学之存主"，亦谓心学之所存所主，非谓君子之以吾心之仁存之主之也。若夫知仁勇，则人之所用以行道者，而非道之条理，人道有仁，而抑有义礼，是谓条理。与其本原。仁故亲亲，义故尊贤，礼故等杀生焉。是其为道之体与性之用，其相去不綦亦明矣。

五

人道有两义，必备举而后其可敏政之理著焉。道也，修身以道。仁也，义也，礼也，此立人之道，人之所当修者。犹地道之于树，必为茎、为叶、为华、为实者也。仁也，知也，勇也，此成乎其人之道，而人得斯道以为德者。犹地道之于树，有所以生茎、生叶、生华、生实者也。道者，天与人所同也，天所与立而人必繇之者也。德者，己所有也，天授之人而人用以行也。然人所得者，亦成其为条理，知以知，仁以守，勇以作。而各有其径术，知入道，仁凝道，勇向道。故达德而亦人道也。以德行道，而所以行之者必一焉，则敏之之事也。故此一章，唯诚为枢纽。

六

"诚"为仁义礼之枢，"诚之"为知仁勇之枢，而后分言"诚者天之道"，"诚之者人之道"。须知天道者，在人之天道，要皆敏政之人道尔。

七

事亲亦须知以知之，仁以守之，勇以作之。知人亦然，知天亦然。如郭公善善而不能用，仁勇不给，则亦无以知人。又事亲亦须好学以明其理，力行以尽其道，知耻以远于非。足知双峰"三达德便是事亲之仁，知人之知"，牵合失理。又况如陈氏所云"有师友之贤，则亲亲之道益明"，其为肤陋更不待言者乎？况所云"与不肖处，则必辱身以及亲"，乃闾巷小人朋凶忤逆之所为，曾何足为知天知人之君子道？而于人君有志行文、武之政者，其相去岂止万里也！

释书之大忌，在那移圣贤言语，教庸俗人易讨巴鼻。直将天德王道之微言，作村塾小儿所习《明心宝鉴》理会，其辱没《五经》《四子书》，不亦酷哉！

八

"所以行之者三"，行者，推荡流动之谓，言以身行于五达道之中，而此三者所资以行者也。若"修身以道，修道以仁"，则曰修。修者，品节之谓：以道为准，而使身得所裁成；以仁为依，而使道得所存主也。

亦有不以道修身者，如文、景之恭俭，而不足与于先王之典礼。亦有不以仁修道者，如苏威之五教，非果有恻怛爱民之心，而徒以强民也。若行于五者之闲，而不以知仁勇行之，则世之庸流皆然：正墙面而立，一物不能见，一步不能行矣。二者之辨井然，取之本文而已足。

九

以生、安为知，学、利为仁，困、勉为勇，直不消如此说。此两条文字，上承"所以行之者一"而言，则俱带一"诚"字在内。后面明放着"从容中道"者，生、安也，"择善固执"者，学、利也，"愚之明""柔之强"者，困、勉也。生知者，"诚明"也；安行者，"至诚"也；学知者，"明诚"也；利行者，"诚之为贵"也；困知、勉行者，"致曲"也。以其皆能极人道之"诚之"，以为德为学，故知之、成功，莫不一也。各致其诚而知用其知，知用其仁，知用其勇；行其知以知之，行其仁以守之，行其勇以作之。上言"所以行之""之"字，指知仁勇。是三达德者，皆有知行之二用，且不得以知属知、行属仁，而况于以生、安分知，学、利分仁，困、勉分勇乎？

所以谓知去声有行者，如博学属知，而学之弗博弗措，则行矣。至于仁之有知，如字。尤为显别。颜子之服膺弗失者，其择乎中庸者也。若勇之亦有知者，则固曰"知耻近乎勇"矣。今必从而区分之，则诚明无合一之理。于行无知，则释氏之蓦直做去，不许商量。于知无仁，则释氏之心花顿开，不落蹊径。至于以仁为学、利而非生、安，既无以明辨夫仁者安仁、知者利仁之与此迥异；以勇为困、勉，则《书》所谓"天锡勇知"，孟子所谓"若决江河，沛然莫之能御"者，又岂非舜、汤之勇乎？

朱子与诸家之说，彼此各成一家言，而要无当于大义，则唯此二段之言，以诚行达德，而非以知仁勇行达道也。

十

《章句》"未及乎达德"句有病，不如小注所载朱子"恐学者无所从入"一段文字为安。达德者，人之所得于天也，以本体言，以功用言，而不以成德言。非行道而有得于心。如何可云及与未及？

知仁勇之德，或至或曲，固尽人而皆有之。特骤语人以皆有此德，则初学者且不知吾心之中何者为知，何者为仁，何者为勇，自有其德而自忘之久矣。唯是好学、力行、知耻之三心者，人则或至或曲，而莫不见端以给用，莫不有之，而亦各自知此为好学之心，此为吾力行之心，此为吾知耻之心也。则即此三者以求之，天德不远，而所以修身者不患无其具矣。

此犹孟子言"人皆有不忍人之心"，故遇孺子入井而怵惕、恻隐，心之验于情也。唯有得于知，故遇学知好；唯有得于仁，故于行能力；唯有得于勇，故可耻必知：性之验于心也。唯达德之充满具足于中，故虽在蔽蚀，而斯三者之见端也不泯。尽其心则知其性，虽在圣人，未尝不于斯致功，而修身治物之道毕致焉。岂得谓其"未及乎达德"而仅为"勇之次"哉？

舜之好问好察，亦其知之发端于好学。回之拳拳服膺，亦其仁之发端于力行。君子之至死不变，亦其勇之发端于知耻。性为天德，不识不知，而合于帝则。心为思官，有发有征，而见于人事。天德远而人用迩，涉于用非尽本体。而资乎气，不但为性。故谓之"三近"。从所近以通其真，故曰"从入"，曰"繇是以求之"，曰"入德"。朱子此说，其善达圣言而有功于初学者极大，《章句》顾不取之，何也？

十一

既云"修身以道"，抑云"思修身不可以不事亲"，此又云"知斯三者则知所以修身"，说若庞杂，此《中庸》之所以不易读也。唯熟绎本文，以求其条理，则自得之。云"以道"、云"不可不事亲"者，言修身之事也；云"知斯三者"，言修之之功也。事则互相待而统于成，故可云"思修身不可以不事亲"，抑可云"顺亲有道，反身不诚，不顺乎亲"；功则有所循以为资，故知"三近"，而后修身之所以者不迷也。舍其从人之资，则亦茫然无所用以为修矣。

人道之固然其诚者，身之理著于道；人道之能诚之者，德之几见于心也。固然与能然者，而一合乎诚，则亦同乎所性而不悖，故统之曰"人道敏政"。"修身以道"者，太极之有其阴阳也。"知斯三者，知所以修身"，阴阳之有其变合也。阴阳，质也；变合，几也：皆人之所以为人道也。君子修之吉，修此者也。呜呼！微矣。君子之道斯以为托体于隐，而岂云峰逆推顺推，肤蔓之说所得而知！

十二

"修身则道立"，云峰以为"道即天下之达道"。字义相肖，辄以类从，此说书之最陋者也。朱子引《书》"皇建其有极"以释此，极为典核。《洪范》说"皇极"，则是"无有作好，无有作恶，无偏无党，无反无侧"，其与"达道"岂有交涉？下云"齐明盛服，非礼不动"，止在君身之正直上做工夫，而以天下之无奇邪者为效验。然则《章句》所云"道成于己而可为民表"，正谓君之身修，而可为斯民不修之身示之则也。

修身自有修身之事，尽伦自有尽伦之事。"亲亲"以下，乃五达道事。理虽相因，而事自殊致。无有私好，而天下无偏党反侧之好；无有私恶，而天下无偏党反侧之恶：则所谓"上见意而表异，上见欲而姑息"，与夫"宫中好高髻，城中高一尺"之弊，可无虑矣。是道德一而风俗同也。

若五达道之事，则"亲亲"为尽父子兄弟之伦，"敬大臣""体群臣""子庶民"为尽君臣之伦，"尊贤""怀诸侯"为尽朋友之伦。事各有施，效各有当。君于尽伦之外，自有建极之德；民于明伦之外，亦自有会极之猷。且如陈之奢而无节、魏之俭而已褊者，夫亦何损于父子、昆弟、夫妇、朋友之恩义？而其君为失道之君，国为无道之国，则唯君之好恶不裁于礼而无可遵之道也。云峰既不知此，乃云"以下八者，皆道立之效"。其因蔽而陷，因陷而离，盖不待辨而自明矣。

十三

所谓"宾旅"者，宾以诸侯大夫之来觐问者言之，旅则他国之使修好于邻而假道者。又如失位之寓公，与出亡之羁臣，皆旅也。唯其然，故须"嘉善而矜不能"。

当时礼际极重一言一动之失得，而所以待之者即异矣。然善自宜嘉，而不能者亦当以其漂泊而矜之。以重耳之贤，而曹人裸而观之，不能嘉善也。周人掠栾盈之财，而不念其先人之功，非以矜不能也。若孟子所言

"行旅"，则兼游说之士将适他国者说。传《易》者以孔子为旅人，亦此类也。

十四

"豫"之为义，自与"一"不同。一者，诚也；诚者，约天下之理而无不尽，贯万事之中而无不通也。豫则凡事有凡事之豫，而不啻一矣；素定一而以临事，将无为异端之执一耶？一者，彻乎始终而莫不一。豫者，修乎始而后遂利用之也。一与豫既不可比而同之，则横渠之说为不可易矣。

横渠之所云"精义入神"者，则明善是已。夫朱子其能不以明善为豫乎？《章句》云"以在下位者推言素定之意"，则是该治民以上，至于明善，而统以引伸素定之功也。是朱子固不容不以明善为豫，而《或问》又驳之，以为张子之私言，则愚所不解。

夫明善，则择之乎未执之先也，所谓素定者也。诚则成物之始，而必以成物之终也。不息则久，悠久而乃以成物，纯亦不已，而非但取其素定者而即可以立事。是诚不以豫为功，犹夫明善之不得以一为功，而陷于异端之执一也。故以前定言诚，则事既有所不能，而理尤见其不合。浸云"先立其诚"，则"先"者，立于未有事物之前也，是物外有诚，事外有诚。斯亦游于虚以待物之用，而岂一实无闲之理哉？

言诚者曰："外有事亲之礼，而内有爱敬之实。"则爱敬与事亲之礼而同将，岂其于未尝事亲之先，而豫立其爱敬乎？且亦将以何一日者为未尝事亲之日耶？抑知慎终追远，诚也。虽当承欢之日，而终所以慎，远所以追，不可不学问思辨以求其理，是则可豫也。若慎之诚乎慎，追之诚乎追，斯岂可前定而以待用者哉？

又曰"表里皆仁义，而无一毫之不仁不义"，则亦初终皆仁义，而无一刻之不仁不义矣。无一刻之可不仁不义，则随时求尽而无前后之分也。明一善而可以给终身之用，立一诚而不足以及他物之感。如不顺乎亲，固不信乎友。然使顺乎亲矣，而为卖友之事，则友其信之耶？故君子之诚之，必致曲而无所不尽焉。

唯学问思辨之功，则未有此事而理自可以预择。择之既素，则繇此而执之，可使所明者之必践，而善以至。故曰"凡事豫则立"。事之立者诚也，豫者明也。明则诚，诚则立也。

一乎诚，则尽人道以合天德，而察至乎其极。豫乎明，则储天德以敏人道，而已大明于其始。虽诚之为理不待物有，诚之之功不于静废；而彻有者不殊其彻乎未有，存养于其静者尤省察于其动。安得如明善之功，事未至而可早尽其理，事至则取诸素定者以顺应之而不劳哉？

若云存诚主敬，养之于静以待动；夫所谓养之于静者，初非为待动计也。此处一差，则亦老子所谓"执大象，天下往"，"冲，而用之或不盈"之邪说，而贼道甚矣。

夫朱子之以诚为豫者，则以《中庸》以诚为枢纽，故不得不以诚为先务。而枢纽之与先务，正自不妨异也。以天道言，则唯有一诚，而明非其本原。以人道言，则必明善而后诚身，而明以为基，诚之者择善而固执之。是明善乃立诚之豫图，审矣。

后此言天道，则诚以统明，而曰"至诚之道，可以前知"，曰"知天地之化育"，有如诚前而明后。然在天道之固然，则亦何前何后，何豫何不豫，何立何废之有？

言"豫"言"立"者，为人道之当然而设也。故二十五章云"是故君子诚之为贵"，"诚之者，择善而固执之也"；二十七章云"道问学"，_{道者，所取涂以尊德性之谓}。曰"既明且哲，以保其身"；二十九章云"知天""知人"。盖无有不以明为先者也。

道一乎诚，故曰"所以行之者一"。学始乎明，故曰"凡事豫则立"。若以诚为豫，而诚身者必因乎明善焉，则岂豫之前而更有豫哉？"诚则明"者一也，不言豫也。"明则诚"者豫也，而乃以一也。此自然之分，不容絫者也。

《中庸》详言诚而略言明，则以其为明道之书，而略于言学。然当其言学，则必前明而后诚。即至末章，以动察静存为圣功之归宿，而其语"入德"也，则在知几。入德者，豫之事也。

张子显以明善为豫，正开示学者入德之要，而求之全篇，求之本文，无往不合。朱子虽不取其说，而亦无以折正其非，理之至者不可得而易也。

十五

"外有事亲之礼，而内尽爱敬之实"二句，不可歃重。内无爱敬之实，而外修其礼，固是里不诚；_{不可误作表不诚说。}内有爱敬之实，而外略其礼，则是表不诚。事亲之礼，皆爱敬之实所形；而爱敬之实，必于事亲之礼而著。爱敬之实，不可见、不可闻者也。事亲之礼，体物而不可遗也。

《中庸》说"君子之道费而隐"，费必依隐，而隐者必费。若专求诚于内心，则打作两片，外内不合矣。"率性之谓道，修道之谓教。"教者皆性，而性必有教，体用不可得而分也。

十六

诚之为道，不尽于爱敬之实。朱子特举顺亲之诚一端以例其余耳。到得诚之至处，则无事不然，无物不通。故《或问》以顺亲、信友、获上、治民无施不效而言。

上云"所以行之者一"，孟子谓"至诚未有不动"，一实则皆实、行则胥行之旨。且就君、民、亲、友而言之，犹是诚身一半事，但说得尽物之性、所以成物、经纶大经一边。若诚身之全功，固有尽性成己、立本知化之成能；而存心致知之学，以尊德性、道问学者，自有其事。若本文特顶事亲一项说，则以其成物之诚，本末亲疏之施，聊分次第尔。况此原但就在下位者而推之，而非以统括事理之全也。

不知此，则将以《孝经》立身扬名之说，为诚身事亲之脉络。才以扬名为孝，则早有不诚矣。故曰《孝经》非孔氏之旧文。

十七

《中庸》一部书，大纲在用上说。即有言体者，亦用之体也。乃至言天，亦言天之用；即言天体，亦天用之体。大率圣贤言天，必不舍用，与后儒所谓"太虚"者不同。若未有用之体，则不可言"诚者天之道"矣。舍此化育流行之外，别问窅窅空空之太虚，虽未尝有妄，而亦无所谓诚。

佛、老二家，都向那畔去说，所以尽着钻研，只是捏谎。

《或问》"一元之气""天下之物"二段，扎住气化上立义，正是人鬼关头分界语。所以《中庸》劈头言天，便言命。命者，令也。令犹政也。末尾言天，必言载。载者，事也。此在天之天道，亦未尝遗乎人物而别有其体。《易》言"天行健"，吃紧拈出"行"来说。又曰"大哉乾元，万物资始，乃统天"，只此万物之资始者，便足以统尽乎天，此外亦无有天也。况乎在人之天道，其显诸仁者尤切，藏诸用者尤密乎？

天道之以用言，只在"天"字上见，不在"道"字上始显。道者天之大用所流行，其必繇之路也。周子言诚，以为静无而动有，朱子谓为言人道。其实天道之诚，亦必动而始有。无动则亦无诚，而抑未可以道言矣。

十八

北溪分"天道之本然"与"在人之天道"，极为精细。其以孩提之知爱、稍长之知敬为在人之天道，尤切。知此，则知"诚者天之道"，尽人而皆有之。故曰"造端乎夫妇"，以夫妇之亦具天道也。只此不思不勉，是夫妇与圣人合撰处，岂非天哉？

北溪虽是恁样分别疏明，然学者仍不可将在人之天道与天道之本然，判为二物。如两间固有之火，与传之于薪之火，原无异火。特丽之于器者，气聚而加著耳。乃此所云"诚者天之道"，未尝不原本于天道之本然，而以其聚而加著者言之，则在人之天道也。

天道之本然是命，在人之天道是性。性者命也，命不仅性也。若夫所谓"诚之者人之道"，则以才而言。才者性之才也，性不仅才也。惟有才，故可学。"择善而固执之"，学也。其以择善而善可得而择，固执而善可得而执者，才也。此人道敏政之极致。有是性固有是才，有是才则可以有是学，人之非无路以合乎天也。有是才必有是学，而后能尽其才，人之所当率循是路以合乎天也。

人之可以尽其才而至于诚者，则北溪所谓忠信。其开示蕴奥，可谓深切著明矣。择善固执者，诚之之事。忠信者，所以尽其择执之功。弗能弗措，而己百己千，则尽己以实之功也。虽愚，而于忠信则无有愚；虽柔，而于忠信则无有柔者。故曰："十室之邑，必有如夫子者焉。"人道本于天故。而君子之学，必此为主。三达德以此行故。若知仁勇，则虽为性之德，亦诚之发见，而须俟之愚明柔强之余，始得以给吾之用。故行知仁勇者以一，而不藉知仁勇以存诚。双峰、云峰之说，徒为葛藤而丧其本矣。

繇明而诚者，诚之者也。明则诚者，人之道也。惟尽己以实，而明乃无不用，则诚乃可得而执。是以统天下之道于一，而要人事于豫也。豫斯诚也。

十九

仁义礼是善，善者一诚之显道也，天之道也。唯人为有仁义礼之必修，在人之天道也，则亦人道也。知仁勇，所以至于善而诚其身也。"诚乎身"之诚，是天人合一之功效。所以能行此知之所知、仁之所守、勇之所作于五伦九经者，忠信也，人之道也。人于知仁勇，有愚明、柔强之分，而忠信无弗具焉，人道之率于天者也。

人道惟忠信为咸具，而于用尤无不通。土寄王四行，而为其王。《洛书》中宫之五，一六、二七、三八、四九所同资，无非此理。敏政者全在此。其见德也为知仁勇。其所至之善为仁义礼。其用之也于学、问、思、辨、行，而以博、以审、以慎、以明、以笃，则知仁勇可行焉，仁义礼可修焉，故曰"人道敏政"。朱子所云"表里皆仁义，而无一毫不仁不义"，及云"外有事亲之文，内尽爱敬之实"，皆忠信之谓，特引而未发。北溪显天德、圣功、王道之要于二字之中，呜呼至矣哉！

二十

圣人可以言诚者，而不可以言天道。非谓圣人之不能如天道，亦以天道之不尽于圣人也。

"不思而得，不勉而中"，人皆有其一端，即或问所谓恻隐羞恶之发者，皆不假于思勉。特在中人以下，则为忮害贪昧之所杂，而违天者多矣。乃其藉择执之功，已千己百而后得者，必于私欲之发，力相遏阏，使之出而无所施于外，入而无所藏于中，如此迫切用功，方与道中。若圣人，则人之所不学虑而知能者，既咸备而无杂，于以择执，亦无劳其理欲交战之功，则从容而中道矣。

其然，则此一诚无妄之理，在圣人形器之中，与其在天而为化育者无殊。表里融彻，形色皆性，斯亦与天道同名为诚者，而要在圣人则终为人道之极致。故《章句》云"则亦天之道"，语意自有分寸，不得竟以天道言圣人审矣。

二十一

"不思而得，不勉而中"，在人之天道所发见，而非为圣人之所独得。"择善而固执"，君子之所学圣，而非圣人之所不用。所以然者，则以圣人之德合乎天道，而君子之学依乎圣功也。

故自此以后十三章，皆言圣合天，贤合圣，天人一理，圣贤一致之旨。使不思不勉者为圣人之所独得，则不可名为天道；<small>天无私，凡物皆天道所成。</small>使君子之择善固执为圣人之所不用，则君子终不能循此以至于圣人之域矣。而下云"明则诚"，云"曲能有诚"以至于化，云"性之德也"，"时措之宜也"，又岂因他涂而底圣境哉？

且所谓圣人者，尧、舜、文王、孔子而已矣。尧、舜之"惟精"，择善也；"惟一"，固执也；"问察"，择善也；"用中"，固执也。文王之"缉熙"，择善也；"不回"，固执也。孔子之"学而不厌"，择善也；"默而识之"，固执也。特于所谓己百己千者，则从容可中，无事此耳。而弗能弗措，己百己千，为学、利、困、勉者之同功，非学知、利行之必不须尔。此自体验而知之，非可徒于文字求支派也。

截分三品，推高圣人，既非《中庸》之本旨。且求诸本文，顺势趋下，又初未尝为之界断。《章句》于是不能无训诂气矣。

二十二

修道，圣人之事，而非君子之事，《章句》已言之明矣。既须修道，则有择有执。君子者，择圣人之所择，执圣人之所执而已。即如博学审问，岂圣人之不事？但圣人则问礼于老聃，问官于郯子，贤不贤而焉不学？君子则须就圣人而学问之，不然，则不能隐其恶，扬其善，执两端而用其中，而反为之惑矣。耳顺不顺之分也。

圣人不废择执，唯圣人而后能尽人道。若天道之诚，则圣人固有所不能，而夫妇之愚不肖可以与知与能者也。圣人体天道之诚，合天，而要不可谓之天道。君子凝圣人之道，尽人，而要不可曰圣人。然尽人，则德几圣矣；合天，则道皆天矣。此又后十三章所以明一致之旨也。

读者须于此两"诚者"两"诚之者"，合处得分，分处得合，认他语意联贯之妙。笼统割裂，皆为失之。

二十三

《章句》分知仁勇处，殊少分晓。前言知仁勇，只平数三德，何尝尊知仁而卑勇？且云"三者天下之达德，所以行之者一"，则自天道而言，唯命人以诚，故人性得以有其知仁勇，自人事而言，则以忠信为主，而后可以行其知仁勇之德于五达道之间。朱子所谓"无施而不利"者，知仁勇之资诚以为功也。"及其知之"，"及其成功"，则自从容中道；以至于未免愚柔者，知皆如舜，仁皆如颜，勇皆如不流不倚之君子。既不絭知仁勇以得诚，况可析学利为知仁，困勉为勇哉？且朱子前业以生安为知，学利为仁，而此复统知仁于学利，足见语之蔓者，必有所窒也。

唯《章句》"而为"二字，较为得之。以诚之者之功，乃以为功于知仁也。然如此说，亦仅无弊，而于大义固然无关。至于双峰、云峰之为说，割裂牵缠，于学问之道，释经之义，两无交涉。则吾不知诸儒之能有几岁月，而以消之于此，岂"博弈犹贤"之谓乎！若双峰以从容为勇，则益可资一笑。其曰"谈笑而举百钧"，则有力之人，而非有勇之人也。要离之顺风而頿，羊祜之射不穿札，岂不勇哉？若乌获者，则又止可云力，而不可云勇。勇、力之判久矣。有力者可以配仁守，而不可以配勇。力任重，而勇御侮。故朱子以遏欲属勇，存理属仁。存仁之功，则有从容、竭蹶之别。御侮之勇，则不问其从容与否。项羽之暗恶叱咤，岂得谓其勇之未至哉？故朱子曰："不赖勇而裕如。"如赖勇矣，则千古无从容之勇士。子之语大勇曰："虽千万人，吾往矣。"是何等震动严毅，先人夺人，岂谈笑举鼎之谓哉？

二十四

学、问、思、辨、行，《章句》言目而不言序。目者若网之有目，千目齐用；又如人之有目，两目同明。故存程子废一不可之说以证之。或问言序，则为初学者一向全未理会，故不得不缓议行，而以学为始。其于诚之者择执之全功，固无当也。

《朱子语录》有云"无先后而有缓急"，差足通或问之穷。乃以学为急，行为缓，亦但为全未理会者言尔。实则学之弗能，则急须辨；问之弗知，则急须思；思之弗得，则又须学；辨之弗明，仍须问；行之弗笃，则当更以学问思辨养其力；而方学问思辨之时，遇著当行，便一力急于行去，不可曰吾学问思辨之不至，而俟之异日。

若论五者第一不容缓，则莫如行，故曰"行有余力，则以学文"。弟子尚然，而况君子之以其诚行于五达道之间，人君一日万几而求敏其政者哉？

第二十一章

一

曰"性"、曰"道"、曰"教"，有质而成章者也。曰"天命"、曰"率性"、曰"修道"，则事致于虚而未有其名实者也。溯其有质成章者于致虚之际，以知其所自来，故曰"之谓"。

曰"自诚明"，有其实理矣；曰"自明诚"，有其实事矣。"性"，为功于天者也；"教"，为功于人者也。因其实而知其所以为功，故曰"谓之"。天命大而性小，性属一人而言。率性虚而道实，修道方为而教已然。命外无性，性外无道，道外无教，故曰"之谓"，彼固然而我授之名也。

诚明皆性，亦皆教也。得之自然者性，复其自然者亦性，而教亦无非自然之理。明之所生者性，明之所丽者亦性，如仁义礼等。而教亦本乎天明之所生。特其相因之际，有继、有存，成性存存，道义之门。有通、有复，则且于彼固然无分之地而可为之分，故曰"谓之"，我为之名而辨以著也。

黄洵饶缓急之训，未当二者之义。

二

《章句》云"所性而有""繇教而入"，则就性之所凝与教之所成者言，是移下一层说。因取圣贤而分实之以其人，语自可通。小注所载《朱子语录》及或问所取蓝田之说，则毕竟于"性""教"两字不安。

孟子言"君子所性"一"所"字，与"所欲""所乐"一例，言君子所见以为己性者也。观孟子言耳目口鼻之欲"君子不谓之性"，则知"所性"者，君子所谓之性，非言君子性中之境界，而谓见性后之所依据也。若其云"尧、舜性之"，则要就尧、舜之功用而言。如"动容周旋中礼"四事，皆推本其性之撰，而原其所以得自然咸宜者，性之德也，而非以性为自然之词也。

至于教非学，学非教，义之必不可通也，则尤明甚。"繇教而入"者，贤人之学，而必不可谓教者贤人之事。故蓝田于此，亦有所不能诬，而必云"圣人之所教"。夫学以学夫所教，而学必非教；教以教人之学，而教必非学。学者，有事之词也；教者，成法之谓也。此而可屈使从我之所说，则亦何不可抑古人以徇其私见哉？

要此一节文字，自分两段。上二句以理言，下二句以事言。于理而见其分，则性原天而教自人。于事而著其合，则合天者亦同乎人，而尽人者亦同乎天。既显分两段，则陈氏"下二句结上意"之说，真成鲁莽。

若夫理之分者未尝不合，则首章已显明其旨。性、教原自一贯：才言性则固有其教，凡言教则无不率于性。事之合者固有其分：则"自诚明谓之性"，而因性自然者，为功于天；"自明诚谓之教"，则待教而成者，为功于人。前二句固已足达其理，不待后之复为申说也。

愚欲于两段相承之际为之语曰：圣人之尽性，诚也；贤人之奉教，明也。"诚则明矣"，教斯立矣。"明则诚矣"，性斯尽矣。如此，则转合明而可以破此章之疑。

然本文云"诚则明矣"，而不云性则无不明矣；"明则诚矣"，而不云教则可以至于诚矣。是亦足见上二句之未及乎圣人贤人，必待下二句"诚则明矣"一"诚"字，方以言圣人之德足乎诚；"明则诚矣"一"明"字，方以言贤人之学因乎明。是《章句》"德无不实"八句，仅可用以释下二句"诚""明"二字，而上二句则未之释，此《章句》之疏也。

圣人之德自诚而明，而所以尔者，则天命之性"自诚明"也。贤人之学自明而诚，而其能然者，惟圣人之教"自明诚"也。

上天之载，无声无臭，而翕辟变化，有其实然，则为等为杀，粲然昭著于万物之中，一鸢飞鱼跃之可以仰观俯察而无不显。自诚而明者，惟其有之，是以著之也。于天为命，而于人为性也。然其所以不言命者，则命唯一诚，而性乃有此虚灵不昧之明也。

圣人之德，以其喻乎己者，纪纲条理，昭晰不忒，得以列为礼、乐、刑、政，确然行于天下后世，使匹夫匹妇可以与知与能而尽其性。自明而诚者，推其所已明，以为明为不诚者，明夫天理之固诚，而有章有质，反之天理而皆非妄也；于圣人为道，而于天下为教也。然其所以不言道者，则圣人之于道，唯率其本明，而既立为教，乃使理丽于实也。

天不容已于诚，而无心于明。诚者天之道也，明者人之天也。圣人有功于明，而不能必天下之诚明者，圣人立教之本也。诚者教中所有之德也。贤人志于诚，而豫其事于明，则"不明乎善，不诚乎身"，学、问、思、辨所以因圣而为功者也。此在天、在人，圣修教、贤繇教之差等，固然其有别。上二句之旨。而在天为诚者，在人则必有其明，明授于性，而非性之有诚而无明。

故圣人有其诚而必有明，圣之所以尽性而合天者，固其自然之发见。圣之所明者，贤者得之而可以诚，明开于圣教，而非教之但可以明而无当于诚。故贤人明圣人之所明，而亦诚圣人之所诚。贤之所以学圣人而几于天者，明尤其用功之资始。然则性必有明而后教立，学必繇明而后因教以入道，故曰"不明乎善，不诚乎身"。明虽在天所未有而圣必有，"自明诚"，

"明"字属圣人说。在贤必用，"明则诚矣"，"明"字属贤人说。《中庸》所以要功于诚，而必以明为之阶牖也。

一章之旨，大概如此。乃以求以下十二章，无不合符。末章指示入德之功，必以知几为首。首章平列性、道、教，而必以教为归，亦无不合符者。然则于此章竟删抹节次，混合为一，如陈氏所云"下结上"者，要其立义漫无归宿，而大义不显。子思亦何事为此区别之言，绝天下以作圣之功哉？

第二十二章

一

二十二章以下，《章句》系之语云"言天道也"，"言人道也"。须知朱子是櫽括来说个题目，便人记忆。其实则所云"言天道"者，言圣人之具体乎天道也；"言人道"者，言君子之克尽乎人道也。圣人自圣人，天自天，故曰"可以赞"，"可以参"，曰"如神"，曰"配天"，俱有比拟，有差等。"可以"者，未可而可之词也。曰"如"、曰"配"者，虽异而相如、相配也。

孟子言"圣人之于天道"，固有分别，一如言"仁之于父子"。仁者心德，父子者天伦。仁非即父子，则天道亦非即圣人审矣。

又独以人道归君子，亦不可。人道须是圣人方尽得。故言人道章亦曰"唯天下至诚为能化"，曰"大哉圣人之道"；言天道章亦云"能尽其性"。在天为命，在人为性。尽性，固尽人道也。《论语》言"性与天道"，性、天之分审矣。直至赞化育，参天地，而后圣人之体天道者见焉。要其体天道者，亦以其尽人道者体之尔。

此等处，《中庸》原要说合，见得"知之""成功"之一。故于圣人分上，说"天地之化育"，"天地之道"，"维天之命"，"天地之所以为大"；于君子分上，说"圣人之道，峻极于天"，说"诚者自成，所以成物"，说"建诸天地而不悖"，乃至动察静存之功，驯至于"上天之载，无声无臭"，无非此理。圣则合天矣，贤则合圣矣。合圣，而于天又岂远哉？诸儒徒区区于生安、学利、困勉之分，而不知尽性即以至命之合，大失本旨。

二

《或问》于第二十章说诚之处，推天人之本合，而其后，人遂有不诚以异乎天者，其害在人欲；至此章言至诚尽性，而以"无人欲之私"为之脉络。此朱子吃紧示人语，转折分明，首尾具足，更不囫囵盖覆。其不取程子"穷理便是至命"之说，亦争此耳。

盖诚者性之撰也，性者诚之所丽也。性无不诚，<small>仁义礼知，皆载忠信。</small>非但言诚而即性。<small>性有仁义礼知。</small>诚以行乎性之德，非性之无他可名而但以诚也。性实有其典礼，诚虚应以为会通。性备乎善，诚依乎性。诚者天之用也，性之通也。性者天用之体也，诚之所干也。故曰"惟天下至诚，为能尽其性"。<small>可以分诚与性为二，而相因言之。</small>天用之体，不间于圣人之与夫妇。无诚以为之干，则忮害杂仁，贪昧杂义，而甚者夺。因我所固有之大用<small>诚</small>，以行乎天所命我之本体<small>性</small>，充实无杂，则人欲不得以乘之，<small>忮害等无所假托则不杂。</small>而诚无不干乎性，性无不通乎诚矣。

抑朱子以尽心为尽其妙用，尽性为尽其全体，以体言性，与愚说同。而尽其虚灵知觉之妙用者，岂即诚乎？于此则更有辨。

孟子以知言，此以行言。则"知性"与"尽性"对，而于"知"与"尽"分知行；"尽心"与"至诚"对，而于"心"与"诚"分知行。问者有所未察，故以"尽心""尽性"为疑，朱子则已别白之矣。"尽心"者，尽其虚灵知觉之妙用，所谓"明善"也。"至诚"者，极至其笃实充满之大用，所谓"诚身"也。"存心养性"者，诚之之事也。"尽性"者，事天之效也。

君子学繇教入，自明而诚，则以"尽心"为始事。圣人德与天合，自诚而明，则略"尽心"而但从"诚身"始。圣人无欲，不待"尽心"以拣乎理欲之界。贤人遏欲以存理者也，而遏欲必始于晰欲，故务"尽心"；存理必资乎察理，故务"知性"。孟子为思诚言其义，与下言人道诸章义通，不可引作此章之证。

三

《章句》云"此自诚而明之事"，则尽人物之性，赞化育，参天地，皆以极明之用也。"知无不明"，固明也。"处无不当"，则是诚以成物，而亦为明之效者，明之所至，诚用皆达也。

尽人物之性，明只是教，而不可谓性；则"自明诚谓之教"，乃以言"自诚明"者明后之功用。既诚以生明而明复立诚，其非竟言贤人之学可知已。若贤人则须于人物之性，求知之明，求处之当，于己之性，察而繇之，其不能即谓之教，审矣。

以此知"自明诚""明"字，亦以成德言，而无工夫。"自诚明"者亦有其"自明诚"也。直至"明则诚矣""明"字，方为贤人之学而有力。不然，则此"自诚明"之事，何以不自明止？_{必处之当故。}而朱子所云"教化开通处得其理"，又岂非教之谓乎？

大抵此等处须要活看。如下章言"诚则形，形则著，著则明"，固非"自诚明"之事，而抑何以先诚而后明耶？_{自明诚者，亦自诚而复明。}

四

说此"至诚"必是有德有位，陈氏之肤见也。本文云"尽人之性""尽物之性"，"尽"字自在性上说，不在人物上说。一人亦人也，千万人亦人也；用物之宏亦物也，用物之寡亦物也。岂孔子之未得位而遂不能尽人物之性耶？

此与作礼乐不同。彼以行于天下言，则须位。此就其所知、所处之人物言，则不须位。陈氏死认朱子"黎民于变时雍，鸟兽鱼鳖咸若"之语，便煞著尧、舜说。不知朱子本文一"如"字，是活语，极其至处，则时雍咸若而皆非分外。然抑岂必时雍咸若而后能尽人物之性，以几于赞化参天也哉？

第二十三章

一

"曲"云者，如山一曲、水一曲之曲，非一方一隅之谓也。从纵上说，不从方上说。斯道之流行者不息，而曲者据得现前一段田地，亦其全体流行之一截也。

总缘此指诚而言，固不可以仁义之一端代之。"致曲"而"曲能有诚"，此等天资，与乍见孺子入井而恻隐之今人，自不一格。彼特一念之善，发于不知不觉之际，恍惚灵动，而非有无妄之可据。其于未见孺子之前，孺子见已之余，犹夫人之不仁也。若此之"曲"，则大概皆循义理而行，特不能于痛痒关心之处，亲切警惺，如固有之。唯此一"曲"，则实有之而无妄，苟能所择皆善，则所信益弘，而无有不诚，遂俾形、著、明、动、变、化之效，无不捷得，足以知非乍见孺子入井之心所可几也。程、朱之言，特借以显"曲"为全体尽露之一节，而以扩充尽"致"字之义，非谓四端之即为"曲"也。

小注"既是四端，安得谓之曲"一问，问者先不晓了。朱子亦但就其问处答，故不可据为典要。若朱子"须于事上论，不当于人上论"之说，斯为近之。曲者，独于一事上灌注得者诚亲切。其实此诚，元是万行共载的。则养繇基之于射，亦是诚之全体见于一曲，其事小则其所诚者亦小耳。程子引喻，亦未为过。但所云"用志不分"，则属乎好学力行而非诚耳。

诚者，周流乎万事万物，而一有则全真无二者也。一念之诚，一事之诚，即全体之诚；直至尽性合天，更无增加。与见孺子入井之心，有端而无仁之大用者不同。非犹夫四端为一星之火，涓涓之水也。

抑四端如人之有四体，手自手而足自足。诚如人之有心，无定在而无在非其定在也。故一事一念，原该全体，致之即充，而不待于取譬以旁通。则《或问》"悉有众善"之说，亦从此而生，特未为之靠定"诚"字，不免有所窒碍，如四端之说者。盖恻隐与羞恶殊心，余二亦尔。故可目言之为四，并列之为端。诚则同归而行乎殊涂，一致而被乎千虑，虽其一曲，亦无有可分派而并立也。唯察乎"曲"之为"曲"，则众说纷纭，不辨而自定矣。

二

黄氏"物格知至之后，致曲与固执并行"之说，甚为有功于圣学；似与龟山学、问、思、辨、笃行之说，相为异同。

乃所谓笃行者，元有二义。一事之已行者，专力以造其极，此以执为笃也。众事之待行者，推广而皆尽其理，此以致为笃也。故曰"行之弗笃弗措"，与上言"弗知""弗能""弗得"不同。行但期于笃，而不可云行之弗成弗措，初非以一行之成为止境也。"致曲"二字，收拾尽"诚之者"一大段工夫。学、问、思、辨者，"致"前之功也。非博、审、慎、明，则曲无以致。一曲能诚，则既不患其执之不固，而唯是致之宜弘也。至于能致，则其执一曲而能固者不待言，而其用力于学、问、思、辨之深，亦可见矣。则黄氏之说以著夫择善以后之功而析为二；二者皆笃行事。龟山之旨，则以包乎固执之前而统其成也；又在读者之善通尔。

三

在己为"形"，被物为"著"，己之感物曰"动"，物之应感曰"变"。六"则"字皆为急辞，而"形则著、动则变"二层，尤是一串事。如瞽瞍允若，"化"也，非但"变"也；瞽瞍底豫，则"变"也。舜之感瞍而生其豫者"动"也，瞍因自豫悦而忘其顽者"变"也。起念为"动"，其几在动之者，而彼未能自主。成念为"变"，变其未动以前之心，而得善于己矣。

四

"形"兼言、行、动而言。"著"则人闻其言而知其为善言，见其行与动而知其为善行善动。"明"则言为法，行为则，动为道，与天下共明斯道矣。此"明"字与"明则诚矣""明"字大异，而与"自诚明""明"字亦无甚分。

所谓"光辉"者，教之行于天下后世者也。天下后世之道大明于己之谓光，君子之道及于天下后世之谓辉。光如日月轮郭里的赤光白光，辉则其芒耀之自天而下属于地中闲的晖焰。"明"字与"光辉"字自别。茹者之谓明，吐者之谓光。此言及物之光辉而云明者，言物之所资以为明，己之所施物以明者也。如日之光辉，令目与镜得之以为明，故"明则动"分己与物处，虽是一大界限，而亦以"则"字急承之。

五

《章句》所谓"诚能动物"者，在孟子但就治民、获上、顺亲、信友而言。实则孟子所言，行也，而未及于教也。此言"明则动"者，包括甚大，兼行之所感与教之所启而统言之。曰"著"、曰"明"，则有制礼、作乐、详刑、勑政之事矣。若无位之君子，则有道足兴，闻风而起，皆其动物之效。愚所举瞽瞍底豫，亦聊指一端，以发字义尔。

第二十四章

一

《或问》所云"术数推验之烦"，正以破至诚之以祥妖、蓍龟为知。其云"意想测度之私"，正以破至诚之缘四体之动而知。子贡知二君之死亡，而夫子以为"不幸"，以其为测度也。

小注所载《朱子语录》，是门人记成文字时下语不精通。其云"但人不能见"者，就理之形见而言，已撇开妖祥、蓍龟、四体等项上面说。彼亦皆是此理，而此理则非常人之所见，其所见必繇象数也。至其云"蓍龟所告之吉凶，非至诚人不能见"，此又就俗情中借一引证。所谓"至诚人"者，亦就其术中之笃信者言之耳，故加"人"字以别之。人者微词也。云峰不知此意，乃认定在象数上知吉凶，则甚矣其愚也。

祯祥、妖孽之必有，蓍龟、四体之先见，此是鬼神之诚。鬼神体物而不可遗，无心于知，而昭察兆见者不诬，故人得凭之以前知，斯鬼神之明也。唯"诚则明"，鬼神之诚不可掩者也，是以不待至诚，而人得因以前知。

天地间只是理与气，气载理而理以秩叙乎气。理无形，气则有象，象则有数。此理或紊，则象不正而数不均，大而显著，细而微动。非至诚之实有其理，则据其显者以为征，迎其微者以为兆，象数之学所自兴也。

至诚者理诚乎己，则"惠迪吉"，迪乎我而即吉也；"从逆凶"，逆乎我而即凶也。如会做文字人看人试闱文字，当于其心则知其售，不当于其心则知其不售，却与精于卜筮者一例取准。所以《书》云"唯先蔽志，昆命于元龟"，则固已先天而天不违矣。

鬼神之为妖为祥，在蓍龟而见，在四体而动者，非有意想也，至诚之道也。_{在天之至诚。}人之用此以知鬼神之所知者，则推测之小道也。"至诚如神"，与鬼神同以至诚之道而前知之。而善为术数、精于测度者，则藉鬼神之诚明以知之，是神自效也，非彼之能如神也。如董五经知程子之至，却云"声息甚大"，其所藉者声息也，非声息则彼且惘然矣。

俗有本命元辰来告之说，亦是藉当体之鬼神。而程子所云"知不如不知之愈"，直以吾身之诚有不足，故藉乎神以为明，而非其明也。藉乎神，则己与神为二。令其知者一，因而知者又一，此二之说也。与神为二，则神固诚而己不诚。己既不诚，乃以笃信夫神之区区者为诚，其亦微矣。

乃其大端之别，则至诚所知者，国家之兴亡也，善不善之祸福也。若今日晴，明日雨，程先生之来不来，此亦何烦屑屑然而知之哉？圣人所以须前知者，亦只为调燮补救，思患预防，与夫规恢法制，俟后圣而不惑耳；一切尖尖酸酸底人事家计，则直无心情到上面去。

又如"亡秦者胡"，"点捡作天子"，既无可如何区处，亦不劳知得。如夫子说子路不得其死，亦须是警戒他，教涵养其行行之气。不成只似张憬藏一流，判断生死以炫其术？但国家之兴亡，夫人之祸福，徒以一端之理断之，则失者亦众。如孔子言卫灵公之不丧，即非季康子之所知。康子之言，非无理也。

乃必如孔子，于善恶得失，如冷暖之喻于体，亦如王者之自操赏罚，酌量皆平，则轻重长短缓急宜称，在理上分得分数清切。而气之受成于理，为顺为逆，为舒为促，为有可变救，为无可变救，直似明医人又曾自疗过己身此病来，及看人此病，断不浪忧浪喜，而所以施之药石者，一无妄投，苟尝试焉，而未有不能生之者也。

其在他人，则或以数测而反知之，以理度而反失之。唯其理之未实而不达乎神之所以诚也。以数测者，非其人之能知也，因其一念之笃信而神凭之也。鬼神之体乎诚而不可掩，其道可以前知。以理知者，无待于鬼神，而与鬼神同其吉凶也。至诚之能体夫诚，而"诚则明"，其道可以前知也。其道同，故"至诚如神"；神可以知者，无不知矣。云峰无此境界，故信不能及，而谓必纆妖祥卜筮，亦其宜矣。

二

《章句》云"无一毫私伪尽己则无私，以实则无伪。留于心目之间"一句，是透彻重围语。私者私意也，伪者袭义也。

以己之私意论顺逆，顺于己之私者则以为顺，逆于己之私者则以为逆。如子路言"何必读书然后为学"，则亦不知为宰之足以贼子羔也。

以口耳所得，袭义而取之，则所谓顺者必有其不顺，所谓逆者未必其果逆。如徒闻"丧欲速贫，死欲速朽"，非实得于己而见其必然，则速贫而无以仰事俯育，速朽而作不孝之俑矣。

义理本自广大，容不得私；本自精微，非伪所及。而祸福兴亡，一受成于广大精微之天道，则必其广大无私、精微不伪者，然后可与鬼神合其吉凶而不爽。若此者，岂但如小注所云"能见蓍龟吉凶之至诚人"乎？故《章句》《或问》而外，朱门诸子所记师言，过口成酸，读者当知节取。

第二十五章

一

　　此章本文，良自清顺，而诸儒之言，故为纷纠，徒俾歧路亡羊。总以此等区处，一字不审，则入迷津。如第一句，《章句》下个"物"字，第二句下个"人"字，止为道理须是如此说，不容于诚则遗夫物而以道委之物。实则两"自"字，却是一般，皆指当人身上说。故《或问》复取程子"至诚事亲则成人子，至诚事君则成人臣"之说，以为之归。

　　繇《章句》言，则该乎物而论其本然。繇程子之言，则归乎当人之身而论其能然。两说岂不自相矛盾？须知《章句》于此下一"物"字，是尽着道体说，教圆满，而所取程子之说，则以距游、杨"无待"之言误以"自"为"自然"之自，而大谬于归其事于人之旨也。故《章句》又云"诚以心言"。曰"心"，则非在天之成万物者可知矣。

　　乃此所云心，又与《或问》解第二节以实理、实心分者不同。《或问》所云实心者，人之以实心行道者也。《章句》所云心者，谓天予人以诚而人得之以为心也。

　　此"心"字与"性"字大略相近。然不可言性，而但可言心，则以性为天所命之体，心为天所授之用。仁义礼知，性也，有成体而莫之流行者也。诚，心也，无定体而行其性者也。心统性，故诚贯四德，而四德分一，不足以尽诚。性与生俱，而心繇性发。故诚必托乎仁义礼知以著其用，而仁义礼知静处以待诚而行。是以胡、史诸儒竟以诚为性者，不如《章句》之言心也。

　　乃所谓心，则亦自人固有之心备万物于我者而言之。其与《或问》所云"实心"，固大别也。知此，则程子之以能然言者，一《章句》之说为本然者也。

　　抑所谓以心言、以理言者，为"诚者""而道"四字释耳，非以释夫"自成""自道"也。若本文之旨，则"诚"与"道"皆以其固然之体言之，又皆兼人物而言之。"自成""自道"，则皆当然而务致其功之词，而略物以归之当人之身。若曰：天所命物以诚而我得之以为心者，乃我之所以成其德也；天所命我以性而人率之为道者，乃我之所必自行焉而后得为道也。以诚自成，而后天道之诚不虚；自道夫道，而后率性之道不离。诚丽乎物以见功，物得夫诚以为干。万物皆备之诚心，乃万物大成之终始。诚不至而物不备于我，物不备则无物矣。

故君子知人心固有其诚，而非自成之，则于物无以为之终始而无物；则吾诚之之功，所以凝其诚而行乎道，其所为"自成""自道"者，一皆天道之诚、率性之道之所见功。是其以体天而复性者，诚可贵也。而又非恃天之畀我以诚，显我以道，遂可因任而自得之为贵。则所贵者，必在己之"自成"而"自道"也，惟君子之能诚之也。诚之，则有其诚矣。有其诚，则非但"成己"，而亦以成物矣。从此以下，理事双显。

以此，诚也者，原足以成己，而无不足于成物，则诚之而底于成，其必成物审矣。成己者，仁之体也。成物者，知之用也。天命之性，固有之德也；而能成己焉，则是仁之体立也；能成物焉，则是知之用行也。仁、知咸得，则是复其性之德也。统乎一诚，而己、物胥成焉，则同此一道，而外内固合焉，道本无不宜也。性乎诚而仁、知尽焉，准诸道而合外内焉，斯以时措之而宜也。君子诚之之功，其能有诚也如此。

是其自成者即诚也，人而天者也；自道者即道也，身而性焉。惟天道不息之妙，必因人道而成能，故人事自尽之极，合诸天道而不贰。此緜教入道者所以明则诚焉，而成功一也。此章大旨，不过如此。以是考诸儒之失得，庶不差矣。

二

此章之大迷，在数字互混上。朱子为分析之以启其迷，乃后来诸儒又执所析以成迷，此训诂之学所以愈繁而愈离也。

"自成""自"字，与"己"字不同。己，对物之词，专乎吾身之事而言也。自，则摄物归己之谓也。朱子恐人以"自成"为专成夫己，将有如双峰之误者，故于《章句》兼物为言。乃迷者执此，而以为物之成也，固有天成之，而不因乎人者矣，遂举"自成"而一属之天理之自然，则又暗中游、杨"无待"之妄而不觉。

乃本文之旨，则谓天道之诚，_{此无待。}我可以自成其心而始可有夫物也。_{此有待。}故"诚"之为言，兼乎物之理，而"自成"则专乎己之功。诚者，己之所成，物之所成；而成之者，己固自我成之，物亦自我成之也。

又言"诚"而更言"道"，前云"诚者天之道"，此双峰之所縠迷也。不知道者率乎性，诚者成乎心，心性固非有二，而性为体，心为用，心涵性，性丽心，故朱子以心言诚，以理言道，《章句》已云"性即理也"。则道为性所赅存之体，诚为心所流行之用。_{赅用存故可云费，流行故可云无息。}诸儒不察，乃以性言诚，则双峰既不知朱子异中之异，而诸儒抑不知朱子同中之异也。

又章中四"物"字，前二"物"字兼己与物而言，兼物与事而言，则或下逮于草木禽兽者有之。然君子之诚之也，自以处人接事为本务。如小注所云"视不明、听不聪，则不闻是物、不见是物，而同于无物"，不闻不见者，同于己之无耳无目也；不闻是物、不见是物者，同于己之未视是物、未听是物也。然要必为己所当有事者，而其终始之条理，乃不可略。若飞鸟之啼我侧，流萤之过我前，即不明不聪，而亦何有于大害哉？"诚者物之终始"，不择于我之能有是物与否而皆固然，则可下洎于鸟兽草木而为言；若夫"不诚无物"，固已舍草木鸟兽而专言人事矣。

顾此"无物"字，则犹兼己而言，而不如下"成物""物"字之与"己"为对设之词。盖"无物"之物，大要作"事"字解，《或问》言之极详；特不可以"事"字易之，则如杨氏无君之非不忠，墨氏无父之非不孝也。言筌之易堕，有倚则偏，故北溪引季氏跛倚以祭，虽为切当，而末云"与不祭何异"，语终有疵，不如云"与无鬼神何异"或云"与无祭主何异"之为当也。

又"物之终始"一"终"字，与下"无物"一"无"字，相去天渊。无者无始也，并无终也。始者固有始也，而终者亦有终也。程子以彻头彻尾言终始，则如有头有尾，共成一鱼，有始有终，共成一物。其可以头为有，尾为无乎？

小注中"向于有""向于无"之云，乃偏自天之所以赋物者而言，而不该乎人之所受于天之诚。须知"诚者天之道"，大段以在人之天为言，而在天之天，则人所无事，而特不可谓其非以诚为道耳。

乃"向于无"一"无"字，止当"死"字看，与本文"无"字不同。即在天而言，如生一赵姓者为始，赵姓者之死为终，其生之也向于有，其死之也向于无。若夫诚所不至而无此物，则如天下原无此赵姓之人，既已不生，何得有死？况于在人之天而兼乎理与事矣，则始者事之初也，终者事之成也，尤非始有而终无也。若以生死而言，则必全而生之，全而归之，而后为诚之终。若泛然之人，气尽神离而死也，则其不诚固已久矣，而又何得谓之终哉？

故曰："君子曰终，小人曰死。"是知终者成之词，与《大学》"事有终始"之终相近，而不可以渐灭殆尽为言。且死者亦既有死矣，异于无之谓矣。无者非所得有也，非其终之谓也。杨氏无君而可谓君之终，墨氏无父而可谓父之死乎？

以此知程子彻首彻尾之义为不可易。朱子推广之曰"自始至终，皆实理之所为"，言尤明切。乃又曰"至焉之终始，即其物之终始"，则又以间断处为终，则亦《或问》之疵，不可不拣其毫厘之谬者也。

又《章句》释"性之德也"，云"是皆吾性之固有"，以理言而不以功效言。乃上云"仁者体之存"，则必有存其体者矣；"知者用之发"，则必有发其用者矣。则小注所云"尽己而无一毫之私伪""因物成就，各得其当""克己复礼""知周万物"，而《或问》抑云"子思之言主于行"，固皆就君子之功效而立说。"性之德也"二句，顺顶上文，更无转折，不得以仁知非成己成物者已成之德，则亦不得以"性之德""合外内之道"为自然之理矣。

故愚于此，以理事双说，该尽此七句之义，而"性"字之释，则既可与性道之性一例，亦可以"尧、舜性之也"之性为拟。犹夫"唯天下至诚为能化"，即为"不思不勉"之至诚，亦即"致曲有诚"之至诚也。

《中庸》每恁浑沦说，极令学者误堕一边。唯朱子为能双取之，方足显君子合圣，圣合天，事必称理，道凝于德之妙。下此如谭、顾诸儒，则株守破裂，文且不达，而于理何当哉？至于史伯璇、许东阳之以自成为自然而成，饶双峰之以合外内而仁知者为诚，云峰之以性之德为未发之中，则如卜人之射覆，恍惚亿测，归于妄而已。

第二十六章

一

　　天之所以为天者不可见，繇其博厚、高明、悠久而生物不测也，则可以知其诚之不贰。至诚之所存者非夫人之易知，^{唯圣知之}。繇其博厚、高明、悠久之见于所征者，则可以知其诚之不息。此自用而察识其体。《中庸》确然有以知之，而曰"故至诚无息"，"故"字须涵泳始见。

　　《章句》以其非大义所关而略之。饶、胡智不足以知此，乃云"承上章而言"。上章末已云"故时措之宜也"，连用两"故"字，岂成文理？朱子业已分章矣，犹如此葛藤，何也？

二

　　所谓征者，即二十二章尽人物之性之事，亦即二十七章发育峻极、礼仪威仪之事，亦即三十一章见而敬、言而信、行而说之事。悠远、博厚、高明，即以状彼之德被于人物者，无大小久暂而无不然也；则至诚之一言一动一行，皆其悠远之征。文王之时，周道未成，而德之纯也，已与天同其不已。北溪"唯尧、舜为能然"之说，是以年寿论悠久也，其亦末矣。

三

　　一二者数也，壹贰者非数也。壹，专壹也。贰，间贰也。游氏得一之说，不特意犯异端，而字义亦失。老氏云："天得一以清，地得一以宁。"其所谓一者，生二生三之一，即道失而后有德、德失而后有仁义之旨。"玄之又玄""冲而不盈"者曰一。有德，则与道为二矣。有仁义，则终二而不一矣。得一者，无二之谓。必无仁无义，而后其一不失也。《维摩经》所言"不二法门"者，亦即此旨。是岂非邪说之宗耶？

　　若《中庸》之言"不贰"也，则"元亨利贞"，"时乘六龙"而"大明终始"，固无所不诚，而岂但二哉？二亦不贰，三亦不贰，即千万无算而亦不贰也。彼言一粒粟中藏世界，而此言"同归而殊涂，一致而百虑"，岂相涉哉？

且诚之不至而有贰焉者，以不诚闲乎诚也。若夫天，则其化无穷，而无有不诚之时，无有不诚之处，化育生杀，日新无已，而莫有止息焉；为元、为亨、为利、为贞，德无不有，行无不健，而元亦不贰，亨、利、贞亦无弗不贰。岂孤建一元，而遂无亨、利、贞以与为对待之谓乎？故至诚之合天也，仁亦不贰，义亦不贰，三百三千，森然无间，而洗心于密。又岂如老氏所云"得一以为天下贞"哉？得一则必不可为天下贞。如得南则不正乎东，得仁则不正乎义。故曰："所恶于执一者，为其贼道，举一而废百也。"

若其云"可一言而尽"者，则与第二十章所云"所以行之者一也"一例，不斥言诚，而姑为引而不发之词；非谓一言可尽，而二言即不可尽也。犹夫子之言"一以贯之"，而不容斥指其所贯之一。曾子以"忠恕"答门人，则犹《章句》之实一以诚也。圣人于此等处，非不欲显，而修辞立诚，不能予人以易知而煞为之说，以致铢累之戾于理。繇忠恕者，曾子之所得于一，而圣人非执忠恕以为一。天地之道，可以在人之诚配，而天地则无不诚，而不可以诚言也。云"诚者天之道"，以在人之天言耳。

乃天地之所以"生物不测"者，惟其一言可尽之道；"为物不贰"者，即在至诚之所谓诚。至诚之所以必征为博厚、高明、悠久者，惟其得乎天地一言可尽之道，以诚至而无息。一言而尽，配以圣人之至诚；为物不贰，配以圣人之无息。非谓一言之居要而无待于二，审矣。

无息也，不贰也，不已也，其义一也。《章句》云"诚故不息"，明以"不息"代"不贰"。蔡节斋为引伸之，尤极分晓。陈氏不察，乃混不贰与诚为一，而以一与不贰作对，则甚矣其惑也！

天地之不贰，惟其终古而无一息之闲。若其无妄之流行，并育并行，川流而万殊者，何尝有一之可得？诸儒不察，乃以主一不杂之说，强入而为之证，岂天地之化，以行日则不复行月，方生柳则不复生桃也哉？

至诚者，以其表里皆实言也。无息者，以其初终不间言也。表里皆实者，抑以初终无间，故曰"至诚无息"，而不曰至诚则不息。"可一言而尽"者，天载之藏无妄也。"其为物不贰"者，天行之健不息也。藏诸用而无妄者，显诸仁而抑不息，故曰道可一言而尽而为物不息。道以干物，物以行道，道者化之实，物者化之用。不曰道不杂二而生物不测也。道者本也，物者体也，化也。道统天，体位天，而化行天也。呜呼！言圣、言天，其亦难为辞矣，而更益之妄乎？

第二十七章

一

　　如修祖庙、陈宗器、设裳衣、荐时食，以至旅酬、燕毛等，则"礼仪""威仪"之著为道者也。如郊社之礼、禘尝之义，明之而治国如示诸掌者，则圣人之道所以"发育万物，峻极于天"者，亦可见矣。《关雎》《麟趾》之精意，发育、峻极者也，故下以"高明""广大"言之。得此以为之统宗，而《周官》之法度以行，则"礼仪""威仪"之备其"精微"而合乎"中庸"也。自圣人以其无私无欲者尽其性而尽人物之性，则"发育万物"之道建矣。尽人物之性，而赞化育、参天地，则"峻极于天"之道建矣。《中庸》一力见得圣人有功于天地万物，故发端即说位育。如何可云"不成要使他发育"？故知小注朱子之所云，必其门人之误记之也。

　　况其所云"充塞"者，亦必有以充之塞之，而岂道之固然者本充塞乎？道之固然者天也，其可云天充塞天地耶？即使云天地之化育充塞天地，此亦不待言而自然，言之为赘矣。

　　章首说个"大哉圣人之道"，则是圣人所修之道，如何胡乱说理说气？《易》云"圣人以茂对时育万物"，《诗》云"文王在上，于昭于天"，须是实有此气象，实有此功能。而其所以然者，则亦其无私无欲，尽高明广大之性，以尽人物之性者也。乃圣人修之为道，亦必使天下之可共繇，则所谓精一执中，所谓不动而敬、不言而信者，皆道之可以诏夫后之君子者也。

　　《中庸》说人道章，更不从天论起，义例甚明。于此更著"圣人"二字，尤为显切。德性者，天道也。亦在人之天道。德性之尊者，圣人之道也。"尊德性"者，君子之功也。双峰用小注之意，而益引人入棘，删之为宜。

二

《章句》以存心、致知分两截，此是千了万当语。双峰以力行生入，史伯璇业知其非，而其自为说，又于致知中割一半作力行，此正所谓骑两头马者。总缘他于本文未得清切，故尔辏辐。

知行之分，有从大段分界限者，则如讲求义理为知，应事接物为行是也。乃讲求之中，力其讲求之事，则亦有行矣；应接之际，不废审虑之功，则亦有知矣。是则知行终始不相离，存心亦有知行，致知亦有知行，而更不可分一事以为知而非行，行而非知。故饶、史之说，亦得以立也。

乃此《章句》所云致知者，则与力行大段分界限者也。本文云"尽精微"，尽者析之极也，非行之极也。于察之则见其精微，于行之则亦显著矣。"道中庸"者，以之为道路而不迷于所往也。如人取道以有所适，其取道也在欲行之日，而不在方行之日。"知新"之为知，固已。"崇"之为言，尚也，以"礼"为尚，知所择也。使以为力行之事，则岂礼本卑而君子增高之乎？是本文之旨，固未及乎力行，审矣。

乃其所以不及力行者，则以此章言圣人之道之大，而君子学之之事，则本以言学，而未及功用。"其次致曲"一章，自君子德之成而言之，故不述至诚之道以发端，而但从成德发论，乃因以推其行之诚、著、明，而效之动、变、化。此章以君子修德而言，故须上引圣道之大，以著其功之所自准，而其后但以凝道为要归，而更不言行道。凝也者，道之有于心也。行也者，道之措于事也。有于心而后措于事，故行在凝之后。待第二十九章言本身、征民，而后言行。则方其修德，固以凝为期，而未尝期于行也。

且君子之所凝者，"至道"也，圣人之大道也，发育峻极、礼仪威仪之道也。于以修夫"至德"，而凝其育物极天之道，则静而存之于不言、不动、不赏、不怒之中，于私于欲，能不行焉，而非所措诸躬行者也，固不可谓之行也。于以修夫礼仪威仪之道，而凝之以待行焉，则行之有时矣，生今不能反古也；行之有位矣，贱不能自专也。唯其道之凝而品节之具在己也，居上而际乎有道，则以其所凝者行之；居下而际乎无道，则不能行而固凝焉。说夏而学殷、周，夫子固已凝之，而不信弗从，固未之行也。

要此以圣道之大者为言，而优优之大用，又必德位相资而后可行者。故于"精微"尽之，"中庸"道之，"新"知之，"礼"崇之，使斯道体验于己，而皆有其条理，则居上可以行，而为下则虽不行而固已凝矣。此子与颜渊论治，所以可损益四代之礼乐，而非以为倍，亦凝也而非行也。至于孔子作《春秋》，而行天子之事，则固在从心不逾矩之余，变化达天，而非君子修德凝道之所至。是以《中庸》言圣，必推其合天，言君子则但推其合圣，亦自然不可齐之分数也。

盖此章所谓道，与第十三章、十五章言"君子之道"者不同。此圣人尽性参天、创制显庸之大用，必时位相配，而后足以行。非犹夫子臣弟友，随地自尽之道，无日无地而可不行，则必以力行为亟也。知此，则饶、史之论，不足以存。而"道中庸"者，但颜子之拳拳服膺而即然，非必如大舜之用中于民；"崇礼"者，孔子之学三代而即然，非必周公之成德也。

三

"温故"者，乃寻绎其旧之所得，而以为非"道问学"之事，乃"尊德性"之功，此极不易理会。乃言旧所得，则行焉而有得于心者矣；而其所以有得者，岂非性之见功乎？《章句》以"时习"证此。"学而时习之，不亦说乎！"似此境界，岂不是尊德性事？

以性之德言之，人之有知有能也，皆人心固有之知能，得学而适遇之者也。若性无此知能，则应如梦，不相接续。故曰"唯狂克念作圣"。念不忘也，求之心而得其已知已能者也。抑曰"心之官则思，思则得之"，"此天之所与我者"。心官能思，所以思而即得，得之则为"故"矣。此固天之所与我者，而岂非性之成能乎？

以德之成性者言之，则凡触于事，兴于物，开通于前言往行者，皆天理流行之实，以日生其性者也。"继之者善"，而成之为性者，与形始之性也；成以为性，而存存以为道义之门者，形而有之性也。今人皆不能知此性。

性以为德，而德即其性，"故"之为德性也明矣；奉而勿失，使此心之明者常明焉，斯其为存心而非致知也，亦明矣。

第二十八章

一

"考文"，只是辨其点画形似，若汉狱史以"止句"为"苟"，马援所论将军印篆错谬，宋人陕、失冉切，从夹。陕侯夹切，从夹。二州印文相乱之类，须与考定。然此又以建国之初，定一代之文者为言。如《博古图》所绘商器款识文字，尽与周异，质文之别，居然可见，皆周公于商之旧文所损益者多矣。《或问》引秦以小篆、隶书为法证此，极当。《洪武正韵》有御定"群""彔"等字，亦其遗意。若文已颁而或乱之，则虽非天子，亦得而纠正之也。

《朱子语录》谓"如'大'徒盖切。字唤作'大'一驾切。字"及东阳所云"名其字之声"者皆误。五方声音之不正，如闽、粤人呼"花"为敷巴切，"红"为房容切，北人呼"师"为商知切，"贼"为旬为切，虽圣人而在天子之位，亦无如之何也。

二

《朱子语录》分有位无德而不敢作礼乐为不自用，有德无位而不敢作礼乐为不自专，孔子不从夏、商为不反古，文义极顺。《章句》云"孔子不得位，则从周而已"，语有疵。在孔子之必从周者，以时也。孔子即大用于当时，亦不得擅改周制。必若周公居鼎革之际，方得成其制作之功。然无位而擅为斟酌损益，亦是自专。若能说夏礼，便纯用夏礼，既学殷礼，便纯用殷礼，方是反古。"非天子"一节，以见贱之不可自专，"今天下"一节，以见生今之不可反古。下章言"上焉者""下焉者"，正从此分去。

第二十九章

《章句》云："鬼神者，造化之迹也。"造化者天地之用，故黄洵饶"与天地同用"之言，甚为分晓。乃细玩《章句》，于"造化"下加一"迹"字，则又自造化之已然者而言之，而非但用与体之别。云"考"、云"质"、云"俟"，无殊其云"本"、云"征"、云"建"，则考之、质之、俟之者，皆君子也。质如"质成"之质，是君子尝以此道质正于鬼神矣。

天地之所以为道者，直无形迹。故君子之道：托体高明，便不悖于天之撰；流行不息，便不悖于天之序；立体博厚，便不悖于地之撰；安土各正，便不悖于地之理。然而天地之所见于人者，又止屈伸往来、阴阳动静之化，则已非天地之本体。故可云"小德川流"，而不分此德曰仁、曰义、曰礼、曰知；可云"大德敦化"，而不可曰诚；则亦无所取正而质，而特可曰"建"。

若鬼神，则可以诚言之矣，以其屈伸往来，尽其实而必信也，斯亦可以仁义礼智言之矣。其生者仁，其止者义，其充满者礼，其昭明者知也。故曰"明则有礼乐，幽则有鬼神"。礼乐固以法阴阳之化，而亦可通鬼神于求之声、求之气之间矣。

质以其所赞乎造化者为礼、为度、为文，非抑鬼神之所伸而扬鬼神之所屈。质以其对越乎灵爽者，则以礼、以度、以文，而有事乎鬼神，伸者可迎其来，屈者可绍其往。君子之以其三重之道质之于鬼神，以证其得失，盖无异于三王之有其成宪而可考。其质之而无疑也，乃以毅然行其三重；而即或损造化之有余，益造化之不足，亦无忧其心迹之差，盖不异于庶民之有好恶而可征。

《中庸》此语，原非虚设，果有其可质之理，果有其质之之事。非但如小注所云"龟从、筮从"，取诸不可必之影响。而北溪之言曰"鬼神天理之至"，语尤颟顸。天理之至者，天地是也，建之而不悖者也，岂鬼神哉？

第三十章

《章句》"此言圣人之德"一句，专就"譬如天地"四句说。双峰乃云"此章言孔子之德"，大为不审。

《或问》言"上律""下袭"之迹，夏时、周《易》云云，皆言道也，非言德也；又推之于古圣王迎日推策云云，亦言道也，非言德也。下云"万物并育而不相害，道并行而不相悖"，亦言天地之道也，非言天地之德也。天覆地载，日月之明，四时之行，只是天道。其所以能括此道而统之，分为道而各纪之，则《章句》所谓"所以不害不悖""所以并育并行"者，乃德也。于尧、舜曰道，于文、武曰法，言道言法，则皆非德也。述其道，明其法，则亦仲尼之道也。

故"祖述""宪章""上律""下袭"者，道也；其为斟酌帝王律天袭地之统纪，以咸宜而不息者，德也。其统之也，则如无不覆载之咸备无缺，四时之具以成岁，日月之昱乎昼夜，仲尼敦化之德也。其纪之也，则如天所覆、地所载之品汇各成，四时之各正其序，日月之各行其陆，仲尼川流之德也。

凡此一章，皆以见天道、圣道，其大也一本于德，与二十七章意略相同。彼言君子之所以凝圣道者在修德，以圣人之道原繇圣德而凝；此言圣人之能合天道也唯其德，以天之所以为大者，原依天德而成。

《中庸》三支，皆始乎道，而极乎德。"中庸其至矣乎"以下八章，言道也；至"君子依乎中庸，遁世不见知而不悔"，则以见行道明道者唯圣德也。"道不远人"以下，皆言道也；至"哀公问政"一章，始推知、仁、勇为行道之德，而一本于诚，于以见自子臣弟友，五达道。以至天人制作，九经。其修之者唯德也。"唯天下至诚为能尽其性"以下，皆言道也；天地、圣人、君子之道。至二十七章而后言君子之凝此著、明、变、化，成己成物之至道，本于尊性道学之德；至此而后言圣人之备此尽人物、参天地、博厚高明悠久之道，本于川流、敦化之德。德至而道乃以至，德大而道乃以大也。

故末章一归重于德，而始推德之自入，以明致中和而以位以育之本，终赞德之所极，以著静存动察、尽性至命之功。全篇大义，以德为基，以诚为纽，其旨备矣。明乎此，则许、史诸儒强以知、仁、勇立柱，及强以费隐、小大为第三支作骨脉者，徒增葛藤，曾何当耶？

第一支知、仁、勇之义，至第二支而始显；第二十章。第二支诚之为义，至第三支而始详。乃其言德也：以知、仁、勇为性之德，所以修率性之道，而为教之本；以诚为心之德，则以尽天命之性，而以为道之依。纪乎教，是以有其万殊，而知、仁、勇则所以应事酬物，而川流不遗。统夫道，是以有其一本，而诚者则不贰以生不测，而敦化不息。此又小德、大德，合知、仁、勇于一诚，而以一诚行乎三达德者也。

以天地言之，则其"大明终始"者知也，"品物流形"者仁也，"时乘六龙"者勇也。其无妄以为大宗者，则所谓"一言可尽"而在人为诚者也。自其化而言，则见功于人物者，诚为天之道。自其敦化而言之，则立载于无声无臭者，诚固为天地之德。然在道而可名言之曰"诚"，在德则不可斥言诚而但曰"大"，则诚为心德，而天固无心也。乃天地之德，虽不可名之曰"诚"，而仲尼配天之德，则可曰"所以行之者一"，而亦可曰"诚"，故下又以"唯天下至诚"为言。合离之际，微矣哉！

第三十一章

"聪明睿知"，以至诚之本体言。"诚则明矣"，明非但知之谓也。《或问》兼安行言之，为尽其义。如《大学》之言"明德"，该尽缉熙敬止、恂栗威仪、具众理、应万事者，统以一明；与"致知"之知，偏全迥别。耳无所蔽其闻之谓聪，目无所蔽其见之谓明，思无所蔽其觉之谓睿，心无所蔽其知之谓知。人欲净尽，天理流行，则以之知，不待困学；以之行，不待勉强也。

若下四德，则因事而用：仁以容其所待容之众，义以执其所必执之宜，礼以敬其所用敬之事物，知以别其所当别之是非。其云"文理密察"，原以晰事之知言，自与"睿知"之知不同。"睿知"之知，乃静中见理，感则能通，其辨在昭昏，而不在是非也。

小注所载朱子之说，显与《或问》相悖。至所云"破作四片""破作八片"，蒙头塞耳，全无端绪，必其门人之传讹，非朱子之言也。

第三十二章

一

《章句》云"夫岂有所倚著于物"，一"物"字，定何所指，小注中自有两说：其云"为仁繇己而繇人乎哉"，则是物者，与己对者也；其云"不靠心力去思勉"，则是物者，事也。两说似乎难通。乃孟子曰"物交物"，则外物与己耳目之力而皆谓之物，盖形器以下之统称也。

本文三句之中，理事异致，各有其倚，则各有其不倚。所云"倚"者，统词也。凡其所倚，即谓之物。则《章句》所云物者，亦统词也。

以"经纶天下之大经"言之，则其所不倚者，不倚于外物，而非不倚于心力之谓。所以然者，人伦之事，以人相与为伦而道立焉，则不特尽之于己，而必有以动乎物也。尽乎己者，己之可恃也。动乎物者，疑非己之可恃也：自非天下之至诚，则倚父之慈而亲始可顺，倚君之仁而上以易获。其修之于己者既然，则以立天下之教，亦但可为处顺者之所可率繇，而处变则已异致。唯夫天下之至诚，"肫肫其仁"，极至而无不可通，则虽如舜之父、文王之君，而我所以事之者，一无不可与天下共见而共繇之，初不倚君父之易顺易获而相得以章也。乃若心力之必尽，则如舜，如文，其为怨慕，为竭力，为小心，为服侍，则固同于困勉者之笃行，非不思不勉而无待于心力。此以知：以物为外物而云"不繇人"者，为"大经"言也。

至于"立天下之大本"，则初无所因于人，即欲倚之而固不得。特其"不闻亦式，不谏亦入"之卓然，有以存之于喜怒哀乐未发之中，斯至诚之"渊渊其渊"者，涵天下万事万物之节于静深之地，不但学问之事无所藉于耳目，而警觉之几亦无所资于省察。理以不妄而存，而非择理以固执；欲以从心而不逾，而非执理以拒欲。未有所喜乐，而天下之待喜待乐者受益焉；未有所怒哀，而天下之待怒待哀者听裁焉。要皆藏密以立道义之门，而择执之心力不与焉。此"不靠心力"之说，为"大本"言也。

若夫"知天地之化育"，则至诚之"浩浩其天"者：其心之正，即天地之心；其气之顺，即万物之气；于其所必化而知其化，于其所必育而知其育；不但非恃心力以推测，而亦不如介然通天地之情、介然知万物之感者，倚天地之所著见、万物之所往来者以为知之之径。此如仁恕之分：恕有推有譬，而即倚于情；仁之欲立欲达，无所倚于感也。知化之事，其为用最密，而所摄最大，则其有倚、无倚之分，为际尤微。此朱子所云"自知得饱，何用靠他物去"。此"物"字之义，又即以天地制化育之理、万物受化育之迹而言也，则不但不以对己之物为物，并不（但）以在己之耳目心力为言矣。

经纶，有迹者也；立本，有主者也；知化，则无间如字。者也。其见功愈微，则其所倚者愈微，而其所谓物者益愈细。乃在立本之所谓物，以性为主，而以形为客；知化之所谓物，则凝于我之诚为主，而诚之察于天地万物与我相为动者为客。则在立本而言物者，专于己之中；在知化而言物者，通于己之外：此又以翕辟而分表里也。

勉斋"不思不勉"之说，亦止可为立本言，而不能通于经纶、知化，合朱子所言而后尽其旨。均云"倚"，均云"物"，同中之异不明，欲以一语煞尽之，鲜不泥矣。

二

既云"至诚之道非至圣不能知，至圣之德非至诚不能为"，又云"其渊其天，非特如之而已"，则似至诚之德非至圣所能比拟。潜室、双峰苦执此语，强为分析，如梦中争梦，析空立界，徒费口舌。

乃朱子又谓"外人观其表，但见其如天如渊；至诚所以为德，自家里面真是其天其渊"，虽小异前说，终是捕风捉影。上章云"溥博如天，渊泉如渊"，系之"时出之"上，则固自其足出未出者言之。《章句》固曰"五者之德充积于中"，则亦自家里面之独喻者，而非外人之所能见，可知已。

东阳迷谬执泥，乃谓"圣人见得圣人真是天、真是渊，众人见其如天如渊"，似此戏论，尤为可恶。《楞严经》言比丘入定，邻僧窥之，唯见水而不见人。如此，方是圣人见圣人真是天渊之的实证据，不然则亦如之而已尔。圣德既不易知，而又撮弄字影，横生亿计，其妄更无瘳矣！

如实思之，言"如"、言"其"，果有别耶？前章所云"如天""如渊"之天渊，兼德与形体而言。天者青霄之谓也，渊者深泽之谓也，指天渊之形体以拟其德之相肖也。此云"其渊""其天"之天渊，则以德言耳。化育之广大即谓之天，有本之静深即谓之渊，非指青霄深泽而为言也。前章云"溥博"，即此"其天"者也；云"渊泉"，即此"其渊"者也。此所云"渊渊"，即"如渊"之谓也；"浩浩"，即"如天"之谓也。是词有一顺一逆之别，而文义一也。

非"聪明圣知达天德者"，但不知其经纶、立本、知化之统于诚以敦化；而经纶之笃厚、立本之静深、知化之广大，即不谓尽人知之，而亦弗待于至圣。凡有血气者之尊亲，亦但于其见而敬之、言而信之、行而说之。至于足以有临，足以容、执、敬、别之德，充积在中，溥博渊泉，与天渊合撰者，自非至圣之自知，亦孰能知之？

朱子煞认三"其"字，其说本于游氏。游氏之言，多所支离，或借径佛、老以侈高明，朱子固尝屡辟之矣。至此，复喜其新奇而曲从之，则已浸淫于释氏。而不知释氏所谓理事一相，地、水、火、风皆从如来藏中随影出现，正"自家里面真是天渊"之旨。若圣人之教，理一分殊，天自天也，渊自渊也，至诚自至诚也，岂能于如渊如天之上，更有其渊其天、当体无别之一境哉？

三

广平以上章为至圣之德，此为至诚之道，语本有病，必得朱子"诚即所以为德"一语以挽救之，而后说亦可通。使其不然，则"肫肫其仁，渊渊其渊，浩浩其天"，可不谓之德而谓之道乎？经纶、立本、知化，道之大者也。乃唯天下至诚为能之，则非备三者之乃为至诚，而至诚之能为三者。故曰"诚即所以为德"，德大以敦化而道乃大也。

上章因圣而推其藏，故五德必显，然至于言及"时出"，则亦道矣。盖言圣则已属道，有临而容、执、敬、别，皆道也。故推其"足以"者有川流之德，以原本其道之咸具于德也。

此章之言道者，唯大经、大本、化育，则道也；所以经纶之、立之、知之者，固德也。肫肫、渊渊、浩浩之无倚者，皆以状其德矣。盖言诚则已属德，仁也、渊也、天也，皆其德也。故推其所为显见于天下者，而莫非道之大也。

以此言之，则广平道、德之分，亦无当于大义，而可以不立矣。是以朱子虽取其说，而必曰"非二"以救正之。乃朱子之自为释也，则固曰"承上章而言'大德敦化'"，又已明其言德而非言道矣。

然其所为存游氏之论者，则以末一节，或执郑康成之说，将疑夫至诚、至圣之为两人；故必分别大经、大本、化育之为道，而聪明睿知、仁义礼知之为德，固有不妄、达以一诚者之为大德；有其大德而圣德乃全，有其圣德而至诚之所以能体夫大道之蕴奥可得而知，诚则明，明而后诚无不至也。故朱子曰"此非二物"，又云"此不是两人事"，其以言至圣之躬体而自喻之，固已明矣。

然朱子于此，则已多费转折，而启后人之疑。是其为疵，不在存游氏瓜分道、德之说，而在轻用康成"唯圣知圣"之肤解。康成之于礼，其得当者不少，而语及道、德之际，则岂彼所能知者哉？因仍文句，而曰"唯圣知圣"，则其训诂之事毕矣。朱子轻用其说，而又曲为斡旋之，则胡不直以经纶、立本、知化为圣人之化，而以至诚之不待有倚而自肫肫、渊渊、浩浩者为敦化之德之为安乎？

惟无倚之仁、无倚之渊、无倚之天，肫肫、渊渊而浩浩，故根本盛大而出不穷，而大德之所显所藏，极为深厚，自非躬备小德者不足以知之。唯其有之，乃能知之。因有其敦化者，而后川流不息；既极乎川流之盛，自有以喻其化之所自敦矣。如此，则岂不晓了串彻，有以尽夫《中庸》之条贯而不爽。

夫《章句》之支节，何居乎又存康成之言以为疑府，而复假广平之说以理乱丝耶？郑说汰，则游说亦可不留矣。至有吮康成之余沈，如新安所云"知尧、舜唯孔子"者，则适足以供一哂而已。

第三十三章

一

　　末章唯言德而更不及道，所以为归宿之地，而见君子之得体夫中庸者，实有德以为之体也。民劝、民威而天下平，道亦大矣，而非遵道而行之可致也。君子之道，皆君子之德成之，前已详释。

二

　　"君子之道"，言君子为学修教之方。此一段且统说自立心之始，至德成道盛之日，一"暗然而日章"也。固与"费隐"诸章言"君子之道"者别。然曰"暗然"，则有其暗然之实矣；存养、省察是。曰"日章"，则有其日章之事矣。驯至于天下平。

　　云峰误看《章句》"下学立心"四字，遂以君子小人立心之不同，求异于第二章，殊为不审。小人是不知而妄作者，如叔孙通之类。其亦有道，则所妄作之道也。既已妄作，故的然可观，而后不可继。若但其立心也，则何的然之可见？的然者，如射的之可见也。且本未尝有，而又何亡哉？

三

　　为己是立心之始，规画得别。君子小人到底分别，即从此差异。"知远之近"三句，乃入德之初几，方是拣着下手工夫。以《诗》证之：为己者，恶文著而不尚锦也；"知远之近，知风之自，知微之显"，则知锦而衣之也。到此，却不更说尚绋事。

　　《或问》"用心于内，不求人知，然后可以慎独"，一转甚清切。为己是大架步，始终皆然。知近、知自、知微，是慎独入手工夫，内省无恶，从此而起。陈氏用"又能"二字转下，则为己、慎独，平分两事，非知学者也。慎独固为己之一大端也。

四

知者，知其然而未必其能然。乃能然者，必繇于知其然。故"知远之近，知风之自，知微之显"，则可与省察、存养而入"无言""不显"之德矣。

知见于彼者繇于此，则知民劝、民威而天下平之不在赏罚之施，而德之显也。知著乎外者之本乎内，则知敬之著于动、信之著于言者不在其动与言，而在不动不言之所存也。知有诸内者之形诸外，则知潜虽伏而孔昭，内省无恶，而不可及之德成也。

三语一步渐紧一步，而以意为入德之门。是三知相为次，而入德之门唯在慎独。先儒谓诚意为"玉钥匙"，盖本于此。诸说唯何潜斋得之，惜于"知远之近"句未与贴明。何意盖疑"奏假无言"二段为成德之效，非入德之事。不知知德之所成，则知所以入之功效，原相准也。

五

存养、省察之先后，史伯璇之论，可谓能见其大者矣。其云"有则俱有"，诚有以察夫圣功之不息；其云"动静无端"，则又以见夫理事之自然。而"立言之序，互有先后"，所以"无不可"者，则抑有说。

《中庸》之言存养者，即《大学》之正心也；其言省察者，即《大学》之诚意也。《大学》云："欲正其心者先诚其意。"是学者明明德之功，以正心为主，而诚意为正心加慎之事。则必欲正其心，而后以诚意为务；若心之未正，则更不足与言诚意。此存养之功，所以得居省察之先。盖不正其心，则人所不知之处，己亦无以自辨其孰为善而孰为恶；且昏瞀狂迷，并所谓独者而无之矣。此《章句》于首章有"既尝戒惧"之说，而《大学》所谓"毋自欺"者，必有其不可欺之心；此云"无恶于志"者，必有其恶疢之志。如其未尝一日用力于存养，则凡今之人，醉梦于利欲之中，直无所欺而反得慊，无所恶而反遂其志矣。故《大学》以正心次修身，而诚意之学则为正心者设。《中庸》以道不可离，蚤著君子之静存为须臾不离之功，而以慎独为加谨之事。此存养先而省察后，其序固不紊也。

《大学》云："意诚而后心正。"要其学之所得，则当其静存，事未兆而念未起，且有自见为正而非必正者矣。动而之于意焉，所以诚乎善者不欺其心之正也，则静者可以动而不爽其静，夫乃以成其心之正矣。然非用意于独之时一责乎意，而于其存养之无间断者为遂疏焉。亦犹"家齐而后国治"，欲治其国之心始终以之，而治国之功大行于家齐之后，则君子之化为尤远也。知动之足以累静，而本静之所得以治动。乃动有息机，而静无间隙；动有静，而静无动；动不能该静，而静可以该动；则论其德之成也，必以静之无间为纯一之效。盖省察不恒，而随事报功；存养无期，而与身终始。故心正必在意诚之后，而不言之信、不动之敬，较无恶之志而益密也。此省察先而存养后，其序亦不紊也。

盖于学言之，则必存养以先立乎其本，而省察因之以受。则首章之先言戒惧以及慎独者，因道之本然以责成于学之词也。即《大学》"欲正其心"先于"欲诚其意"之旨。

于德言之，则省察之无恶者，遏欲之功征于动，而动固有间；存养之恒敬恒信者，存理之功效于静，而静则无息。此章之繇"入德"而"内省不疚"，繇"无恶于志"而"不动而敬""不言而信"，因学之驯至以纪其德之词也。即《大学》"意诚而后心正"之旨。

功加谨者，用力之循常而益倍；德加密者，有得之繇勉以趋安。审乎此，则先后之序，各有攸当，不但如伯璇所云"无不可"，而实有其必不可逆者矣。

六

双峰分"奏假无言"二段，各承上一节，其条理自清。史伯璇以《章句》所云"加密"及"愈深愈远"之言证之，诚为有据。

且动之所省者意也，意则必著乎事矣。意之发为喜也，劝民者也；发为怒也，威民者也。民之于君子也，不能喻其静存之德，而感通于动发之几。喜怒不爽于节以慊其所正之志，则早已昭著其好恶之公，而可相信以滥赏淫刑之不作，其劝其威，民之变焉必也。

若敬信之存于心也，未有喜也，未有怒也，欲未见端而理未著于事也，不显者也，民之所不能与知也。唯百辟之于君子也，受侯度而观德者也，固不但感于其喜怒之不忒而以为劝威矣。进前而窥其德容之盛，求之于素而有以知其圣功之密，则相观以化，而奉若以正其家邦者，无不正矣。

故"奏假无言"者，省察之极功，而动诚之至也；"不显惟德"者，存养之极功，而静正之至也。然则所云"上天之载，无声无臭"者，一言其"不动而敬，不言而信"之德而已矣。

天不可谓之敬，而其无妄不贰者敬之属。天不可谓之信，而其无妄不爽者信之属。而天之不言不动，乃至声臭之俱泯，其固然已；而抑于声臭俱泯之中，自有其无妄者以为之载，是以于穆而不已。则以配君子之德，密存而不显于言动未形之中，乃至思勉之俱化；而抑于言动不形之地，自有其笃厚之恭，以存其诚，是以敦化而不息。乃要其存诚不息而与天同载_{如字，事也。}者，则于喜、怒、哀、乐之未发，致中者是也；自戒慎恐惧而约之，以至于至静之中无所偏倚，其守不失者是也。而为显其实，则亦敬信而已矣。

乃此专纪静存之德而不复及动察者，则以慎独之事，功在遏欲，故唯修德之始，于存理之中，尤加省察；及乎意无不诚而私欲不行矣，则发皆中节，一率其性之大中，以达为和而节无不中。则所谓义精仁熟，不待勇而自裕如者，又何动静之殊功哉？

约而言之，德至于敬信，德至于"不动而敬，不言而信"，则诚无息矣，人合天矣，命以此至、性以此尽、道以此修、教以此明而行矣。故程子统之以敬，而先儒谓主敬为存诚之本。_{在动曰"敬"，在言曰"信"，一也。}则此章于诚之上更显一"笃恭"，以为彻上彻下居德之本。若游氏"离人立独"之云，盖敬之贼也，诚之蠹也，久矣其索隐而亡实矣！

七

诚者所以行德，敬者所以居德。无声无臭，居德之地也；不舍斯谓敬矣。化之所敦，行德之主也；无妄之谓诚矣。尽己以实则无妄。无妄者，行焉而见其无妄也。无声无臭，无有妄之可名也。无有妄，则亦无无妄。故诚，天行也，天道也；敬，天载也，天德也。君子以诚行知、仁、勇，而以敬居诚，圣功极矣。《中庸》至末章而始言"笃恭"，甚矣其重言之也！

《读四书大全说》卷三终

读四书大全说卷四·论语

学而篇

一

读《论语》须是别一法在，与《学》《庸》《孟子》不同。论语是圣人彻上彻下语，须于此看得下学、上达同中之别，别中之同。

如"学而时习之"一章，圣人分中亦有此三种："时习"则自"说"，"朋来"则自"乐"，"不愠"则固已"君子"。初学分中亦有此三种：但"时习"即"说"，但"朋来"即"乐"，但"不愠"则已为"君子"。

又"时习""朋来"而"不愠"，斯"说""乐"而"君子"，则学者内以安其心，外以成其身，浑然具足而无所歉。抑"时习"而已"说"，"朋来"而已"乐"，"不愠"而已"君子"，则学者可无求"说""乐"于外物，而他有待以成其德。

且学者之于学，将以求"说""乐"也，将以为"君子"也。乃必于此而得之，则亦当自勉于"习"，广益于"朋"，而无以"知""不知"动其心，固可以开初学入德之门。乃言乎"说"而天理之来复者尽矣，言乎"乐"而天理之流行者著矣，言乎"君子"而天德之攸凝者至矣，则亦可以统作圣之功。

果其为"学",则"习"自不容中止,"朋"自来,"不知"自"不愠",德即成于不已。然"学"而不"习","习"而不"时","时习"而不能推以及人,得"朋"为"乐",而"不知"则有所"愠",亦学者之通病。故必"时习"而抑有以得夫"朋来"之"乐","乐"在"朋来"而抑不以"不知"为"愠",乃以有其"说""乐",而德以成,则"说""乐""君子"所以著"时习""朋来""不愠"之效。然非其能"说"、能"乐"、能为"君子",要不足以言"学",则亦以纪学者必至之功。

夫子只就其所得者,约略著此数语,而加之以咏叹,使学者一日用力于学,早已有逢原之妙,终身率循于学,而不能尽所得之深。此圣人之言,所为与天同覆,与地同载,上下一致,始终合辙;非若异端之有权有实,悬羊头卖狗腿也。《集注》兼采众说,不倚一端,可谓备矣。然亦止于此而已矣。他如双峰所云"说"之深而后能"乐","乐"之深而后能"不愠",则"时习"之"说",与"朋来"之"乐",一似分所得之浅深;而外重于中,以"朋来"之"乐"遣"不知"之"愠",尤为流俗之恒情,而非圣人之心德。

又小注为此三段立始、中、终三时,尤为戏论。"朋来"之后,岂遂无事于"时习"?安见"人不知"者,非以"朋"之未"来"言耶?至于专挈"时习"为主,如云峰之说,则直不知乐行忧违,成物以成己,安土而乐天,为圣贤为己之实功,而但以学、问、思、辨概圣学而小之,则甚矣其陋也!

《论语》一部,其本义之无穷者,固然其不可损,而圣意之所不然,则又不可附益。远异端之窃似,去俗情之亿中,庶几得之。

二

本文一"学"字,是兼所学之事与为学之功言,包括原尽,彻乎"时习"而皆以云"学"。若《集注》所云"既学而又时时习之"一"学"字,则但以其初从事于学者而言耳。"既"字、"又"字,皆以贴本文"时"字,故《集注》为无病。小注所载朱子语,则似学自为一事,习自为一事,便成差错。胡氏之说,自剔得《集注》分明。《集注》云"必效先觉之所为，乃可以明善而复其初"，此岂暂一尝试于学之谓乎？"时习"兼"温故知新"在内，非但温理其旧闻而已。

学有对问、对思、对修而言者，讲习讨论是也。此"学"字与"大学之道""学"字同，该括广大，故上蔡以"坐如尸、立如齐"言之。昨日之坐尸、立齐者，自昨日事；今日之坐立，又今日事。事无穷，道自无穷。岂今日之坐立，以温理昨日之如尸、如齐者乎？

冯厚斋专就讲习讨论上说，只作今经生家温书解。此俗学、圣学大别白处，不容草次。知《集注》"既学"之"学"，非实诠本文"学"字，则此疑冰释矣。

三

前后统言孝弟，而朱子以前所言孝弟为"资质好底人"，则又分上一层说得容易，下一层说得郑重。是以金仁山有"前以质言，后以学言"之说。乃《集注》直云"上文所谓孝弟"，则又似乎无分。是以陈新安有"善事之中有无限难能"之说。

以实求之，则朱子谓上言资质者本无病，而仁山所云下以学言，则不成语也。此处亦易分晓。世岂有孝弟而可谓之学耶？学也者，后觉效先觉之所为。孝弟却用此依样葫芦不得。虽所为尽道以事亲者，未尝无学，而但以辅其尽性之功，则辅而非主。为孝子、悌弟者，止勉求远乎不孝、不弟，而非容有效孝、效弟之心。效则不名为孝弟矣。以孝弟为学，故姚江得讥有子为支离。而有子岂支离者哉？《集注》言"为仁犹言行仁"，只在用上说，故小注有水流三坎之喻，言其推行有渐，而非学孝、学弟以为学仁民、学爱物之本。故注又云"学者务此"，但如本文言务而不言学。"学"字与"务"字，义本不同。学者，收天下之理以益其心；务者，行己之德以施于天下。知此，则知为仁也，不犯也，不乱也，皆以见于天下之作用言而一揆也。

大抵有子此章，言德而不言学，故程子曰"孝弟，顺德也"。不犯、不乱，德之浅者也。为仁，德之大者也。孝弟，德之本也。要以言德而非言学也。

乃孝弟而不犯、不乱，极乎下以浅言之，而深者亦在其中。不特善事之难能，而推夫不犯不乱之至，则文王之服侍小心，周公之"赤舄几几"，亦但以免夫犯乱。特就其浅者言之，则乡党自好者之守法安分，亦得与焉。此极乎下以通上也。

孝弟为为仁之本，极乎上而大言之，而小者亦在其中。不特孝弟之无异文，而即夫人之恩施姻亚、睦辑乡党而仁及人，不杀一启蛰、不折一方长而仁及物，亦莫非仁道之生。特就其大者言之，则君子之以弘夫爱之理，而全夫心之德，亦此道焉。此极乎上以通下也。

要则孝弟皆以尽性言，而浅者则因其性之所近而得合，深者则有以尽夫性而无所缺耳。在夫人，固因其质之美，而实不无专心竭力之功。在君子，甚有至德弘道之功，而要不可谓之学。故支离之病，仁山实启之，非有子之过也。

四

"鲜矣"与"未之有也"，文势低昂，以分轻重耳，正不当于此细碎分裂。潜室之说，殊增葛藤。

或人"若说鲜矣，则未以为绝无"一问，极不惺忪。总缘他泥著下章注"专言鲜"一"专"字。且如"知德者鲜矣"，千里一圣，犹比肩也，使当世而有一二知德者焉，讵致劳圣人之叹？

潜室不与直截决去其疑，乃为"纵是有之"之说，则愈入棘丛。且即使谓鲜非绝无，亦以人而言。犹云天下之能孝能弟者而好犯上，千百人之中不过一二人而已。岂谓此一人者少作犯上之事哉？犯上之事，止一已足。况本文不但云"犯上"，而必云"好"。好则不厌频为，偶一过误为之，不可谓好。中心之好恶，宁可较量多少？

下章"鲜矣仁"语，意亦如此。言凡天下之巧言令色者，鲜矣其能仁也。方于"矣"字文理无碍。知此，则知程子"非仁"之说，甚合本旨。不然，夫人心德之仁，必无不仁而后可为仁，故子曰"道二，仁与不仁而已矣"，岂可以多少论哉？

五

《集注》"必其务学之至"六字，是朱子活看末二语处，极骇俗目。玩小注所引朱子之言，则似朱子初年亦将"未学"当真煞说。逮其论定而笔于《集注》，添一"或"字，与"吾"字作对，意谓：人或疑其未学，而我则信其已学；使未学也，则亦安能尔哉？所以兼采游、吴二说以存疑。而所云"苟非生质之美"者，则除下圣人生知、安行一例以为言，亦理有固然，而非故作两头马之词也。

盖本文之旨，原以考学之成，而非泛论人品。使其抑学扬行，则当云虽其未学，亦与学者均矣。子夏到底重学，以破一切高远之说，谓此亲贤尽伦之事，人有妄谓其无假于学者，而我必谓非务学之至者不足与此。则天下岂有不学而能之圣贤哉？

上四段原是据现成人品说，非就用力敦行者说。则亦凭空立此一规格，以验学之所至耳。"吾必谓之学矣"六字，是圣学、异端一大界限，破尽"直指人心，见性成佛"一流邪说。于此见子夏笃信圣人处。知此而后知《集注》之精。

六

双峰云"有子论仁论礼，只说得下面一截"。东阳云"有子是说用礼"。只此二语，见得此章在《集注》自从本源上别起一番议论，非正释也。

所以然者，以有子说"礼之用，和为贵"，言"为贵"，则非以其体言，而亦不即以用言也。"用"只当"行"字说，故可云"贵"。若"和"竟是用，则不须拣出说"贵"矣。"用"者，用之于天下也。故曰"先王之道"，曰"小大繇之"，全在以礼施之于人而人用之上立论。此"用"字不与"体"字对。"贵"者，即所谓道之美而大小之所共繇也。"和"者，以和顺于人心之谓也。用之中有和，而和非用礼者也。有子盖曰：礼之行于天下而使人繇之以应夫事者，唯和顺于夫人之心而无所矫强之为贵；唯其然，斯先王之以礼为小大共繇之道者，以纯粹而无滞也。

《集注》以从容不迫释"和"之义，则是谓人之用礼，必须自然娴适而后为贵。使然，将困勉以下者终无当于礼，而天下之不能繇礼者多。且先王之道，亦但著为礼而已，未尝有所谓和也。从容不迫者，行礼者之自为之也。必从容不迫而后可为贵，则先王之道非美，待人之和而后美矣。

且所云"和"者，有以德言，则中庸发皆中节之和是也。此则为礼之本，而非礼之用。繇其有和，可使喜、怒、哀、乐之中节，则礼于是起焉。和，性情之德也。礼，天下之达道也。唯和乃中节而礼以达，斯和体而礼用，不得云"礼之用，和为贵"矣。

若云繇吾性之德有礼，仁义礼智，性之四德。而情之德乃有和，则《中庸》之所谓和者，又情之根夫仁义礼智具足之性以生，而不专倚于礼。且在性之所谓仁义礼智者，有其本而已，继乎天之元亨利贞而得名者也，在率性之前而不在修道之后。今曰"先王之道，斯为美，小大繇之"，则固指教而言矣。如之何纭纷轇轕，而以此和为性情之德耶？

夫性情之德，则尽人有之。而君子致之者，其功在省察、存养，而乃以经纬乎天地。是所贵在戒惧慎独而不在和，又何以云"礼之用，和为贵"哉？

况乎《中庸》之言"和"者，又非从容不迫之谓，乃情之不戾于节者也。故彼之言"和"，乃以赞夫人情中固有之德，而亦以赞君子省察极致、动必中礼之德，故曰"谓之"，而非有所致力之词，以与"敬"相为对者也。未发谓中，已发谓和。可云敬以致中者，以静存之功，主敬为本；则亦当云诚以致和，以动察之功，存诚为要。今此以敬、和相对而言，其可云喜怒哀乐之未发谓之敬乎？

礼之为节，具足于喜怒哀乐之未发；而发皆中节，则情以率夫性者也。敬者人事也，和者天德也。繇人事以达天德，则敬以为礼之本，而因以得和。和者德之情也，乐者情之用也。推德以起用，则和以为乐之所自生，而乐以起。此礼乐相因一致之理有然者，故程、范得并言乐而不悖。而有子则固曰：礼原中天下之节，有节则必有和，节者皆以和也；是以礼之用于天下者，使人繇之而人皆安之，非其情之所不堪，亦非其力之所待勉，斯以为贵。故制礼者当知此意，勿过为严束以强天下，而言礼者不得视礼为严束天下之具而贱之。勿过为严束以强天下，先王之道所以无弊，而无小大之可或逾。不得视为严束天下之具而贱之，则以先王之道既尽其美，而小大皆不能逾。原非可云"前识之华"，"忠信之薄"也。

乃非以为严束，而要以和顺夫人心，亦必不废礼之节而后得和，此文质同体之固然者。如有见夫节者之不过以和顺夫人心，因以谓节以效和，而所贵非节，则将有如老聃之知礼而反贱礼者。要之，舍礼亦终不能和，而又何以行哉？故东阳以前节为正意，后节为防弊之言，深得有子之旨；非前节重和，后节重节，为两相回互之语也。

有子大旨，只是重礼。前三句谓能知礼意，则洵为贵美而不可废。后四句则以为能达礼意，而或废礼者之防。若夫不知礼之用而可贵者，唯以和故，乃贸贸然以礼为程限，而深其畏葸，以自役而役人，则必将见礼之不足贵，而与于无礼之甚者矣。知其用于天下之本旨，则礼未尝不可损益，以即乎人心；而知人心必于礼得和，而舍礼无和，则虽有可损益，而必不可过乎其节。此斟酌百王、节文自性者所必谨也。

大抵有子在制作上立言，故曰"用"，曰"繇"，曰"行"。是故双峰以为在下面一截说，与前论仁而言行仁一例，而君子之静存动察以立大本而行达道者，固未及也。王阳明疑有子之支离以此，而有子之切事理以立言，终异于姚江之沦于禅者，亦正在此。固不必更就上面一截起论，为头上安头之说矣。

且使从本而言之，则礼固以敬为本，而非以和。若曰"敬之碎底是和"，则和者敬之分体也。此不成义。知敬之分而用之，其于礼必加详，何为不以礼节而不可行哉？且抑与从容不迫之释，自相背戾矣。

要以《中庸》之所谓和，乃本然德体之天则，此之谓和，乃妙用推行之善道，固不可强合为一。况即《集注》所云从容不迫者，自非可有意以之为贵而用之。使功未至而机未熟，则有意贵和者，正堕"知和而和"之病。如其必自然得和而后可为贵，则于和之上，又加一自然，而岂不赘斚？矧自然从容不迫者，乃动容周旋中礼，盛德已至之圣符，非可与天下共率繇之，更不必言"为贵""为美"，而抑以不节为虑。有子本以言王道，而不以言天德。徒为深入之言，则所在皆成龃龉，此不能强徇《集注》而废饶、许也。

七

朱子又曰"敬为体，和为用"，须是撇开有子另说方可。朱子自说学，有子自是说道。先王之道，贤者俯就，不肖企及，岂可以君子之为学律之？他言王道者，可与天德合辙，而此必不可。如朱子之意，盖谓未发而主敬，必发而从容不迫，乃为可贵；未发能合，已发能分，乃散应事物而无不宜。以此言之，乌可不知和，乌可不"知和而和"哉？

且《中庸章句》《语录》，括已发未发而一之于敬。愚谓未发功在敬，不显之笃恭是也；发则功在诚，《大学》之慎独以诚意，《中庸》之"行之者一"是也。致中者敬之至，致和者诚之功。存养、省察，为学之体；敬以具节而礼明，和以达节而乐备，为学之用。故程、范之说，小异于有子而可相通，而小注《朱子》所云，则皆成矛盾。

唯"严而泰、和而节"以下一段，《集注》明切可观。其曰"礼之全体也"，可见章首一"礼"字，原以体言，而本文"用"字，非与体为对待之词，则从容不迫之义，固不得立矣。"毫厘有差，失其中正"，恰在制作上说，而非生疏拘迫、不能从容之谓差也。拘迫不从容，正是挣扎得不差处。唯制作不和顺于心，而苦人以所难，方成差谬。

朱子此注，与前注早已不同。实则此为谛当，不必更说向深妙处去。云峰乃为割裂而曲徇之，过矣。云峰之笃信，乃以成朱子之失；饶、许之分别，乃以通朱子之穷。故有功先儒者，不在阿也。

为政篇

一

北辰之说，唯程氏复心之言为精当。朱子轮藏心、射糖盘子之喻，俱不似，其云"极似一物横亘于中"，尤为疏矣。

使天之有枢，如车之有轴，毂动而轴不动，则自南极至北极，中间有一贯串不动的物事在。其为物也，气耶？抑形耶？气，则安能积而不散，凝而不流？若夫形，则天地之间未有此一物审矣。且形，固能运形而不能运气者也。天枢之于天，原无异体。天之运行，一气俱转，初不与枢相脱，既与同体，动则俱动。特二十八宿、三垣在广处动，北辰在微处动，其动不可见耳。今将一圆盘，点墨记于中心，旋盘使转。盘既动，则其墨记之在中心者，亦东西南北易位矣。特墨记圆纤，不可得而辨也。

夫子将此拟"为政以德"者之治象，取类不虚。"为政以德"而云不动，云无为，言其不恃赏劝刑威而民自正也。盖以施于民者言，而非以君德言也。若夫德之非无为，则与北辰之非不动均也。不显、笃恭之德，原静存、动察之极功。而况"德之为言得"者，即"政之为言正"之意，故言"为"言"以"。如欲正人以孝，则君必行孝道而有得于心；欲正人以慈，则君必行慈道而有得于心。其以此为政也，动之于微而未尝有及于民之事，而理之相共为经纶、气之相与为鼓荡者，以居高主倡，自有以移风易俗而天下动矣。

故其不急于动民者，"北辰居其所"之象也；天下共效其动者，"众星共"之象也。"居其所"云者，犹言自做自事，无牵带众星之事也。北辰即不为众星须动之故，而彼亦自不容不运之于微。人君即不为人有不正而须正之故，亦自不容不内修其德。各修其所当为，而星之环绕以动者，自与北辰俱转；民之自新不已者，自与人君同正。只此乃德之用微，而其化显。若以轴喻，则脱然两物，故为不动以持毂而迫之转；则是有意不动，以役使群动。此老氏所谓"王侯得一以为天下贞"，阳为静而阴挟之以动，守乎雌以奔走天下之雄。其流为申、韩者，正此道也。此则以无为为德，因正于天下而己无所正，岂以己之正正人之不正之谓乎？是故"居其所"者，非北辰之德也，北辰之势也。

陈氏云"譬为政以德之君"，其说自确，以不云"譬为政所以之德"也。程子曰"为政以德，然后无为"，朱子曰"则无为而天下归之"，无为者，治象也，非德体也。动于微而不动于显，德微，政显。动于独而不动于众。北辰之与君德合者，慎动以不息而已矣。

极论此章，亦不过《大学》"以修身为本"之意，孟子至诚动物之旨，而特推上下理气感通之机，以显其象于天，见为理之不可易者而已。若更于德之上加一"无为"以为化本，则已淫入于老氏"无为自正"之旨。抑于北辰立一不动之义，既于天象不合，且陷入于老氏"轻为重君，静为躁根"之说。毫厘千里，其可谬与？

二

以"志学"为知，"立"为行；"不惑""知命""耳顺"为知，"从欲不逾矩"为行；此乃强将自己立下的柱子栽入圣言内，如炙铁相似，亦能令其微热而津出，究于彼无涉也。

"十五而志于学"是何等志，何等学，乃但以属知！岂但讲习讨论，储以待三十而行之，如苏秦之习为揣摩，须羽毛丰满以高飞乎？"三十而立"又是何等为立！到者地位，所知所行，皆已臻至处，又岂只守著前所知者，埋头行去耶？

只此十五年，是夫子一大段圣功在。"志于学"者，博文、约礼之谓也。圣人于此，不容与学者有异。故其教人，亦以此二者，而曰"可以弗畔"。弗畔，则几于立矣。博合于约，而文皆其心得；约合于博，而礼显于文章：行既定而知益审矣。

东阳所谓"知行并进"者，则亦以此二位而言尔。若过此以往，固不可分知与行，且不可云"知行并进"。圣人之为功者，固非人所易知矣。

盖云知行者，致知、力行之谓也。唯其为致知、力行，故功可得而分。功可得而分，则可立先后之序。可立先后之序，而先后又互相为成，则繇知而知所行，繇行而行则知之，亦可云并进而有功。

乃圣人既立之后：其知也，非待于致也，豁然贯通之余，全体明而大用行也；其行也，非待于力也，其所立者条理不爽，而循繇之则因乎事物之至也。故既立之后，"诚则明矣"。明诚合一，则其知焉者即行矣，行焉者咸知矣。颜子之"欲从末繇"者在此，而岂可以"知行并进"言哉？

乃至于此，其所行者，大端亦不离于"三十而立"之所行。知至而几，知终而存义，其行也有精微而无改徙，是以唯就明言之，而不复就诚言之。然"不惑"则纯乎理而无间，"知天命"则理无不穷而性无不尽，"耳顺"则闻言无违逆，而于土皆安，"从欲不逾矩"则于我皆真而知化不贰。故"不惑""耳顺"，皆顺乎彼之词，而"知命""从欲"，皆达乎此之意。要以所行者听乎知，而其知也愈广大愈精微，则行之合辙者，愈高明愈博厚矣。

故以迹言之，则至于“不惑”以上，而知之事为多。以实求之，则“立”者诚之复，而“不惑”以上，诚之通也。复已极乎知行之至，而通唯穷神知化以为德之盛，非待有所加于行，以至乎昔之所不能至者。

若夫“从心所欲，不逾矩”，固未尝不于德业有可征者。要亦“耳顺”以还，明诚合而无间，明者一诚，更不可云诚中所生之明矣。

《集注》分“耳顺”为“不思而中”，“从欲不逾”为“不勉而得”，亦迹似而无实。不思而中，斯不勉而得，是皆“耳顺”之境也。岂不思而中之时，尚有难得之虑哉？故唯胡氏“心即体、欲即用”之说为当。“即”字逮妙。而心之与欲，亦无分界，则体用合，诚明一，如天之非自明而诚矣。

要以“志学”与“立”，圣学固有事于心，而皆著于事；“不惑”以后，虽不离事以为道，而凝德唯心；斯可名为圣德之进，而不可名为学矣。在学则知行分，在德则诚明合。朱子曰“圣人自有圣人底事”，不可以初学之级求，明矣。

三

“耳顺”自就听言上说。《集注》一“声”字，但因“耳”字上生出，在言者谓之言，闻者谓之声也。除却言语，耳更何顺？

乐固声也，而彼自有专家之学。圣人亦不过与挚、襄同能，而无与于进德。乃近见有人说，凡松声、水响、莺啭、蛩吟，皆无所违逆。此是圣学、异端一大分界处。彼所云者，不过释氏“木樨无隐”之唾余耳。

然即就听言说，又不可似陈氏取“闻沧浪之歌”以作证。陈氏语有两种病。以深言之，随触即悟，则亦释氏听人唱“他若无情我也休”而悟道之旨。以浅言之，感物警心，则人之苟有学思之功者，亦即能然。如韩婴说《诗》，往往触类旁通。至于游、夏之徒，则固久矣优为之矣。

总此一段圣功，极难下思索，作的实解。凭虚言之，则只是释家妙悟。征事言之，又不过小小灵警的聪明。庆源“是非判然”四字，差为有据。而判然者，亦不足以为顺，且当其“不惑”而早已判然矣。

愚按：孟子曰"耳目之官不思而蔽于物"，从大而小不能夺者为大人。圣人则大而化之矣，却将这不思而蔽于物之官，践其本顺乎天则者以受天下之言，而不恃心以防其夺，则不思之官，齐思官之用。唯其思者心亦臻于不思，<small>不思而中</small>。故不思之用齐乎思也。

《集注》云："声入心通，无所违逆。"夫所谓无违逆者，以为无逆于声，是"木樨无隐"之说也；以为无逆于耳，是"闻沧浪之歌"之说也。朱子之意，亦谓无逆于心耳。耳之受声不逆于心，则言之至于耳也，或是或非，吾心之明，皆不患其陵夺；耳之受夫声者，因可因否，皆不假心之明而自不昧。进德至此，而耳之形已践矣。耳，形色也；形色，一天性也；固原以顺而不以逆于大体也。于形得性，无小不大，斯以为圣人与！

然耳目者，固顺而无逆者也，非有蔽，而蔽之者欲也。践耳之形，尽耳之性，而闻皆顺心，能用受蔽之官，而未能用夫蔽耳目之欲也。"从心所欲，不逾矩"，则蔽耳目者亦从之而即于顺矣。耳虽在我，而顺者天下之言；欲丽于物，而发之自己。故愚以"耳顺"为于土皆安，"从欲不逾"为于我皆真也。呜呼！难言之矣。

四

"违"字原有两义。有知其然而故相违背，如"违道以干百姓之誉"是也。有相去而未逮，如"忠恕违道不远"是也。乃此两义，要亦相通。如此所言生事、死葬而祭不以礼者谓之违；其于品物器饰，铺排得辉煌，便将者个唤作礼、唤作孝，只此一念，早是苟且，而事之爱、葬之哀、祭之敬，为人子所自致者，以有所藉以自解而其不尽者多矣。且僭礼之心，岂果以尊亲故与？无亦曰，为我之亲者必如是其隆，而后张己之无不可得于鲁也。则是假亲以鸣其豫，而所当效于亲者，其可致而不致者从可知矣。

圣人之言，一眼透过，知其故相背者之非能有过而唯不逮，故大端说个礼。无违者求之心，礼者求之于事，此亦内外交相省察之意。盖自孝子而言，则所当致于亲者，无违中之条理品节，精义入神，晨乾夕惕以赴之，尽心竭力以几之，没身而固不逮，岂有余力以溢出于非礼之奢僭，是以无违而中礼也。自求为孝子者而言，虽尽心竭力以求无违，而未知所见为无违者，果能无违否也。故授之礼以为之则，质准其文，文生于质，画然昭著，而知自庶人以达于天子，皆有随分得为之事，可以不背于理，而无所不逮于事亲之心，是以礼而得无违也。因无违而自中礼者，圣人之孝，繇内达外，诚而明者也。必以礼而得无违者，以外治内，明而诚者，则无违其纲而礼其目也。

懿子无请事之心，不能自求下手之著，故夫子于樊迟发之。如懿子者，岂能不立礼为标准而得无违者哉？孝为百行之源，孝道尽则人事咸顺。故曰"中于事君，终于立身"，亦曰"资以事君而敬同"。使懿子于孝而无不逮，则僭不期去而自去。

圣人之言广矣，大矣。若其所问者孝也，乃借孝以为立言之端而责其僭，是孝为末而不僭为本，既已拂乎天理之序；且人幸有返本亲始之一念以请教，乃摘其恶于他以穷之，而又为隐语以诽之，是岂圣人之言哉？

朱子双立苟且与僭二义，东阳发明"不及之意，亦在其中"，确为大全。若《集注》云"三家僭礼，以是警之"，是未免以私意窥圣人。且此三言者，曾子尝述之，而孟子称之矣，其又何所警哉？

胡氏云"心无穷而分有限"，说尤疏妄。分固有限，初不可以限孝子之心。故曰："孝子之至，莫大乎尊亲；尊亲之至，莫大乎以天下养。"至如歌《雍》舞《勺》，私欲之无穷耳，自尊以蔑上而辱亲之邪心无穷耳，岂欲孝其亲之心无穷哉？

五

《中庸》言学，则是方有事之词，故"温故"之中，即有引伸精义之意，而知其故中之新，亦在"温故"项下说；若"知新"，则更端以求知昔所未知也。《论语》说教学，未到大纲成就处，尚有所全未及知而须知者，其不可为师也，固然不待论；所以故之外无新，而"知新"者即知故中之新也。此学以言未至，而师言已至之别也。

乃君子修德凝道之事，直是广大精微，则其日新者亦无穷。故无有尽天下之理皆已为故之一日，而已精已密，尚有其新。若此云"可以为师"，则亦专言讲习讨论之事。虽彻上言之，极乎圣人之教；乃彻下言之，则古人自二十博学不教之后，便有为人师之道。修一业、通一艺者，皆可以教，则其为见闻，固可有程限，但于故中得新焉，即可以为师矣。为师非修德凝道之了境，故《说命》曰"敩学半"。夫子进德，七十未已，而四十时弟子已日进矣。为师非了境，则守故得新，随分可以诲人，特不容以记问之学当之而已。此朱子所以有与《中庸》不同之辨也。

若朱公迁以《中庸》"故"字为"存乎己"，此为"闻于人"，则谬。存于己者，既非空空地有不立文字、不堕见闻之德性；闻于人者，非用其德性不昧之明以存持之，是亦记问之学而已。故《集注》云"所学在我"，亦为温故而言也。

记问之学，只为他初头便错了。非得于己，不可名为故。不可名为故。则漠然无余味，不欲温之，而亦何用温之耶？注云"无得于心"，业无得矣，而尚可谓之故哉？如人之有故旧，必其与我素相亲匿无间者。因人相与，仅识姓名，其可谓之故旧否耶？

六

夫子寻常只说君子，不言圣人，为他已到者地位，不容推高立名，只君子便是至极处。小注"夷清、惠和，亦只做得一件事"。观伯夷待天下之清，柳下惠不易三公之介，岂无全副本领？特所以行其大用者有未妙耳。夷、惠且未能不器，则不器者岂非圣人哉？足知朱子所云"君子体不如圣人之大，用不如圣人之妙"，乃为他处以君子、圣人并论者言，而辑大全者误系于此。

其曰"通上下而言"，则所谓上者固圣人矣；所谓下者，则谓凡学为君子者，便须立志于高明广大之域，以体此无方无体之道，则其为学之始，规模已自不同，而不区区向一事求精，一行求至也。下学者下也，上达者上也。下学敦其体，上达显其用，效异而量同也。

七

《论语》一书，先儒每有药病之说，愚尽谓不然。圣人之语，自如元气流行，人得之以为人，物得之以为物，性命各正，而栽者自培，倾者自覆。如必区区画其病而施之药，有所攻，必有所损矣。释氏唯欲为医王，故药人之贪，则欲令其割血肉以施；药人之淫，则绝父子之伦。盖凡药必有毒，即以人参、甘草之和平，而参能杀肺热者，甘草为中满人所忌，况其他乎？

且病之著者，如子张学干禄，子贡方人，夫子固急欲疗之矣，乃曰"禄在其中"，曰"赐也贤乎哉"，亦终不谓禄之污人，而人之不可方也。言禄污人，则废君臣之义；言人不可方，则是非之性拂矣。

又如子路曰"何必读书，然后为学"，病愈深矣。夫子亦但斥其佞，使自知病而已矣。如欲药之，则必将曰必读书而后为学，是限古今之圣学于记诵词章之中，病者病而药者愈病矣。是知夫子即遇涸寒烈热之疾，终不以附子、大黄尝试而著为局方；又况本未有病者，亿其或病而妄投之药哉？

子贡问君子，自是问求为君子者亲切用力之功，记者橐括其问语如此。因问而答之曰"先行其言而后从之"，夫子生平作圣之功，吃紧处无如此言之切。亦以子贡颖悟过人，从学已深，所言所行，于君子之道皆已具得，特示以入手工夫，使判然于从事之际耳。至于所言者皆其已行而行无不至，所行者著之为言而言皆有征，则德盛业隆，道率而教修，此唯夫子足以当之。而心法之精微，直以一语括圣功之始末，斯言也，固统天、资始之文章也，而仅以药子贡之病耶？

范氏曰"子贡非言之艰而行之艰"，其语犹自活在。然"非言之艰而行之艰"，不独子贡也。且云"先行其言"，则"其言"云者，未尝言之，特知其理而可以言耳。此固说命所谓"非知之艰，行之惟艰"之旨，古帝王圣贤之所同病，亦人道自然有余不足之数也。即非子贡，其有易于行而难于言，行非艰而知惟艰者哉？易于行者，其行非行。则范氏固已指夫人之通病以为子贡病。

至于小注所载朱子语，有"子贡多言"之说，则其诬尤甚。子贡之多言，后之人亦何从而知之？将无以其居言语之科耶？夫子贡之以言语著者，以其善为辞命也。春秋之时，会盟征伐交错，而唯辞命是赖。官行人而衔使命，乃其职分之所当修。《国语》所载定鲁、破齐、伯越、亡吴之事，既不足信。即使有之，亦修辞不诚、以智损德之咎，而非未行而遽言之为病。如以此为病在不先行其言，岂子贡之拒百牢、辞寻盟者，为其所不能行，而徒腾口说乎？

夫此所谓言，非善说辞命之言，而善言德行之言也。善言德行者颜、闵也，非子贡。且亦非徒口说之为言也，著书、立说，答问、讲论，皆言也。要以言所行而非应对之文也。圣门如曾子、有子、子游、子夏，皆有论著，而子贡独无。其言圣道也，曰"夫子之言性与天道，不可得而闻"，盖兢兢乎慎重于所见，而不敢轻置一词矣。则寡言者，莫子贡若，而何以云多言耶？子贡既已无病，夫子端非用药，而先行后言，自是彻上彻下、入德作圣之极功，彻始彻终、立教修道之大业，岂仅以疗一人之病哉？

因此推之，语子路以知，自致知之实学，而谓"子路强不知以为知"，亦悬坐无据。而陈新安以仕辄而死为征，乃不知子路之死辄，自始事不谨之害，而非有自欺之蔽。如谓不知仕辄之不义，不当固执以至于捐躯，抑将如赵盾之拒雍，祭仲之逐突，食言背主，而可谓之"不知为不知"耶？

要此为致知言，而不为行言；故可曰随所至之量，以自信而不强。如以行言，其可曰能行则行之，不能行则不行也哉？故言知则但可曰"困而知之"，不可曰勉强而知之，而行则曰"勉强而行之"。知、行之不同功久矣。子路勇于行，而非勇于知，有何病而又何药也？

至于四子问孝，答教虽殊，而理自一贯。总以孝无可质言之事，而相动者唯此心耳。故于武伯则指此心之相通者以动所性之爱；若云"无违"，云"敬"，云"色难"，则一而已矣。生事、死葬、祭而以礼，则亦非但"能养"；而奉馔服劳，正今之"能养"者也。内敬则外必和，心乎敬则行必以礼。致其色养，则不待取非礼之外物以为孝；而无违于理者，唯无违其父子同气、此心相与贯通之理。顺乎生事之理，必敬于所养，而色自柔、声自怡。顺乎葬祭之理，必敬以慎终，敬以思成，而丧纪祭祀之容各效其正。明乎此，则同条共贯，殊途同归。奚必悬坐武伯之轻身召疾，而亿揣子夏以北宫黝之色加于其亲，诬以病而强之药哉？

又其甚者，圣门后进诸贤，自曾子外，其沉潜笃实、切问近思者，莫如樊迟。迹其践履，当在冉、闵之间。夫子所乐与造就者，亦莫迟若。乃谓其粗鄙近利，则病本弓蛇，药益胡越。文致古人之恶，而屈圣言以从己，非愚之所敢与闻也。

八

《集注》所引程子之言，博学、审问、笃行属学，慎思、明辨属思。明辨者，思其当然；慎思者，思其所以然。当然者，唯求其明；其非当然者，辨之即无不明也。所以然者，却无凭据在，故加之以慎。不然，则至谓天地不仁，四大皆妄，亦不能证其非是，如黑白之列于前也。思中有二段工夫，缺一不成。至于学之必兼笃行，则以效先觉之为，乃学之本义；自非曰"博学"、曰"学文"，必以践履为主，不徒讲习讨论而可云学也。

九

记言"子张学干禄"，是当世实有一干禄之学，而子张习之矣。程子既有定心之说，及小注所引朱子之语，曰"意"，曰"心"，乃似子张所学者亦圣人之学，而特有歆羡禄位之心。使然，则子张亦只是恁地学将去，记者乃悬揣其心而以深文中之，曰其学也以干禄也；夫子亦逆亿而责之，曰汝外修天爵而实要人爵也。云峰语。此酷吏莫须有之机械，岂君子之以处师友之间乎？

《春秋》齐、郑如纪，本欲袭纪，且不书曰"齐、郑袭纪不克"，但因其已著之迹而书曰"如"，使读者于言外得诛意之效，而不为苛词以摘发人之阴私。岂子张偶一动念于禄，而即加以"学干禄"之名耶？

干禄之学，随世而改，于后世为征辟、为科举。今不知春秋之时其所以取士者何法，然"敷奏以言，明试以功"，唐、虞已然，于周亦应未改。王制大司马造士、进士之法，亦必有所论试矣。士而学此，亦不为大害。故朱子之教人，亦谓不得不随时以就科举，特所为科举文字，当诚于立言，不为曲学阿世而已。夫子之告子张，大意亦如此。盖干禄之学，当亦不外言行；而或撮拾为言，敏给为行，以合主者之好，则古今仕学之通病，于是俗学与圣学始同终异。其失在俗学之移人，而不在学之者之心。故夫子亦不斥其心之非，而但告以学之正："寡尤""寡悔"。就言行而示以正学，使端其术而不为俗学所乱，非使定其心而不为利禄动也。

圣人之教，如天覆地载，无所偏倚，故虽云"不志于谷，不易得也"，而终不以辞禄为正。学者之心，不可有欲禄之意，亦不可有贱天职、天禄之念。况如子张者，高明而无实，故终身不仕，而一传之后，流为庄周，安得以偶然涉猎于俗学，诬其心之不洁乎？

十

《集注》云："凡云'在其中'者，皆不求而自至之辞"，此语亦未圆在。如云"馁在其中"，岂可云不求馁？天下无求馁者，则固不得云不求馁也。新安泥《注》而不达，乃云"直在其中，仁在其中，其训皆同"。父子相隐，虽非以求直，而岂可云不求直如不求禄之比？禄自不可求，直其不可乎？况"博学、笃志，切问、近思"，正求仁之先务哉？藉不求仁，则学、问、志、思以何为？且仁而可以不求自至，是道弘人而非人弘道矣。知彼二者在中无求之意，则此之不学干禄而禄自至，亦于言外见意，而不藉在中以显不求之义。

在中者，犹言在里许，相为包函之词。有以大包小言者，则此与"直在其中"一例。"寡尤、寡悔"，自君子大亨至正、修己治人之道，于以得禄，亦其中功效之一端。"父为子隐，子为父隐"，自君子尽伦率性、贞常利变之道，而于以言直，亦其中无所矫拂之一德。此以大包小，而小在大中也。有以显含藏者，则"仁在其中"是也。学、志、问、思，功之显；仁，德之藏也。显以显仁，而藏固藏于用，则道问学而即以尊德性，致知而即以存心，即其博者而约不离博，即其著者而微不离著，故曰"仁在其中"。此以显含藏者也。

以显含藏而曰"在其中"，则见其中已深，而更无内之可入。以大包小而曰"在其中"，则见其中已备，而更无外之可求。证父攘羊，索直于人心天理之外者也。干禄之学，求禄于博文约礼之外者也。阙、慎只是以礼约之。人心天理有沽直之行，而此中原自有直，何事蹈证父之恶？博文约礼之外有干禄之学，而此中原自有禄，则亦何事习干禄之俗学哉？

要此以辨学术之邪正，而非以责其心之妄求。妄求之心，因富贵而起。干禄之学，沿流俗而成。子张终身不仕，非屑屑于富贵者。徒以才高意广，欲兼人而尽知天下之学，以俯同流俗，如晚宋叶适、陈亮之所为，初不可以有求禄之心责之。子张既无求禄之心，则夫子亦何必以不求自至歆动之耶？

十一

古帝王治天下之大经大法，统谓之礼，故六官谓之《周礼》。三纲五常，是礼之本原。忠、质、文之异尚，即此三纲五常见诸行事者品节之详略耳。所损所益，即损益此礼也。故本文以"所"字直顶上说。马季长不识礼字，将打作两橛，三纲五常之外，别有忠、质、文。然则三纲五常为虚器而无所事，夏之忠、商之质、周之文，又不在者三纲五常上行其品节而别有施为。只此便是汉儒不知道，大胡乱处。

夫三纲五常者，礼之体也；忠、质、文者，礼之用也。所损益者固在用，而用即体之用，要不可分。况如先赏后罚，则损义之有余，益仁之不足；先罚后赏，则损仁之有余，益义之不足：是五常亦有损益也。商道亲亲，舍孙而立子，则损君臣之义，益父子之恩；周道尊尊，舍子而立孙，则损父子之恩，益君臣之义：是三纲亦有损益也，岂但品物文章之小者哉？至如以正朔三统为损益，则尤其不学无识之大者。

夫三统者：天统以上古甲子岁，春前仲冬月，甲子朔夜半冬至为历元；地统以次古甲辰岁，地化自丑，毕于辰。春前季冬乙丑月，甲辰朔鸡鸣冬至为历元；人统以又次古甲申岁，人生于寅，成于申。孟春丙寅月，甲申朔平旦立春为历元。历元者，日月合璧，五星连珠，七曜复合，一元之始也。繇此而步闰、步余、步五星之法生焉。古之治历，有此三法，其间虽有小异，归于大同。特人统寅正，以历元近步法差易而密耳。三代以其受命之数相符合者，循环迭用，而于推步之法，未尝有所损益也。推之者人，而历元实因天体之自然。天其可以损益之也哉？

东阳不知此理，乃谓"改正朔，易服色，以新视听"。使徒欲新视听而已，则秦为无道，实用天正历，而特易建亥为岁首以愚民，视听亦新，而逆天背数。三代之王，岂亦等暴秦之为哉？

又其舛者，谓夏承唐、虞用人统，则尤杜撰。不审胤征已有三正之文，尧固以甲辰为历元，用地正，舜绍尧未改，而禹改之也。故曰"行夏之时"，不曰行唐之时。要以历不可听人之损益，而损益者，人治之先后详略也。故经礼、仪礼，治法毕具，而独不及历，历非礼之所摄也明矣。

八佾篇

一

黄勉斋分为二说以言本，极为别白。所以谓奢俭皆不中礼者，以"天下之大本"言也。其以俭戚为本者，"初为本、终为末"之谓也。勉斋之以"初为本、终为末"者，为范、杨言之，而非夫子之本旨也。

林放问礼之本，他只见人之为礼，皆无根生出者仪文来，而意礼之必不然，固未尝料量到那大本之中上去。夫子于此，亦难下语在。若说吾性所固有于喜怒哀乐之未发者，原具此天则，则语既迂远；而此天则者，行乎丰俭戚易之中而无所不在，自非德之既修而善凝其道者，反借口以开无忌惮之端矣。故但从夫人所行之礼上较量先后，则始为礼者，于俭行礼，以戚居丧，虽俭而已有仪文，但戚而已有丧纪，本未有奢，而不能极乎其易，然而礼已行焉，是礼之初也。

抑此心也，在古人未有奢、未尽易者既然；而后人既从乎奢、既务为易之后，亦岂遂迷其本哉？苟其用意于礼，而不但以奢、易夸人之耳目，则夫人之情固有其量，与其取之奢与易而情不给也，无宁取之俭与戚而量适盈也。将繇俭与戚而因文之相称者以观乎情之正，繇此而天则之本不远焉。情之正者，已发之节。天则之本，未发之中。迨其得之，则充乎俭之有余，而不终于俭，极乎戚之所不忍不尽，而易之事又起，则不必守俭而专乎戚，而礼之本固不离也。

盖以人事言之，以初终为本末；以天理言之，以体用为本末。而初因于性之所近，终因乎习之所成。则俭与戚有所不极而尚因于性之不容已，用皆载体而天下之大本亦立。此古道之不离于本也。奢则有意为奢，易则有意为易；俭则无意为俭而见礼之备于俭，有意则为吝而非俭。戚则无意为戚而但戚以尽其哀。有意则非戚。故俭不至于废礼而戚之非以偷安于不易者，此自性生情，自情生文者也。

故知杨氏"其本俭""其本戚"之说，滞而未达也。俭者见丰而不见俭，緐奢故有俭之名。戚者可戚而亦可易，緐有专乎易者而戚始孤行。初者緐有终而谓之初，本者非緐有末而固有本。故俭戚原不与奢易为对。使俭戚而与奢易为对，则礼有两端，古人仅有本，而今人亦得有末矣。无本则并不得有末。

唯有緐体达用、因性生情、因情生文之德，则緐乎俭戚而礼自日充。不然，而弃礼以为俭戚，则又不足名为俭戚，而但名为无礼。业已有礼矣，緐俭流奢，緐戚生易，故俭戚可以云本。若徒奢与易，则既离乎本，而末亦非礼。故奢与吝对，易与苟且对，而不可与俭戚对。此范、杨所以可谓俭戚为本。然而终以緐奢名俭，緐易见戚，则必以礼所行乎俭戚者为本，而不可径云俭戚为本。则本自本，俭戚自俭戚。林放问本，而夫子姑取初为礼者使有所循以见本，而非直指之词也。

若求其实，则上章所云"人而不仁如礼何"者，乃为径遂。俭与戚近乎仁，而非仁之全体大用；奢与易不可谓仁，而亦非必其不仁。仁也，中也，诚也，礼之本也。勉斋言"天下之本"，得之矣，通范、杨之穷而达圣人之微言者也。小注"乐于丧而非戚"之说，失之远矣。

二

仁孝诚敬之至，可以与于禘之说，则可以治天下，乃自治天下言之。苟其为仁孝诚敬之至者，虽不得天下而治之，而天德王道之经纶化裁，咸备于躬而无所让，随其所得为者而效即著，君民亲友未有不动者。乃自禘言之，虽其为仁孝诚敬之至，苟不得天子之位，即欲减杀典礼以祀其所自出之祖，理不至，则诚必不达而神必不格。于此思之，须更有说在。

"不王不禘"，原不是先王自尊而卑人，安下者界限，所以《易》云"圣人之大宝曰位"。到者上面，天子与圣人敌等；而德之有圣人，位之有天子，则亦初无二理。《书》曰"亶聪明作元后，元后作民父母"，理一串而事双行也。天子有天子的脉络，圣人有圣人的脉络。仁孝诚敬，圣人之脉络也。"不王不禘"，天子之脉络也。子产"取精用物"之说，可即以寻此处条理。故"不王不禘"，不但法所当然，亦理之必明而诚之可格者也。圣人，合理体诚者也。天子为理之所当尊，而理之所当尊者固有而无妄，则亦诚也。

仁孝诚敬之不至，而不足以禘者，易知。仁孝诚敬之至，而允可以禘者，难知。"不王不禘"之法易知，而王者之禘难知。不然，则仁孝诚敬以格鬼神，因于理气之本合；而"不王不禘"，则徒因于名以立分，分以立法，是人为而非天理，何以见先王之精义入神也哉？

倘但云"远难格而近易孚"，则伯禽之于文王，与杞、宋之于上帝，相去何若，而杞、宋乃得行天子之事守，鲁何以不但不可以禘尝，虽密迩如文王而亦不可乎？此"不王不禘"之说，亦必天理现前，充周流贯，本末精粗，合为一致，而实知乾之不息、坤之厚德，与天尊地卑、上下以定、方以类聚、物以群分之理，合同无间，然后即此为法，即此为仁孝，即此为理，即此为诚。圣人所以但赞其知之妙，而终不言所以知之。呜呼！诚有难言者。

此章乃《论语》中天德王道绝顶文字，不许小儒下口处。而《集注》云"鲁所当讳"，则犹屈千钧之弩为鼷鼠发机也。

三

范氏说"诚是实，礼是虚"二句，大有理会处。虚却非虚妄之谓，唯礼之虚，所以载诚之实。此一"实"字，与《易》"缊"字、《书》"衷"字一义。实体虚，虚函实也。须著实底，方持得虚底教有；而虚者，所以装裹运动此实者也。

庆源说摄祭之礼为虚，却误。摄祭，权也，非礼也。使可谓之礼，则亦何至"如不祭"耶？

新安云"诚是实心"，语自无病。诚是实心，礼是实理；心为实，理为虚，相因互用。无此心，则亦无此理。摄祭虽权有此理，而心不充之，实者缺，则虚者亦废。故圣人以为"如不祭"矣。

知此，则知小注"非所当祭而祭，则为无是理矣；若有是诚心，还亦有神否"一问，极为粗率。非所当祭而祭，则无是理矣。无理，则更无诚。无实者尚可容虚者之有其郭郭，无虚者则实者必无所丽矣。尽他痴敬、痴畏、痴媚，也总是虚妄，不可谓之诚。或有时召得那鬼神来，亦所谓以妄召妄而已。

理便无妄，气则有妄。生人之妄，缘气而生。鬼神既不纯乎理，而因乎气之屈伸，故亦有妄。以妄召妄，则妄或应，如腐肉之召蝇蚋，亡国之致妖孽一理。君子从其不爽者而言之，亦谓之诚有；而与仁人孝子所以格帝飨亲之诚心，则话分两头，全无干涉矣。

唯礼行而诚不相及，则君子以为深戒。在圣人则又无此患，故唯有故不与之为歉然。知此，则"礼为虚"云者，非不诚之谓，而待诚之词。凡礼皆然，不独指摄祭而言也。

四

若说"入太庙"是助祭，则当"奏假无言"之时而谆谆诘难，更成甚礼！荀子所记孔子观敧器事，亦是闲时得入。想古宗庙，既无像主，又藏于寝，盖不禁人游观；而诸侯觐、问、冠、昏皆行于庙中，或有执事之职，君未至而先于此待君，故得问也。

"每事问"，即非不知，亦必有所未信。从好古敏求得者，若未手拊而目击之，终只疑其为未然。圣人岂必有异于人哉？寻常人一知便休，则以疑为信，知得来尽是粗疏，如何会因器以见道！夫子则知问者信之籔，不问者疑之府；而礼之许人问者，乃使贤者俯就，不肖者企及，以大明此礼于天下也。

若已知已信，而故作谨缛之状，此正朱子所云石庆数马之类，又何足以为圣人？尹和靖"虽知亦问"之说，只要斡旋圣人一个无所不知、无所不谨，而诚伪关头，早已鹘突。盖不知不信，原有深浅之分，而圣人之知，则必以信为知。未信而问，问出于诚，圣人之所以忠信好学不可及者，正以此耳。

五

《集注》谓管仲"不知圣贤《大学》之道，故局量褊浅，规模卑狭"，此为探本之论。乃繇此而东阳执一死印板为《大学》之序，以归本于"格物致知工夫未到"。其在管仲，既非对证之药，而其于《大学》本末始终之序，久矣其泥而未通也。

《大学》固以格物为始教，而经文具曰"以修身为本"，不曰格物为本。《章句》云"本始所先"，夫岂有二先哉？格物致知，一修身之事也。经云"欲修其身者，先正其心"云云，必先欲之而后有所先，吃紧顶著修身工夫，却是正心、诚意。正心、诚意之于修身，就地下工夫也。致知、格物之于诚正，借资以广益也。只劈头说"欲明明德于天下"，便是"知止为始"。从此虽六言"先"，而内外本末，主辅自分。

今以管氏言之，其遗书具在，其行事亦班然可考。既非如霍光、寇准之不学无术，又非如释氏之不立文字，瞎著去参；而其所以察乎事物以应其用者，亦可谓格矣；其周知乎是非得失，以通志而成务者，亦可谓致矣。<small>如云"招携以礼，怀远以德"，岂为知不及道，但仁不能守之耳。</small>以视小儒之专己保残，以精训诂，不犹贤乎？然而终以成其为小器者，则不以欲修、欲正、欲诚之学为本，而格非所格、致非所致也。

譬之作器者，格物如庀梓漆，致知如精雕镂。器之大者，亦此材也，亦此巧也；器之小者，亦此材也，亦此巧也；规模异而已矣。物不格则材未庀，知不致则巧未工。欲以作大器而大器不成，孔子之所谓"太简"是已；即以作小器而小器亦不成，此则欲为管仲而不能，宋襄公、<small>物不格。</small>王介甫<small>知不致</small>之流是已。管仲既已得成为器，则其材非不庀，而巧非不精。特其不知止至善以为始，而无"欲明明德于天下"之心，故规模以隘；不以欲诚、欲正之心从事焉，故局量益褊尔。

《大学》之格物，亦与权谋术数之所格者，初无异事。权谋术数之所知，亦未尝与《大学》所致之知，是非得失背道而驰。《楚书》《秦誓》可见。但在欲修、欲正、欲诚之学者，则即此而见天德、王道之条理；其非欲修、欲正、欲诚者，则徒以资其假仁义、致知。致富强之术而已。

以格物为始教者，为异端之虚无寂灭、高过于《大学》而无实者言也。彼未尝不有求于心意，而以理不穷、知不致之故，则心之所存，益托于邪，意之所察，益析于妄。此则过在择执之未精，物累心而知荡意也。

以知止为始者，为权谋术数、苟且以就功名者言也。彼未尝不格物以充其用，致知以审夫几，乃以不知明德、新民、至善之功，在存养以正、省察以诚之故，知益流于权谋之巧变，物但供其术数之亿度。此则差在志学之未端，心役物而意诡知也。

今纵不得谓管仲之所格者为尽物理之当然，所致者为尽吾心之所能致，乃于格致责用力者，为学问思辨之浅深、勤怠言也，若其或大或小，或正或驳，不于其本求之，而但于知与物责其功效，则且拘蒀犹豫，天下之物皆为疑府，而吾心之知，不有诚者以为天则，亦知孰为妄之非所宜致者哉？故曰，诚意者，天德、王道之关也。欲诚其意，而意期无妄；欲正其心，而心矢不邪；则以之格物而物皆有则，以之致知而知一民义，意益实而心益广矣。此《大学》之条目，相为首尾，端不自格物始而以平天下终；特其效之已成，则自物格以向于天下平，为以次而益大耳。

曾西之所以下视管仲者，正在诚意正心之德。故朱子亦曰"生平所学，止此四字"。若以格物、致知之功言之，则圣门诸子，虽如求、路，必不能为管仲之所为，则亦其博识深通之有未逮，又岂东阳所得议其长短哉？

《大学》之道，天德也，王道也；显则为《周官》之法度，微则为《关雎》《麟趾》之精意者也。徒于格物、致知争学之大小乎？今使朱子以正心、诚意之学，正告管仲，彼虽不能改而从我，而不敢自诬以已得。使东阳以其所谓格物致知者劝勉之，直足供其一笑而已。如小学之《弟子职》，亦出《管子》。盖朱子之重言格致者，为陆子静救也。其于陈同父，则必以诚正告之。圣道大全，而正经以防邪慝者自别。^{此又与药病之说异。}举一废百，固矣哉！

六

双峰分始、从、成为三节，东阳奉之以驳上蔡。看来，饶、许自是不审，上蔡未甚失也。

"以成"二字，紧顶上三句，原不另分支节。而上蔡之小疵，在"故曰'绎如也，以成'"七字，似专以"绎如"属成。蔡觉轩亦然。"从之，纯如也、皦如也、绎如也，以成"；十三字本是一句。言既从之后，以此而成乐之一终也。止有两节，不分为三。本文一"以"字是现成语，而"绎如也"连上二句一滚趋下，断不可以"纯""皦"属"从"，"绎如"属"成"。上蔡语病，正在强分三支，割裂全锦。东阳反以不分三支咎上蔡，其愈误矣。

以乐理言之，元声之发，固非无归，而必不别立之归。故曰"礼主其减"，减者，有变易之节也；"乐主其盈"，盈者，无孤立之余也。"礼减而进"，进非加益，不两端隆而中杀，在变不忘则进也。"乐盈而反"，反非拆合，不中放而两端收，一止无余为反也。若已盈而又减之以反，是气不昌而为乐极之悲矣。故"以成"者，即以此三者为"成"，终其"成"而不易也。

今之鼓琴者，郑声也，是以有泛；今之填词，淫乐也，是以端有引而尾有煞。若夫古之雅乐，与天地四时同其气序，则贞元浑合而非孤余以终，亦非更端以终也。

斗合于人纪，而日合于天纪。一阳之复，在去冬之半，而大寒之末，不足以为岁终。故曰"同归而殊途，一致而百虑"。始于同，从于殊；始于一，成于百。逮其殊途百虑，而不复束之以归，斯与异端"万法归一"之说相为霄壤。而《易》终于《未济》，亦用《泰》三阴三阳之盛而极致其文耳。从者《泰》也，成者《未济》也，岂有二哉？

故中吕之实，六万五千五百三十六，必倍用其全，为十三万一千七十二；而其增也，则又起于未之大吕，而不于中吕。斯"成"与"从"

无二致之理，尤自然之不可闲矣。"始"可异于"从"而为二节者，盈之渐也；"成"不可离乎"从"而非三节者，盈即反而反于盈也。

唯乐之理通于文艺，故古之工于文者，微有发端，而终无掉尾收合之体。其有此者，则世之所谓"八大家"是已。和不充而气不持，汲汲然断续钩锁，以为首尾，如蚓之断，仅有生气施于颠末，是郑声之变，哀音乱节之征也。乃欲以此例先王之乐，岂不诬哉！

七

《孟子》七篇不言乐，自其不逮处，故大而未化。唯其无得于乐，是以为书亦尔：若上篇以好辩终，下篇以道统终，而一章之末，咸有尾煞。孔子作《春秋》，即不如此。虽绝笔获麟，而但看上面两三条，则全不知此书之将竟。王通窃仿为《元经》，到后面便有晓风残月、酒阑人散之象。故曰"不学《诗》，无以言"。

《诗》与乐相为表里。如《大明》之卒章，才说到"会朝清明"便休，绵之卒章，平平序"四有"，都似不曾完著，所以为《雅》；《关雎》之卒章，两兴两序，更不收束，所以为《南》；皆从即成，斯以不淫、不伤也。若《谷风》之诗，便须说"不念昔者，伊予来暨"，总束上"黾勉同心"之意；《崧高》《烝民》，两道作诵之意旨以终之；所以为淫、为变。《雅》与《南》之如彼者，非有意为之，其心顺者言自达也。其心或变或淫，非照顾束裹，则自疑于离散。上推之乐而亦尔，下推之为文词而亦尔，此理自非韩、苏所知。

里仁篇

一

"做工夫且须利仁"，为此问者，定是不曾做工夫底。如要去"利仁"，则已不利矣。若云见仁之利而不仁之不利，此正是谋利计功之心，五伯之假仁是已。

"安仁""利仁"，总是成德后境界。利字如《易》"利有攸往"之利，一路顺利，无有阻难，原不可作"获利"字说。若说到岸为获利，则上蔡所云"谓之有所得则未可"者，已自破得分明。若云利其有获，显与"先难后获"相反，不得谓之仁矣。

仁固有得于理，亦可有得于效。抑不特效之得不得，不可预期；即理之得不得，亦不可早生歆羡。颜子说"虽欲从之，末繇也已"，具此心期，方能勾"不改其乐"。若刻画著理中所必得之功，立地要做仁人，到蹭蹬处，却大是一场懡㦬，而"不可以久处约，长处乐"，正在此矣。

足知"利"字上用工夫不得。唯知者见得分明，一径做去，自然无不利耳。唯尔，所以云味之无穷，而所守者不易也。工夫自在仁者知者上一层。如所云"克复""敬恕""先难后获"，都是安仁的本领；"务民之义"，便是利仁的本领。在此章，则以写仁知之心德，固不曾煞紧说工夫。圣贤文字，亦须参观，不可随句寻头尾也。

二

"不仁者"三字，在夫子口中，说得极严，与孟子所称"不可与言""不保四体"等不同。孟子在发用上说，孔子在全体上说，故又曰"君子而不仁者有矣夫"。除下安仁、利仁，便是不仁者。《集注》"失其本心"四字，下得忒重。但不得其本心便不仁，非必失也。

圣人言"久"言"长"，言"约"言"乐"，字字皆有意味。今人说天下只有约、乐两境，又云只有富贵、贫贱两涂，总孟浪语。约者，窘迫拘束不得自在之谓。乐者，在君子则须是"中天下而立，定四海之民"；在常人也须有志得意满、纵横皆适之事。以此思之，则非约、非乐之境多矣。若鲍焦、黔娄，则允为贫贱；如天子、诸侯，则洵为富贵。至于孔、孟之在当时，固不可云富贵，而又岂可谓之贫贱乎？则贫富之外，自有不贫不富，贵贱之外，自有不贵不贱之境也。

想来，不仁者只恁平平地不约不乐，也还不见大败缺在。则他本领上无个主宰，而于所措施尽有安顿发付不得底，故既处约乐，便露乖张，待其长久，则益不自摄持，逢处皆破绽矣。所以上蔡说"仁者心无内外、远近、精粗之闲"，又说"不亡""不乱"，俱谓其有恒也。

不可久长者，则所谓"不恒其德，或承之羞"也。"或承之羞"者，非必然之羞，事久情变，羞出于所不自持也。乃夫人之德，唯仁斯恒。若陈仲子者，非不克意以处约，而以妻则食，以井李则匍匐而就，义可袭取而仁不适主尔。

除却圣贤心德，"克己复礼"而"务民之义"，必能乎暂，而不能乎久，能乎不约不乐，而不能乎约乐。圣人于此勘人，极尽事理。不然，则戚戚于贫贱、汲汲于富贵者，与安仁、利仁之心体，天地悬隔，岂足与同类而相形哉？

吴氏说"不仁者不可一日处约乐，圣人之言待人以厚，故以久长言之尔"。夫圣人之厚，岂吞吐含糊，说一半留一半，为不肖者存余地之谓哉？其曰"乡原，德之贼"，又曰"譬诸小人，其犹穿窬之盗"，是何等风霜雪霰语！此不仁者原无主名，而何事为之讳耶？

三

"不处""不去"，是该括始末语，本文原是大段说。《集注》"审富贵，安贫贱"，亦宽说在，下得"审"字、"安"字极好。审有临几分明之义，如射者镞鹄齐入目之谓审是也；亦有详察之义，如审录之审是也。"安"有安顿之义，如《易》言"安其身"是也；亦有相安之义，如《书》言"安安"是也。自其详察而安顿者，则所谓"取舍之分明"也。自其临几分明而相安者，则所谓"取舍之分益明"也。

"君子去仁"两句，只结上文，无生下意。双峰所言未是。只"不处""不去"，便是存仁、去仁一大界限。到得"君子无终食之间违仁"，则他境界自别：赫然天理相为合一，视听言动，出门使民，不但防人欲之见侵，虽人欲不侵，而亦唯恐天理之不现前矣。

人自有人欲不侵而天理不存之时。在为学者，撤除得人欲洁净，而志不定、气不充，理便不恒；境当前，则因事见理；境未当前，天理便不相依住。即在未学者，天理了不相依，而私智俗缘未起之时，亦自有清清楚楚底时候。在此际，教他设法去取富贵，舍贫贱，亦非所乐为。此其可谓之君子乎？可谓之仁乎？

所以一意在富贵贫贱上用工夫，只挣扎得者段境界，便是他极致，而于天理自然之则，全未搭著涯际。盖当天理未存之先，其诱人以去仁者，莫大于富贵、贫贱之两端；而于私欲既遏之后，其无所诱而亦违仁者，不在富贵、贫贱，而在终食之积与造次、颠沛之顷。所以《集注》说"不但富贵贫贱之间而已"。

唯存养之既密，则其于"不处""不去"，却是泰山压卵之势，立下粉碎。而所以精夫"不处""不去"之义以入神^审，顺夫"不处""不去"之心以乐天者^安，要亦完其"不处""不去"之道。事境分明，入目不乱，亦可谓之审。心境泰定，顺物无逆，亦可谓之安。此始学之与极致，可同予以"不处""不去"之名，而其所不同者，则言"去"，言"违"，浅深自别也。

"去"者，对存而言，有意存之为不去，有意去之为去。"违"者对依而言，未与相依之谓违，依而无间之谓无违。无违则不但存，而更不可以不去言矣。小注"须是审""却要安"之说，只说得上截，与程子"特立者能之"一例。圣人本旨，则大纲说下，不堕一边也。

四

遏欲有两层，都未到存理分上：其一，事境当前，却立着个取舍之分，一力压住，则虽有欲富贵、恶贫贱之心，也按捺不发。其于取舍之分，也是大纲晓得，硬地执认，此释氏所谓"折服现行烦恼"也。其一，则一向欲恶上情染得轻，又向那高明透脱上走，使此心得以恒虚，而于富贵之乐、贫贱之苦未交心目之时，空空洞洞著，则虽富贵有可得之机，贫贱有可去之势，他也总不起念。繇他打点得者心体清闲，故能尔尔，则释氏所谓"自性烦恼永断无余"也。

释氏棋力、酒量，只到此处，便为绝顶。繇此无所损害于物，而其所谓"七菩提""八圣道"等，亦只在者上面做些水墨工夫。圣学则不然。虽以奉当然之理压住欲恶、按捺不发者为未至，却不恃欲恶之情轻，走那高明透脱一路。到底只奉此当然之理以为依，而但繇浅向深，繇偏向全，繇生向熟，繇有事之择执向无事之精一上做去；则心纯乎理，而择夫富贵贫贱者，精义入神，应乎富贵贫贱者，敦仁守土。繇此大用以显，便是天秩天叙。所以说"一日克己复礼，天下归仁"，非但无损于物而以虚愿往来也。

《集注》说两个"明"字，中间有多少条理在。贫无谄、富无骄之上，有贫乐、富好礼。德业经纶，都从此"明"字生出。

五

《集注》将终食、造次、颠沛，作一气三平说，玩本文两云"必于是"，语气既紧，而"必"字亦有力在，足知《集注》之精。真西山分三段，却错。西山似将末两句作效说，又将终食说得易，造次、颠沛说得难。不知此之难易，原以人资禀之所近而分，非有画然一定之差等也。

以浅言之，如陶靖节一流，要他大段不昧此心却易，到造次、颠沛时，未免弱在。若张睢阳、段太尉，尽在造次、颠沛上生色，以无终食之闲违仁之功期之，不特未尝从事于此，且恐其虽欲从之而力亦不给也。

所以君子不但恃其资之所近，而动静交养，常变一心，既以志帅气而持之于恒，亦以气配义而贞之于险。只此方是依仁之全功。不可谓终食无违为"可勉而至"，造次颠沛必"存养之熟而后不失"也。故谓此章分两节则可，分三段则不可。

所以分二节而可者，终食之间，未有可欲、可恶之事接于心，故必静存天理以于仁无违，非但动遏人欲以不去夫仁。若造次、颠沛，苟非至不仁之人，若项煜、冯铨之类，亦无暇有所欲，有所恶矣。即此以见欲恶不至之境，除天理现前、充周应用者，遏欲之功，全无可恃。何也？以此境之无欲可遏也。

六

在入手工夫，只富贵贫贱有依据，分得者取舍之限界明白；若说造次颠沛该是怎生，却说不得。到造次颠沛时，只此心此理是一致，事迹上全无粉本，故但恃功之密而不恃分之明。殷之三仁"自靖，人自献于先王"，随所取舍，无不可也。若先说该是怎生，如非道之富贵不可处，非道之贫贱不可去者，然则赵孟𫖯之仕元，一微子也；刘休炳之同豕食，一箕子也；泄冶之死，一比干也。

大抵在欲恶持权之地，远去仁之害，则界限自有其常，如药之治病，可以配合分两。在欲恶不至之境，生死得失之地，求仁以得仁，则此理之周流六虚者，原不可为典要，如食之养生，不可额设一餐必吃多少，属饱而已矣。到不违仁而于仁无违地位，其以处夫富贵贫贱者，中间有多少精义入神之用在。所以夫子只迤逦说下，更不回互。而《集注》所云"取舍之分益明"，虽为回互语，乃其云"益明"者，非但向之不以欲恶去仁已也。

七

"一日用力于仁"，较前所云"好仁、恶不仁者"，只拣下能好恶者一段入手工夫说，原不可在资禀上分利、勉。朱子云"用力，说气较多，志亦在上面"，此语虽重说气；又云"志之所至，气必至焉；志立，自是奋发敢为"，则抑以气听于志，而志固为主也。"气"字是代本文"力"字，"志"字乃补帖出"用力""用"字底本领。其曰"志，气之帅也"，则显然气为志用矣。

用力于仁，既志用气，则人各有力，何故不能用之于仁？可见只是不志于仁。不志于仁，便有力也不用，便用力也不在仁上用。有目力而以察恶色，有耳力而以审恶声，有可习劳茹苦之力，却如懒妇鱼油灯，只照博弈，不照机杼。夫子从者处所看破不好仁、不恶不仁者之明效，所以道"我未见力不足者"。

如苏秦刺股悬梁，慧可立雪断臂，以此用之于仁，何难之不可为？下至无赖子弟，投琼赌采，连宵彻曙，及至父母病，教他坐侍一夜，瞌睡便驱不去。又如归安茅元征割股以疗其妾，怎生他父母疾时，却不能？即此可知：尽不肖者，皆有做忠臣、孝子底力在；而其所以于彼偏用，于此偏不用者，则唯志也。其志之偏，志于彼而不志于此者，则唯其所好所恶者异也。

显然，须是好仁、恶不仁，方能勾用力于仁。如人不好酒，则志不在酒；志不在酒，则气不胜酒，安能拼着一日之醉以浮白痛饮耶？故夫子提出病根在好恶上，札着古今人不能用力于仁的血髓。曰"我未见力不足者"，非力不足，则其过岂非好恶之不诚哉？

好恶还是始事，用力才是实著。唯好仁、恶不仁，而后能用力。非好仁、恶不仁，虽欲用力，而恒见力之不足。是非好仁、恶不仁之为安行，而高过于用力者之勉行，可知矣。

若说好仁、恶不仁，已成之境，用力乃求成之功，则必将谓用力以好仁，用力以恶不仁，此又大属不审。且试体验看，好恶如何用得力？好之诚如好好色，恶之诚如恶恶臭，天下有好好色、恶恶臭而须用力者乎？抑人之或不好好色、恶恶臭者，其能用力以好恶乎？

朱子但缘本文"无以尚之"二段，说得郑重，故以前一节为成德，后一节为勉强。不知夫子之须郑重以言好恶者，缘上文蓦地说"我未见好仁者、恶不仁者"，恰似悬空遥断；而好恶隐于人心，人固可曰何以知我之不能好恶也，故说两个榜样与他看。好恶隐，而"无以尚之""不使加身"，显也。繇其不能"无以尚之"，知其非好；繇其不能"不使加身"，知其非恶。使有能好仁、恶不仁者，则必有"无以尚之""不使加身"者，现其诚中形外之符。而既"无以尚之"，则必壹志以求仁；"不使加身"，则必正志以去不仁。繇此亘亘绵绵，笃实精灵，一力到底，以从事于仁，何忧力之不足哉？

乃即一日之用力，虽暂而未久，生而未熟，然亦必其一日之中，好之诚而"无以尚之"，恶之诚而"不使加身"，情专志壹，气亦至焉，而后耳目口体，一听令于心之所之，有力而不惮用，用而不诡其施也。

前一节是大纲说，兼生熟、久暂在内。后言一日，则摘下功未久而习未熟者为言。实则因好恶而后用力，终身、一日，自然、勉强，其致一也。

至云"我未见力不足者"，则但以征好恶诚而力必逮，初不云我未见一日用力于仁者。其云"盖有之而我未见"，虽宽一步说，要为圣人修辞立诚，不诡于理一分殊之节目；不似释氏所云"一切众生皆有佛性"之诬，谓人之性情已正，而气力不堪，在大造无心赋予中，莫须有此。而终日"我未之见"，则以气力之得于天者略同，而性情之为物欲所蔽者顿异。_{性情言好恶。}盖志灵而动，亲听于情，故受蔽；气动而不灵，壹听于志，而与情疏远，故不受蔽。其志不蔽而气受蔽者，于理可或有，_{以气贱于志故。}而于事则无也。

"我未见力不足者"以下三句文字，如水行地，曲折皆顺。乃《集注》阻其顺下之势，强为分折，将两个"未见"作一例解。不知夫子要见者用力而力不足底人何用？若果有之，固圣人之所深为矜悯，如瞽之废视，凶服者之废礼然；曾愿见之，而以未见为叹哉？

八

双峰以下诸儒，将礼让对争夺说，朱子原不如此。只此是微言绝而大义隐。朱子之遗意，至宋末而荡然，良可悼已！

本文云"如礼何"，言其有事于礼而终不得当也。乃云上下之分不得截然，不夺不厌。若到恁郎当地，还有甚么礼？岂但不能"如礼何"，而礼亦直无如此人、此世界何矣。

让固有对争而言者，然字义之有对待者，其例不一。如圣对狂，是尽着两头对也。圣亦可对贤，则不能圣而但至于贤，以相近而相形也。今曰"不能以礼让为国"，则亦就能以礼让者形而见之，如贤不能圣之比也，而岂遂至于争乎？

"不能以礼让为国"者，自世主庸臣之恒。如云以争为国，则古今之凶顽贪鄙者，亦但争而已矣，无有以之为国者也。齐桓公杀其弟以争国，初不立一杀弟夺财之令以施之民；季氏四分公室而逐君，却不许南蒯子仲之叛；则世之无以争为国者，审矣。

不能让，不可谓之争；而但不争，亦不可谓之让。抑以临财让多取、步趋让先行之谓让，则此之为让，特礼之末节耳。并此不能，亦无礼之甚，而抑不可云"如礼何"也。黄氏让畔、让路之说，但趁着"让"字类填古语，自不曾晓得让畔、让路是何等境界。让畔、让路，乃是"为国乎何有"极至处底圣功神化，岂为人君者修为政而立为教，以之为国而使人遵者乎？使然，且见道周田畔，彼责此之不先让，而此责彼之不速让，亦交争告讦而不可止矣。

此章乃圣人本天治人，因心作极，天德王道底本领。如何抹下，将争不争说，又在仪文上计较推逊！故《集注》曰"让者礼之实也"。

朱子又云"若以好争之心，而徒欲行礼文之末以动人，如何感化得他！"又云"先王之为礼让，正要朴实头用"。看来，所谓"朴实头"者，正与《巧笑章》注中"忠信"字一脉相通。《曲礼》曰"君子恭敬、撙节、退让以明礼"。只是反求之心德，必忠而已无不尽，信而已无不实，则在人恒见其有余，而在己恒见其不足。故于物无敢慢，于事无敢侈，于仪文无敢过情，自然见得"礼仪三百、威仪三千"，皆天理固然之则，以自治而治人者，尽着自家志气，精神收敛，逊顺做去，亏欠他一点不得。如此，方能与礼相应，而经之纬之以治国者，有余裕矣。此所谓"有《关雎》《麟趾》之精意，而后《周官》之法度可行"也。

《关雎》不得之思，既得之乐，都是从爱敬之心上发出来，以尊亲夫淑女而无所侈肆；《麟趾》之不践、不触、不抵，一倍自然底忠厚，以无犯于物，<small>此就二诗一分礼让底精意而说</small>。夫是之谓让。岂但上下截然，不夺不攘之谓哉？汤之"圣敬日跻"，文之"小心翼翼"，皆此谓也。其非训诂之儒所得与知，宜矣。

九

上下不争，以浅言之，亦不是让。天子有天下，诸侯有国，大夫有家，相安而不争夺，岂诸侯让天下于天子，大夫以国让诸侯，士庶人以家让大夫乎？故以浅言之，亦曰推己所有以与人者，让也。双峰不思，乃至于此。

缘其意，但为春秋时执政争权，疑夫子刺之。乃不知圣人见地，"上下与天地同流"，"百世以俟圣人而不惑"。若随处随说，只办一口气，与赵鞅、陈恒、季斯、叔州仇几个没行检的厮哄，何以为孔子？此类以孔子相鲁事征之，自见。

十

朱子虽云"忠是一，恕是贯"，却必不可云忠以恕之。看来"尽己之谓忠，推己之谓恕"，两"己"字微有分别。至圣人地位，乃无分别。若无分别，则推而不尽，不可谓推，尽而不推，何以言尽，亦不须言忠复言恕矣。

忠亦在应事接物上见。无所应接时，不特忠之用不着，而忠之体亦隐。即如说"维天之命，于穆不已"是忠，也须在命上方有已不已。命者，天之命物也，即与物以为性命者也。然则言忠是体、恕是用者，初不可截然分作两段，以居于己者为体，被于物者为用矣。

尽与推都是繇己及物之事，则两字更不得分晓。故知合尽己言之，则所谓己者，性也、理也；合推己言之，则所谓己者，情也、欲也。如尧授天下于舜，所性之理，大公无私，而顺受得宜者，既尽乎己性之德；乃舜之德必为天子而后尽其用，舜之情也；天下臣民必得舜为天子而后安，天下之情。舜欲兼善天下之情，亦尧所有之情；天下欲得圣人以为君之情，亦尧所有之情。推此情以给天下之欲，则所谓推己者，又于情欲见之也。

唯其如是，所以说忠恕是学者事。何也？未至于圣人之域，则不能从心所欲而皆天理，于是乎絜之于理而性尽焉，抑将絜之于情而欲推焉。两者交勘，得其合一，而推所无滞者亦尽所无歉，斯以行乎万事万物而无不可贯也。

若圣人，则欲即理也，情一性也，所以不须求之忠而又求之恕，以于分而得合；但所自尽其己，而在己之情、天下之欲无不通志而成务。故曰"惟天下至诚，为能尽其性；能尽其性，则能尽人物之性"。不须复如大贤以降，其所尽之己，须壁立一面，撇开人欲以为天理；于其所推，则以欲观欲而后志可通矣。

才尽乎己，恕道亦存；而但言忠，则疑夫己之所尽者，必理之当尽，而未彻于天下之情。所以于圣人物我咸宜处，单说是忠不得，而必曰诚、曰仁、曰尽性。诚者，诚于理，亦诚于欲也。仁者，心之德，情之性也；爱之理，性之情也。性者，情之所自生也。

又推而上之，以言乎天，则忠恕直安不上。何也？天无己也，天亦无性也。性，在形中者，而天无形也。即此时行物生者，斯为天道不息，而非有生死之间断，则大公而无彼此之区宇也，是无己也。故但有命而非有性，命则无适，丁历切。而性有疆矣。

但其无息而不穷于施，有其理则毕出以生成者，即此为在人所尽之己，而己之无不尽。其于物之性情，可以养其欲给其求，向于善远于恶，无不各得，而无一物之或强，即此为在人所推之己，而己之无不推。所以不可以忠恕言圣言天，而亦可于圣人与天见忠恕也。

曾子见夫子所以贯之者，欲合乎理，性通于情，执大中而于理皆实，随万化而于情皆顺；到此说诚，说尽性，则又成孤另，而似乎以其诚、以其性入物之虚以举其实，则且暗与后世"散钱索子"鄙倍之说相似；故于其流行上以忠恕为言，然后圣道之扑满充周、理无不得、情无不通者，浃洽言之而无所碍。

要以忠恕之贯于天下而物受之者，饱满于其性情，则虽天道、圣人，亦可以忠恕言之。而方其尽己、推己，两俱不废，以求万事之理、万物之情，则唯学者为然，而圣人不尔。

乃圣人不可以恕言，而非不可以忠言。故朱子谓"下不得一个'推'字"，亦以见圣人有必尽之己，而无己之可推。圣人才尽性，即尽情，即尽乎欲。要尽乎理欲，有分界可以言推，理本大同，不可以推言也。

然竟舍恕言忠，则又疑于一尽于理，而不达于情。故至诚无息者，即万物各得之所；万物各得之所，即圣人自得之所。理唯公，故不待推；欲到大公处，亦不待推；而所与给万物之欲者，仍圣人所固有之情。则曾子以忠恕言夫子之道，非浅于拟圣。而宋儒以忠恕专属学者，正以明夫人作圣之阶，理亦未尝不合符也。而以此思"一以贯之"之旨，亦约略可识矣。

十一

圣人有欲，其欲即天之理。天无欲，其理即人之欲。学者有理有欲，理尽则合人之欲，欲推即合天之理。于此可见：人欲之各得，即天理之大同；天理之大同，无人欲之或异。治民有道，此道也；获上有道，此道也；信友有道，此道也；顺亲有道，此道也；诚身有道，此道也。故曰"吾道一以贯之"也。

如此下语，则诸说同异可合，而较程子"有心、无心"之说为明切，可以有功于程子。愚此解，朴实有味。解此章者，但从此求之，则不堕俗儒，不入异端矣。

十二

于天理达人欲，更无转折；于人欲见天理，须有安排：只此为仁恕之别。

十三

只理便谓之天，只欲便谓之人。饥则食、寒则衣，天也。食各有所甘，衣亦各有所好，人也。但以"食不厌精""不以绀缬饰"两章观之，则以此而裁成万物，辅相天地，忠动以天，恕亦动以天矣。

十四

勉斋说"忠近未发"，体程子"大本、达道"之说，甚精。者所尽之己，虽在事物应接处现前应用，却于物感未交时，也分明在。和非未发时所有，中则直到已发后依旧在中，不随所发而散。故存养无闲于动静，省察必待于动时。但言忠，固将有恕，但言恕，或离于忠，故曰"忠近未发"。须玩一"近"字。

动则欲见，圣人之所不能无也。只未发之理，诚实满足，包括下者动中之情在内，不别于动上省其情，斯言忠而恕已具矣。若于喜、怒、哀、乐之发，情欲见端处，却寻上去，则欲外有理，理外有欲，必须尽己、推己并行合用矣。

倘以尽己之理压伏其欲，则于天下多有所不通。若只推其所欲，不尽乎理，则人己利害，势相扞格，而有不能推；一力推去，又做成一个墨子兼爱，及忘身徇物之仁矣。

曾子见得圣人动静一致、天人一理处，故虽无所于推，而求之于尽己而无不尽者，即以求之于推己而无不推，确然道个"忠恕而已矣"，更无不彻处。

十五

天无可推，则可云"不待推"。天虽无心于尽，及看到"鼓之以雷霆、润之以风雨"、氤缊化醇、雷雨满盈处，已自尽着在，但无己而已。只此是命，只此是天，只此是理，只此是象数，只此是化育亭毒之天。此理落在人上，故为诚，为仁，为忠恕，而一以贯之，道无不立，无不行矣。

朱子引《诗》"於穆不已"、《易》"乾道变化"为言，显然是体用合一之旨。若云"天不待尽"，则别有一清虚自然无为之天，而必尽必推之忠恕，即贯此天道不得矣。

非别有一天，则"一以贯之"。如别有清虚无为之天，则必别有清虚无为之道，以虚贯实，是"以一贯之"，非"一以贯之"也。此是圣学、异端一大界限，故言道者必慎言天。

十六

《诗》说"於穆不已"，是赞天命无间断。朱子断章引来，却是说天命不间断，《中庸》意亦如此。尽著者太极氤氲，阴阳变合，以命万物而无所已也。知此，则"不待尽"之说，未免犯道家"天地不仁"疆界。言天差，则言道皆差也。

《中庸》说"无为而成"，以其不因名法、智力而就功耳。经纶、立本、知化，见而敬、言而信、行而说，何尝不是全副本领，尽着用去？以此配天，天可知矣。

十七

潜室看来不用朱子"忠是一、恕是贯"之说，解自分明。其言"生熟"亦好。熟非不待推，只所推者无别已耳。朱子拆下一"恕"字，分学者、圣人。曾子合言"忠恕"，则下学而上达矣。一事作两件下工夫，唯其生也。合下做一件做，唯其熟也。下学上达，天人合一，熟而已矣。

十八

潜室倒述《易》语，错谬之甚也。《易》云"同归殊途，一致百虑"，是"一以贯之"。若云"殊途同归，百虑一致"，则是贯之以一也。释氏"万法归一"之说，正从此出。

此中分别，一线千里。"同归殊涂，一致百虑"者，若将一粒粟种下，生出无数粟来，既天理之自然，亦圣人成能之事也。其云"殊涂同归，百虑一致"，则是将太仓之粟，倒并作一粒，天地之间，既无此理，亦无此事。

而释氏所以云尔者，他只要消灭得者世界到那一无所有底田地，但留此石火电光、依稀若有者，谓之曰一，已而并此一而欲除之，则又曰"一归何处"，所以有蕉心之喻，芭蕉直是无心也。

若夫尽己者，己之尽也；推己者，己之推也；己者"同归""一致"，尽以推者"殊涂""百虑"也。若倒著《易》文说，则收摄天下固有之道而反之，硬执一己以为归宿，岂非"三界唯心，万法唯识"之唾余哉？比见俗儒倒用此二语甚多，不意潜室已为之作俑！

十九

小注中有问"'几谏'是见微而谏否"者，说甚有理。以字义言，"几"虽训"微"，而"微"字之义，有弱也、细也、缓也、隐也四意。"几"之为"微"，则但取细微之一义，而无当于弱、缓与隐。微可谓之隐，几固不可谓之隐也。《檀弓》所云"有隐无犯"，隐原不对犯而言。观下云"事师无犯无隐",倘以直词为犯，微言为隐，则无隐何以复得无犯，无犯何以复得无隐？然则所谓隐者，但不昌言于众之谓耳。

父子之际，恃谈言微中以解纷，此谚所谓"逢人且说三分话"者，中间留一抽身法，而真爱早已灭裂矣。且微词之所动，必慧了人而后能喻。使其父母而或朴钝也，兼母言之，尤必妇人所得喻。将如以棘刺切骨之疽，其不相及远矣，岂事父母之通义乎？

《内则》云"下气、怡声、柔色"，彼亦但言辞气之和，而非谓言句之隐。气虽下，色虽柔，声虽怡，而辞抑不得不尽。假令父母欲杀人，而姑云"此人似不当杀，请舍之，以体好生之德"，岂非"越人关弓，谈笑而道"之比哉？

以此知"几谏"者，非微言不尽之谓，而"见微先谏"之说为允当也。到郎当地位，自非危言苦色不能止燎原之火；而在几微初见之际，无一发难收之势，可无用其垂涕之怨，则唯"几谏"为体，而后"下气、怡声、柔色"得以为用，二者相因，而益以知"见微先谏"之妙也。

"见志不从"一"志"字，明是过之未成。不从则渐成矣，故以"又敬不违"之道继之。若其必不从而至于"劳"，则亦必己之直词尽言有以婴父母之怒。若微言不尽，约略含吐，则虽甚暴之父母，亦何至有挞之流血之事？既云微言不尽，又云得罪于父母，一章之中，前后自相矛盾矣。

凡此，皆可以知"见微而谏"之说为优。盖人子于亲，不忍陷之于恶，关心至处，时刻警省，遇有萌芽，早知差错，恰与自家慎独工夫一样细密。而家庭之闲，父母虽善盖覆，亦自无微不著，与臣之事君，势位阔殊，必待显著而后可言者自别。故臣以几谏，则事涉影响，其君必以为谤己，而父母则不能。且君臣主义，故人臣以君之改过为荣；而亲之于己，直为一体，必待其有过之可改，则孝子之心，直若己之有恶，为人攻发，虽可补救于后，而已惭恶于先矣。

朱子之答问者曰："人做事，亦自有蓦地做出来，那里去讨几微处？"此正不足以破见微之说。蓦地做来底，自是处事接物之际，轻许轻信、轻受轻辞之类。此是合商量底事体，既有商量，不名为谏。所必谏者，必其声色货利之溺，与夫争斗仇讼之事也。此其眈之必有素，而酿之必有因。天下岂有蓦地撞着一个女子，便搂之入室；忽然一念想及非分之财，蓦地便有横财凑手之理？则为之于一时，而计之已夙，他人不知其几，而子固已知之矣。

至于一朝之忿，或发于无根。乃以恶本无根，则发之速而成之亦速，迨其已成，则已为既往之不咎，而无所于谏。若云列其前愆，以防其贰过，则于前过为著，而于后过为几。足知凡当谏者，必其有几，而蓦地之失不与焉。蓦地之失，在事而不在志，安得有志之不从，以待"又敬"之再谏乎？以本文推之，大义炳然。惜乎问者之不能引伸以相长于教学也。

二十

子之谏亲，只为不忍陷亲于恶，故须权以审乎轻重。《内则》云"与其"、云"宁"者，正人子处变之时，千回百折，熟思审处来底。以此，益知朱子所云"蓦地做出来"底，不在谏例。"蓦地做出来"底，其恶必浅，较之怙过愎谏，而挞子流血以贼父子之恩，则彼轻而此重矣。

即至忽然一棒打死一人，虽于常情见其大，然亦只是过误杀人，不陷重辟，乡党州闾亦且怜之，不得云"得罪于乡党"。故孟子亦唯立一窃负而逃之法，以恶出无心，不可责善以贼恩，而业已杀人，谏亦无益也。

假使因酗酒而误杀，则固有可谏之几在。其平日痛饮无节，使酒妄怒时，正好预陈酒中或有误杀之害，却于彼时则须垂涕泣以尽其辞。"不怨"云者，不以己之被挞痛楚为怨也。不怨而后谏之再三不已，怨则不复谏矣。若亲方将陷于恶，己乃欢容笑口，缓颊而谈，则岂复有人之心哉？

二十一

西山推"几谏"之义，而及于天子、诸侯之子，此未尝审之于义也。天子、诸侯之子，却无谏诤之礼。所以《内则》但云"得罪于乡党州闾"，非文有所遗，待西山之补疏也。

天子、诸侯之有过，自公卿以至于矇瞍、工瞽，不患谏者之无人矣。所以世子自问安视膳之外，皆非其职。朝廷之政，既非其所与闻；宫壶之间有所失德，则正为嫌隙窥伺之府。夫以救过以全恩之不暇，而敢以空言激成实衅，以贼父子之仁哉？即其万不得已而有所言，必其关于君身之安危，亦以情而不以理。若如西山所云"得罪于天下"者，固非青宫之所得与闻也。

盖天子、诸侯之子，于其父有子道，抑有臣道；当世及之天下，则又有先后相承、时位相逼之道。既不患谏诤之无人，是可藉手以全恩矣，何事效草野之倨侮，以犯危疑耶？

汉明帝"河南、南阳不可问"之对，亦偶尔与闻，微言以释上怒耳，初非谏也。然且以成君父易储之过，疑于炫才以夺嫡，不得与叔齐同其仁矣。若懿文太子之怀疑以致夭折，非不遇明主慈父，且以召过伤恩，酿再世之祸，况其下此者乎？故曰"为人臣子而不知《春秋》，守经事而不知宜，遭变事而不知权"。权者，轻重之所取定也。

夫曰"谏"而必曰"不从"，曰"劳"，则谏之至于不从而且劳者，固其恒也。特在士庶之家，则父母有不顺之志，所发露而见端者，止此兄弟仆妾之俦，无相乘以取厚利之事。其在天子、诸侯，则属垣之耳，倾危伏焉。志一见端，将李泌所谓"就舒王而献首谋"者，于此起矣，况"不从"之，且至于"劳"也？

士庶之子，挞而已矣，挞而流血而已矣。夫人即以非道挞其子，即至于流血，而要非其过之大者。以权之于"得罪于乡党州闾"，其为善恶、利害，皆彼轻而此重。若天子、诸侯之于子，而岂徒尔哉？小者为宜臼，而大者为申生。要亦一怒也，亦一挞也。以恶言之，则戕国本以危宗庙。虽有他恶，曾莫得与比重。以害言之，则小者为晋之乱，而大者为西周之亡。亦害之莫有重焉者也。故士庶之子，以不谏而陷亲于不义；天子、诸侯之子，正恐以谏而陷亲于大恶。故曰"处变事而知权"，言其轻重之审也。《内则》之云"与其"、云"宁"者，亦审乎轻重之词也。

士庶之子，蒙挞流血而道在不怨，则以挞子流血，亲之过小者也。天子、诸侯之子，蒙怒见废，则亲之过大矣。亲之过大而不怨，是为不孝，孟子于《小弁》，言之详矣。不审其始，冒昧以谏，卒逢亲怒，祸首宫庭，怨耶？不怨耶？其又何以自靖耶？

圣人酌权以立万世之经，故不为天子、诸侯立以子谏父之礼。盖亲而贤也，则端人正士自尽其谠言，而无待于子。若其不贤也，则可使有诛逐谏臣之事，而不可使摇国本以召天下之兵端。嫌疑之际，微子且不能效诸不肖之弟，而况子之于亲乎？西山不知《春秋》之义，以士庶例天子、诸侯，将使仁而陷于愚，义而流于讦，启不善读书者无穷之害。故君子之立言，不可不慎也。

二十二

双峰云"圣人言常不言变"，看得圣人言语忒煞小了。流俗谓"儒者当置之高阁，以待太平"，皆此等启之也。

圣人一语，如天覆地载，那有渗漏？只他就一事而言，则条派原分。子曰"不远游"，但以言游耳，非概不远行之谓。游者，游学、游宦也。仕与学虽是大事，却尽可从容着，故有闲游之意。若业已仕而君命临之，如苏武之母虽存，匈奴之行，十九年也辞不得。盖武之行原非游比也。游固常也，即衔君命而远使，亦常也，何变之可言而圣人不言哉？至于避仇避难，则与父母俱行；若商贾之走四方，所谓"礼不下于庶人"：非所论也。"父母在不远游"，一言而定为子者之经，何有变之未尽？

二十三

冯氏以"讲说"释"言"字，可补《集注》之疏。有讲说则必有流传，故从千百年后，而知其"言之不出"。若日用之间有所酬答，措施之际有所晓譬，则古人言之烦简，夫子亦何从而知之？

孟子说"见知""闻知"，皆传道之古人也。太公望、散宜生既无传书，伊尹、莱朱所作训诰，亦皆因事而作，不似老、庄、管、吕，特地做出一篇文字。叔孙豹曰"其次有立言"，至春秋时习尚已然，而古人不尔。"耻躬之不逮"者，不逮其所撰述之理，非不践其所告语之事，本文自明。朱子云"空言无实"，"空言"字从夫子"我欲托之空言"来，明是说著述。范氏"出诸口"一"口"字，便有病。

此章与孟子"人之患在好为人师"一理，却与"仁者其言也讱"不同。辞之多寡静躁，系于存心；著述之有无，则好名、务实之异。古人非必存心之皆醇，特其务实之异于后世耳。

二十四

行道而有得于心之谓"德"，唯行道之所得者为"不孤"。若只依附着道，袭取而无所得，则直是浮游于伦物之际，自家先不关切，而聚散无恒，物亦莫之应矣。

"德"在心，"不孤"在物。到此痛痒相关之处，名言将穷。所以陈新安着个"天理自然之合"六字，大概说来，微妙亲切。伯夷便必有叔齐，太伯便必有仲雍。乃至萧、曹，丙、魏，自尔相成。若谢灵运，尽他说"忠义感君子"，毕竟无助之者。

此与"尧、舜帅天下以仁而民从之，桀、纣帅天下以暴而民从之，其所令反其所好而民不从"，意旨正同。故朱子以小人之德反证，以验其理之同，则亦《大学》桀、纣帅暴民从之义尔。读小注当分别活看，大率类然。

二十五

"德不孤"是从原头说起，朱子所谓以理言是也。唯有其理，斯有其事。不然，则古今俱为疑府，如何孔子之门便有许多英材？事既良然，而所以然者不易知也，则唯德之不孤也。

至于德之所以不孤，则除是孔子见得亲切，说得如此斩截；不但有上观千古、下观万年识量，而痛痒关心之际，直自血脉分明。邻者，"如居之有邻"，偶然相遭而遂合，非有心招致之也。其为德先于天则志动气，其为德后于天则气动志，特不可为无德者道耳。所以《集注》云"故有德者必有其类"。于"德不孤"之下添个"有德者"，《集注》之补帖精密如此类者，自不可粗心看过，方信得有德者必邻之上，有德本不孤的道理。

《易》云"同声相应，同气相求"，人也；又云"水流湿，火就燥"，天也。水无心而赴湿，湿亦无心而致水；火无心而趋燥，燥亦无心而延火。到此处，说感应已差一层，故曰"天理自然之合"。乃近海之区，一勺之水，亦自达于海；枯暵之候，一星之火而焚林。与夫黄河经万里坚燥之壤以赴海；通都大邑，火发既烈，则湿薪生爇，亦不转盼而灰飞。前者气动志，而后者志动气，其归一也。

盖德之深浅，与时之难易，亦天理自然之消息，而伯夷能得之叔齐，季札不能得之阖庐，不足疑也。要其为"德不孤"之理，圣人则已洞见之矣。

《论语》中，唯言及德处为不易知。"为政以德"，则"譬如北辰，居其所而众星共之"，此又蓦地说个"德不孤"，皆夫子搬出家藏底珍宝，大段说与人知。知者知其所以然，不知者可以知其必然而已。呜呼，难言之矣！

公冶长篇

一

除孔子是上下千万年语，自孟子以下，则莫不因时以立言。程子曰"曾点、漆雕开已见大意"，自程子从儒学、治道晦蒙否塞后作此一语，后人不可苦向上面讨滋味，致堕疑网。盖自秦以后，所谓儒学者，止于记诵词章，所谓治道者，不过权谋术数，而身心之学，反以付之释、老。故程子于此说，吾道中原有此不从事迹上立功名，文字上讨血脉，端居无为而可以立万事万物之本者。为天德、王道大意之存，而二子为能见之也。

及乎朱子之时，则虽有浙学，而高明者已羞为之，以奔骛于鹅湖，则须直显漆雕开之本旨，以闲程子之言，使不为淫辞之所托，故实指之曰"'斯'指此理而言"。恐其不然，则将有以"斯"为此心者，抑将有以"斯"为眼前境物、翠竹黄花、灯笼露柱者。以故，朱子于此，有功于程子甚大。

而又曰"夫子说其笃志"，则以夫子之门，除求、路一辈颇在事迹上做去，若颜、闵、冉、曾之徒，则莫不从事于斯理，固不但开为能然；而子之所以说开者，说其不自信之切于求己，而非与程子所谓"见大意"者同也。

朱子谓"未能决其将然"，陈氏谓"工夫不到头，止于见大意"，下语自实。春秋之世，夫子之门，其为俗儒者正少，必不得已而以子路、冉有当之，然其视萧、曹、房、杜，则固已别矣。即至刘子，也解说"民受天地之中以生，威仪所以定命"。则当时士大夫风味习尚可知，而"见大意"者，岂独一开哉？

上蔡云"不安于小成"，成者亦事功之成也，而事功必有本领。朱子于此，却以仁义忠孝帖出，直是亲切。若朱子又云"推其极只是性"，则原程子言外之旨，原有"性学"二字，以别于俗儒、俗吏之学，故为引伸以推其极至如此。若漆雕开言"斯"之时，初未尝即含一"性"字在内。

仁、义、忠、孝，固无非性者，而现前万殊，根原一本，亦自不容笼统。性即理也，而有于"性"学者，抑有于"理"学者。《易》曰"穷理尽性以至于命"，固已显分差等。性藏夫理，而理显夫性，故必穷理而乃以尽性，则自明诚者，所以不可躐等夫自诚明之天道。学必有其依，性必有其致。然则开之求信者，亦但于事言理，初未于理言性。即其言而熟绎之，当自知其所指矣。

程子之言，有为而言也。从俗儒、俗吏风尚浮诡之余，而悠悠然于千载之上，有开与点，求诸此心、此理以为仕学，程子所为当诸心，而见其可说也。

开之言，非有为而言也。当洙、泗教隆之日，才可有为，而略小以图大，欿然求诸己以必其无不信者，则所争者在矢志之厚薄敬肆，而不在事理之精粗。斯朱子"说其笃志"之言为尤切也。

朱子固欲表章程子之说以正圣学而绌事功，是以存其言，而显其实曰"性"；亦恐性学说显之后，将有以"三界惟心，自性普摄"之邪说，文致此章"信斯"之旨，是以别之曰理、曰笃志、曰仁义忠孝，反覆于异同之闲，而知良工之心独苦矣。读者毋惊其异而有所去取，抑毋强为之同，如双峰之所附会者，则可无负先儒矣。

二

程子曰"浮海之叹，伤天下之无贤君也"，只此语最得。庆源不省程子之意，而云"愤世长往"，则既失之矣。至胡氏又云"无所容其身"，则愈谬甚。

无所容其身者，则张俭之望门投止是已，而夫子岂其然！道虽不行，容身自有余地也。若云"愤世长往"，则苟其欲隐，奚必于海？自卫反鲁以后，夫子固不仕矣，何至悻悻然投身于无人之境而后遂其志哉？

程子传《春秋》，于鲁桓公及戎盟而书"至"，发其意曰"此圣人居夷浮海之意"。盖谓圣人伤中国之无君，欲行道于海滨之国也，岂长往不返如管宁之避兵耶？海值鲁东费、沂之境，其南则吴、越，其北则九夷、燕，其东则朝鲜、追貊。圣人不轻绝人，故亦聊致其想望。

然夷之於越，终视诸夏为难化，斯反覆思之，要不可轻舍中华以冀非常之事，则裁度事理，不得徒为苟难者也。子路勇于行道，不惮化夷之难，故曰"好勇过我"。或谓好勇为勇退，则仕卫辄、使子羔之子路，岂勇退者哉？

三

臧文仲不仁者三，不知者三，繇其不善之积成，著而不可掩，则但据此六者，而其人之陷溺于恶已极矣。此六者是文仲相鲁下很手、显伎俩处，此外尚其恶之小者。故夫子他日直斥其窃位，而《春秋》于其告籴，特目言其罪。安得有如吴氏所云"善者多"哉？

若子产有君子之道四，其四者则修己、治人、敦伦、笃行之大德也。子产之于君子，其不得当者，盖亦鲜矣。吴氏扬积恶之臧辰，抑备美之子产，吾不知其何见也！

若区区于"三""四"两字上较全缺，则人之不善者，岂必千不仁、万不知之可指数；而夫子云"君子之道四"，"君子道者三"，亦为阙陷之词耶？

臧孙之恶，若跻僖下展，随得其一，即天理蔑尽；居蔡之事，犹其小者，特以征其昏迷狂妄之本耳。以其跻僖公之心，得当为之，弑父与君可也。以其下展禽之心，使宰天下，李林甫、史弥远蔑以加也。若子产，自三代以上人物，垂、益、吕、散之流亚，自非吴氏章句之智所知。

四

"不知其仁"，是说当时人物有属望之意，言不决绝。"未知，焉得仁"，则心既不可知，迹犹不可许，故直曰焉得而谓之仁，是竟置之不仁之等矣。故《集注》向后补出"不仁可见"一段，原非分外。其云"所谋者无非僭王猾夏之事"，找定他君臣之间，新旧之际，所为忘荣辱、忘恩怨者，只要大家一心撙掇教楚做个乱首。而文子仕齐，既不讨贼，未几而复反，则避乱之意居多，亦自此可见。唯然，故夫子决言之曰"焉得仁"，犹言"焉得俭""焉得刚"也。

乃所以必云"未知"者，非但圣人不轻绝人之德，而于理亦自有难以一概言者。据此，二子大体，则是不仁。特此二事，或其去位之际，避难之时，偶然天理发见，而子文前之所谋僭王猾夏之志，因而脱然如失，文子后日之复反于齐，仍与崔、庆同列者，亦持守之不足，转念为之，而非其初心；乃若当事一念，则与乍见孺子入井之恻怛同其发现。故不能直斥此二事之不仁，而以"未知"疑之。

然使其当事一念，即无所私而发于天理，要为仁之见端而非即仁，况其犹在不可知之天者乎？子文只是尽心所事，文子只是利禄情过轻。遇着平居时，两件无所见长，则败缺尽见；一茌乎变，恰恰好教者忠、清露颖而出，故一似中当事之理而若无私，然亦一事之忠、清而已。若夷、齐之清，比干之忠，却千回万折，打叠到天理人心极处，才与他个恰好底忠、清。故箕子之与比干言者，曰"自靖，人自献于先王"；夫子之论夷、齐，曰"求仁而得仁"；明其非信着一往之志气，一直做去便好。子文心有所主，故事堪持久，而所失愈远；文子心未有主，故蓦地畅快，且若无病，而后不可继。托体卑小，而用乘于偶然，其与全体不息以当理而无私者，直相去如天渊矣。

繇此思之，则程子有云"圣人为之，亦止是忠、清"者，或亦砭门人执事忘理之失，而非允论也。圣人之去位而不愠、辞禄而不吝者，必不可以忠、清尽之。乃圣人之所为者，则亦必不同于二子。使圣人而为子文，其所告于僚友者，既万不如子文之所告矣。使圣人而为文子，则不但以弃十乘为高，而前乎所以消弑逆之萌，后乎所以正讨贼之义者，其必有为矣。则圣人之所以为圣人者，正以不为二子之所为，而岂可云为之亦但忠、清也哉？

仁、不仁之别，须在本体上分别，不但以用。然有其体者，必有其用，则圣人之异于人者，亦可于用征之，而非其异以体者有同用，异于德者有同道也。曾圣人而仅忠、清也乎？凡小注所引程子之说为《集注》所不收者，大抵多得理遗事之论，读者分别观之可也。

南轩所云"类此"二字，较为精密；而又云"不妨"，则亦有弊。圣人正于此等去处见仁之全体大用，岂但不妨而已耶？

五

程子言思，在善一边说，方得圣人之旨。那胡思乱想，却叫不得思。《洪范》言"思作睿"，孟子言"思则得之"。思原是人心之良能，那得有恶来？思者，思其是非，亦思其利害。只缘思利害之思亦云思，便疑思有恶之一路。乃不知天下之工于趋利而避害，必竟是浮情嚣气，趁著者耳目之官，拣肥择软。若其能思，则天然之则，即此为是，即此为利矣。故《洪范》以思配土。如"水曰润下"，便游移不贞，随地而润，随下而下。若"土爱稼穑"，则用必有功也。

季文子三思而行，夫子却说"再斯可矣"，显然思未有失，而失在三。若向利欲上着想，则一且不可，而况于再？三思者，只是在者一条路上三思。如先两次是审择天理，落尾在利欲上作计较，则叫做为善不终，而不肯于善之一途毕用其思，落尾掉向一边去，如何可总计而目言之曰三？

后人只为宣公篡弑一事，奚落得文子不值一钱。看来，夫子原不于文子施诛心之法，以其心无可诛也。金仁山摘其黜莒仆一事，为夺宣公之权。如此吹毛求疵，人之得免于乱贼者无几矣。

文子之黜莒仆，乃其打草惊蛇之大用，正是一段正气之初几，为逆乱之廷作砥柱。到后来不讨贼而为之纳赂，则亦非但避一身一家之祸，而特恐其不当之反以误国，故如齐以视强邻之从违而为之计。文子始终一观衅待时之心，直算到逐归父之日，是他不从贼一大结果。看来，做得也好，几与狄梁公同。

且弒嗣君者，仲遂也，敬嬴也，非尽宣公也。屈之于宣公，而伸之于东门氏，亦是义理极细处。宣公亦文公之子也。恶、视既死，而宣公又伏其辜，则文公之血脉摧残几尽矣。故文子于此熟思到底，也在义理上迟回审处。不然，则妾不衣帛，马不食粟，遇茔丘之难而不屈，岂怀禄畏死而甘为逆党者哉？特其图画深沉，作法巧妙，而非居易俟命之正道，则反不如逐莒仆时之忠勇足任尔。

其对宣公之词曰"见无礼于君者，诛之如鹰鹯之逐鸟雀也"，又曰"于舜之功二十之一"，皆讽宣公以诛仲遂。仲遂诛，则宣公固不妨如叔孙舍之得立也。宣公既不之听，便想从容自下手做。乃以夫子"再斯可矣"之义处之，则当亟正讨贼之词，即事不克，此心已靖，而不必决逐东门之为快耳。除圣人之大中至正，则文子之与温太真、狄梁公，自是千古血性人，勿事轻为弹射。

六

凡为恶者，只是不思。曹操之揣摩计量，可谓穷工极巧矣，读他让还三县令，却是发付不下。缘他迎天子都许时，也只拼着胆做去，万一官渡之役不胜，则亦郎当无状矣。又如王莽于汉，也只乘着时势莽撞，那一事是心坎中流出的作用，后来所以一倍蠢拙可笑。三代而下，唯汉光武能用其思，则已节节中理。掣满帆，入危地，饶他奸险，总是此心不灵，季文子则不然。后世唯魏相、李泌似之。益以知思之有善而无恶也。

七

缘说孔子之志大于颜子，又云气象如天地，故不知者务恢廓以言其大，即此便极差谬。如以人之多少、功之广狭分圣贤，则除是空虚尽、世界尽、我愿无尽，方到极处，而孔子之言，亦眇乎小矣。繇此不审，乃有老者、朋友、少者"该尽天下人"之一说，迹是实非，误后学不浅。

且勿论夫子言老者、少者，初非以尽乎天下之老少，必须其老、其少与我相接，方可施其安之、怀之之事。而所谓朋友者，则必非年齿与我上下而即可谓之朋友，则尤明甚。天下之人，非老、非少，林林总总皆是也。若咸以为朋友，则屠羊酤酒之夫，亦君子之应求乎？于孺悲则无疾而言疾，于阳货则瞷亡而往拜，如此类者，不以信朋友者信之，盖多矣。

同门曰朋，同志曰友。同门、同志，而后信以先施也。朋友既然，老少可知。不可与安者，亦不得而强安之；不可与信者，亦不得而强信之；不可与怀者，亦不得而强怀之。特圣人胸中，不预畜一不安、不信、不怀之心，以待此等，则已廓然大公矣。

安一老者亦安也，安天下之老者亦安也。怀一少者亦怀也，怀天下之少者亦怀也。而朋友之多寡，尤其不可强焉者也。时之所值不同，位之得为有别，势之所可伸者亦有其差等。圣人本兼小大、多少而为言，而其不可施吾安、信、怀者，正如天地之化有所不能生成而非私耳。

特在为老、为少，则原为爱敬、哀矜之理所托，故亲疏虽有等杀，而即在疏者，苟与吾以事相接，亦必酌致其安之、怀之之心。若其非老、非少，则非爱敬所宜加隆、哀矜所宜加厚者。其为涂之人也，虽与我名相闻而事相接，终亦涂之人而已矣。终为涂之人，则吾忠告善道、鹤鸣子和之孚，自不容于妄投。故夫尽天下之人，苟非朋友，特勿虞勿诈而已足矣。信之者，岂但勿虞勿诈而已哉？言必以情，事必加厚，践之于终，必其循而无违于始也。

安、信、怀者，施之以德也，非但无损于彼之谓也。如天地之有明必聚于日月，五性之灵必授于人，而禽兽草木不与焉。即此可想圣人气象与造化同其撰处。若云尽天下之人，非安即信，非信即怀，泛泛然求诸物而先丧其己，为墨而已矣，为佛而已矣。善观圣人气象者，勿徒为荒远而失实也。

八

　　子路愿共敝裘、马，颜子愿无伐、无施，其气象不如夫子之大处，正在消息未到恰好地。老、少、朋友三者，已分节目，而三者之外，尤为一大界限，所以体不失而用不匮。张子《西铭》一篇，显得理一分殊，才与天道圣性相为合符。终不可说会万物为一己者，其唯圣人也。_{出释氏}《肇论》。

　　《读四书大全说》卷四终

读四书大全说卷五·论语

雍也篇

一

说"居敬则行自简",亦天理自然之相应者。如汤之"圣敬日跻",则其宽仁而不苛责于民,固条理之相因,无待已敬而又别求简也。故朱子曰"程子之言,自不相害",《集注》虽不用其说,而必存之。

然繇敬得简者,敬德已成之功也。若方事居敬之始,则不得不用力于敬;用力于敬,则心已密,而是非得失之不自欺者,必无小、无大、无人、无己而不见其一致,则且不安于简而至于求物已烦者多矣。故不得不将居于己与行于民者,分作两事,而一以敬、一以简也。

程子怕人将敬、简分作两橛,则将居以仲弓、行以伯子,而血脉不相贯通,故要其极致而言之,谓敬则必简,以示敬德之大,坤之直方所以不习而无不利者,天德、王道之全也。

朱子则以南面临民,居虽其本,而行乃其实;既不容姑待我敬德之充实光辉而后见诸临民之事,则持己以敬,御人以简,两者之功,同时并举,斯德以严而日成,教以宽而渐喻,不躐求之于理之一,而相因于分之殊,此修天德、行王道之津涘也。

仲弓只是论简，而于简之上更加一敬，以著修己治人之节目不可紊乱，则"居简而行简"者病也，居敬而责人以敬者亦病也。简为夫子之所已可，故其言若归重于敬，而实以论简之可；则在简者必求诸敬，而不能简者，其规模之狭隘，举动之琐屑，曾不足以临民，又不待言矣。仲弓盖就行简者进求纯粹之功，非蓦头从敬说起，以敬统简之谓。求之事理，求之本文，知朱子之说，视程子为密切矣。

二

自天子以至于庶人，无不以居敬为德，敬者非但南面之所有事也。行简则唯君道宜然。唯君道为然，则仲弓之语，于行简上进一步说居敬，实于君子之学，居敬上更加一法曰行简也。

且如"畜马乘，不察于鸡豚"，虽以远利，若在命士以下，即与料理，亦未必不为敬而为烦。盖就非南面者而言之，则只是敬；敬德之成，将有如程子所云"中心无物"者，自然一切可已而不已之事，不矜意肆志去揽著做。若其为南面也，则不待矜意肆志以生事，而本所应求于民之务，亦有所不可责备。

只此处规模自别，故曰理一而分殊。穷居之不简，必其所不当为者；若所当为，本自不烦。帝王，则所当为者固有不得尽为者矣；直到无不敬而安所止田地，方得以其易知简能者统驭天下，如一身一家之事。若其未逮于此，但以穷居独善之居行而心中无物者试之人上，恐正不能得简也。

仲弓且未到"从心不逾矩"地位，故夫子于见宾、承祭之外，更须说不欲勿施，使之身世两尽，宽严各致。程子遽以一贯之理印合之，则亦未免为躐等矣。

三

直到伯子不衣冠而处，大不可地位，以之治民，自亦无不可。若君人者必使其民法冠深衣，动必以礼，非但扰民无已，而势亦不可行矣。到行于民处，岂特仲弓之行简无以异于伯子，即五帝、三王亦无异也。

两"行简"字，更无分别。伯子有得于名法之外，则必不以自弛者张之于民，于以治人，人且易从，故夫子曰"可也"，言其亦可以南面也。居者，所以自处也；行者，行之于民也。

程子似将居属心、行属事看，此王通"心、迹之判"，所以为谬。假令以尧、舜就业之心，行伯子不衣冠之事，其可乎？

出令于己曰行，施令于民曰临。临者即以所行临之也。"居敬而行简以临其民"，犹言自治敬而治人简也。谓自治敬则治人必简，亦躐等在；须到"协和万邦，黎民于变时雍"时，方得贯串。夫子曰"可使南面"，仲弓曰"不亦可乎"，下语俱有斟酌，且不恁地高远。

四

居敬既不易，行简亦自难。故朱子以行简归之心，而以吕进伯为戒。看来，居敬有余，行简不足，是儒者一大病痛；以其责己者求之人，则人固不胜责矣。且如醉饱之过，居处之失，在己必不可有，而在人必不能无。故曰"以人治人"，不可执己柯以伐人柯也。

曹参饮酒欢呼以掩外舍吏之罪，则先已自居不敬，固为不可。若置吏之喧咙于不问，以徐感其自新，亦奚病哉！欲得临民，亦须着意行简，未可即以一"敬"字统摄。

五

朱子既云"不迁怒、贰过，是颜子好学之符验"，又云不是"工夫未到，而迁怒贰过只且听之"，只此处极不易分晓。朱子苦心苦口，左右怕人执语成滞；总为资质鲁钝人，须教他分明，而道在目前，举似即难。后人读书，正好于此左疑右碍处，披沙得金，若未拣出，直是所向成棘。

盖不迁怒者，因怒而见其不迁也；不贰过者，因过而见其不贰也。若无怒、无过时，岂便一无所学？且舍本以治末，则欲得不迁而反迁，欲得不贰而又贰矣。故曰"却不是只学此二事。不迁不贰，是其成效"。然无怒无过时，既有学在，则方怒方过时，岂反不学？此扼要处放松了，更不得力。故又曰"但克己工夫未到时，也须照管"。总原要看出颜子心地纯粹谨严、无间断处，故两说相异，其实一揆。《易》云"有不善未尝不知"，此是克己上的符验；"知之未尝复行"，是当有过时工夫。可见亦效亦功，并行不废。

以此推之，则不迁怒亦是两层该括作一句说。若是无故妄怒于所不当怒者，则不复论其迁不迁矣。怒待迁而后见其不可，则其以不迁言者，必其当怒者也。怒但不迁而即无害于怒，效也；于怒而不迁焉，功也；则亦功、效双显之语也。然夫子于颜子既没之后，追论其成德，则所言功者，亦已成之词矣。

朱子不说效验之语，为问者总把这两件说得难，似无可下手处，而一听之克己既熟之后，则直忘下临几加慎一段工夫，故不嫌与前说相背。

而《集注》云"颜子克己之功，至于如此"八字，下得十成妥稳，更无渗漏。其言"至于如此"，则验也；而其曰"功"者，则又以见夫虽不专于二者为学，而二者固有功焉，则不可言效至如此而必言功也。

此段唯黄勉斋说得该括精允。所云"未怒之初，鉴空衡平；方过之萌，瑕颣莫逃"，是通计其功之熟也。其云"既怒之后，冰消雾释；既知之后，根株悉拔"，则亦于怒与过加功，而非坐收成效之谓矣。呜呼！此勉斋之亲证亲知，以践履印师言而不堕者，为不可及也。

六

自为学者言，则怒与过是己私将炽时大段累处，吃是要紧，故即此正当用力。自颜子言，则不迁、不贰，是天理已熟，恰在己私用事时见他力量，则未过未怒时，其为学可知已。

克己之功，"非礼勿视，非礼勿听，非礼勿言，非礼勿动"。所谓非礼者，于物见其非礼也，非己之已有夫非礼也。若怒与过，则己情之发，不繇外至矣。外物虽感，己情未发，则属静；己情已发，与物为感，则属动。静时所存，本以善其所发，则不迁、不贰者，四勿之验也。所发不忒于所存，而后知所存者之密，而非托于虚矣。

动静不可偏废。静有功，动岂得无功？而此所谓动者，则又难乎其为功者也。余怒不忘，即已是迁。后过之生，不必与前过为类，无此过，更有彼过，亦是贰。到此地位，岂是把捉可以取效？颜子之学，已自笃实而光辉矣。"笃实光辉"四字，方形容得他出。

盖学之未至者，天理之所著，自在天理上见功，不能在己私上得力。怒，情也，又情之不平者也。过则又不待言矣。情者，己也。情之不平者，尤己之不能大公者也。故怒与喜同为情，而从出自异。凡喜之发，虽己喜之，而必因物有可喜，以外而歆动乎中者也。若怒之发，则因乎己先有所然、有所不然，物触于己之所不然而怒生焉。故天下之可怒者未必怒，而吾情之所怒者非必其可怒。虽等为可怒，而见盗则怒，见豺狼蛇蝎则恶之，畏之，而怒不生；岂非己先有怒，而不徒因其能为人害也哉？

己先有怒，则不因于物；不因于物，故物已去而怒仍留，迁之所自来也。故人有迁爱，无迁喜；无迁哀，而有迁怒。喜因物，则彼物与此物殊，而虽当甚喜，有怒必怒。怒在己，则物换而己不换，当其盛怒，投之以喜而或怒也。感乎物而动己，则外拒而克之易；发乎己而加物，则中制而克之难。故克己之功，必验之怒而后极焉。

因于己则怒迁，因于物则怒不迁。喜怒哀乐，本因于物；昏者不知，以己徇物，而己始为害。故廓然知其因于物，则即物之己可克矣。而以其本因于物，则荡然而忘反之己，较易知而易克。怒因于己，不尽因物，而今且克之使因于物，则固执之己私，亦荡然而无余矣。

夫在物者天理也，在己者私欲也。于其因于己而亦顺于天理之公，则克己之功，固蔑以加矣。是岂非静存之密，天理流行，光辉发见之不容掩者哉？故以知颜子之功为已至也。

怒与过，总是不容把制处。所以然者，则唯其皆成于己也。过者，亦非所遇之境必于得过也，己自过也。己有过，而谁知之乎？知之，而谁使之不复行乎？夫人之有过，则不自知也，虽知之而未尝自惧其复行。既不以为惧而复过者，固然矣。假令他人之有过，则无不知也，则无不疑其后之复然也。有过而知，知而不复行，此非以大公之心，视在己者如其在人而无所迷，因以速知其不可而预戒于后者，讵能然乎？盖以己察人之过者，是非之心，天理之正也。即奉此大公无私之天理以自治，则私己之心，净尽无余，亦可见矣。

夫子于此，直从天理人欲、轻重、浅深、内外、标本上，拣着此两项，以验颜子克己之功至密至熟、发见不差者而称之。非颜子不能以此为学，非夫子亦不深知如此之为好学，非程、朱二子亦无以洗发其本原之深，而岂易言哉！若于怒于过，虽功未至而必有事，则为初学者言，正未可尽不迁不贰之德也。

七

情中原有攻取二涂：喜，取于彼也；怒，以我攻也。故无滥取者，易于属厌；无妄攻者，发不及收。攻一因物之可攻，而己无必攻之心，则克己之功，岂不至乎！

取缘己之不足，攻缘己之有余。所不足、所有余者，气也，非理也。气不足，则理之来复易；气有余，则将与理扞格而不受其复。唯奉理以御气，理足在中而气不乘权，斯可发而亦可收，非天理流行充足者不能也。

理居盈以治气，乃不迁怒；理居中以察动，乃不贰过。庆源所云“遇怒则克，遇过则克”，是志学事。朱子所云“全在非礼勿视、听、言、动上”，是“适道”与“立”事。“遇怒则克，遇过则克”，不怒、不过时，又将如何？此庆源之言所以使人学为颜子，而朱子之言则颜子之学为圣人也，其亦有辨矣。

八

“遇怒则克，遇过则克”，克不得，不成便休？又岂只痛自悔艾于无已乎？固知朱子之言四勿，正与庆源一下手处。然人亦有依样去视、听、言、动上循礼而行，却于怒、过乘权时不得力；则正好因此迁、贰之非几，以生警省而自求病根。故庆源之说，亦不可废。

此项须困心衡虑，到克不去时，方知四勿之功是如此做，而悔悟夫向之从事于视、听、言、动者，徒描模画样，而不足与于复礼之学也。故可因怒、因过以生其笃志，而功则不尽于此。

九

小注朱子答问中，有"圣人无怒"一语，多是门人因无过之说而附会成论，非朱子之言也。《集注》引舜诛四凶一段，明说圣人亦但不迁怒耳。喜、怒、哀、乐，发皆和也，岂怒独无必中之节哉？鲧为禹父，又位在八议之条，岂舜恬然愉然而殛之，如伐恶木、除芜草相似？孔子历阶而升，以责齐侯，命乐颀、申句须下伐郈人时，当自不作谢安围棋赌墅风味。此方是天理大公，因物付物之正。朱子尝曰"谈笑杀人，断乎不可"，则岂有圣人无怒之理哉？

怒者缘己之有余。气有余者，众人之怒也；理有余者，圣人之怒也。其以攻己之所异，则一而已矣。今不敢谓颜子之无异于圣，然不迁怒者，圣学之成，圣功之至也。颜子非学圣而何学？学而不与圣人合，何云好学？区区于此较量浅深，固矣夫！

十

庄子说列御寇"食豕如食人"，释氏说"我为歌利王割截支体时，不生我见、人见"，所谓"圣人无怒"者，止此而已矣。《春秋》书"楚世子商臣弑其君頵"，只此九字，千载后如闻雷霆之迅发！

十一

许衡云"颜子虽有心过，无身过"，甚矣，其敢以愚贼之心诬圣贤也！

横渠云"慊于己者不使萌于再"。慊者，心慊之也，而心之所慊者，则以心而慊其身之过也。心动于非，迷而谁觉之乎？心之有恶，则谓之愿，不但为过。若其一念之动，不中于礼，而未见之行事，斯又但谓之此心之失，而不成乎过。过者有迹者也，如适楚而误至于越也。失则可以旋得，过则已成之迹不可掩，而但惩诸将来以不贰。倘于心既有不可复掩之惩，徒于容貌动作之间，粉饰周遮，使若无瑕疵之可摘，是正孔子所谓乡原，而许衡之规行矩步，以讲道学于蒙古之廷，天理民彝，不顾此心之安，徒矜立坊表、炫人耳目、苟免讥非者。衡之所以为衡者此也，而颜子其然乎？

盖唯颜子心德已纯，而发见于外者，不能几于耳顺、从心之妙，则如曾子袭裘而吊之类，言动不中于礼者，时或有之；乃其心体之明，不待迟之俄顷，而即觉其不安，是以触类引伸，可以旁通典礼，而后不复有如此之误矣。

衡云"无身过易"，何其谈之容易也！心者，性情之所统也，好学者之所得而自主也。身者，气禀之所拘，物交之所引者，形质为累，而患不从心。自非盛德之至，安能动容周旋而一中于礼！故以曾子之临深履薄，而临终之顷，且忘易大夫之箦。衡乃云"无身过易"，吾以知其心之久迷于流俗，而恃其"非之无举，刺之无刺"者为藏身之伪术矣。

总以大贤以上，于性见性易，于情见性难；不迁怒，则于情而见性。于道见道易，于器见道难；不贰过，则于器而见道。此以为天理浑然，身心一致者也，而岂悖天理、乱民彝之许衡所得知哉！

十二

"三月不违仁"，夫子亦且在颜子用功上说。"其心"二字，是指他宅心如此。如以心体之成效言，则与"日月至焉"者，不相对照矣。只《集注》数语精切不差，程、张之说亦未得谛当。诸小注只向程、张说处寻径路，则愈求愈远。

《集注》言"能造其域"，谓心至仁也，非谓仁之来至也。从其不间而言，则谓之"不违"；从其有依有违而言，则谓之"至"；而当其"至"，与其"不违"则亦无所别。勉斋云"心为宾，在仁之外"，几几乎其有言说而无实义矣。

注言"无私欲而有其德"，究在"有其德"三字上显出圣学，而非"烦恼断尽即是菩提"之谓。西山云"诸子寡欲，颜子无欲"，则寡欲者断现行烦恼之谓，无欲者断根本烦恼之谓。只到此便休去、歇去，一条白练去，古庙香炉去，则亦安得有圣学哉？

以此思之，则朱子所谓"仁为主，私欲为客"，亦择张子之语有所未精，而与"见闻觉知只许一度"者相乱。朱子"知至意诚"，不是配来话。此等处，唯朱子肯尽情示人，程、张却有引而不发之意。

孔颜之学，见于六经、四书者，大要在存天理。何曾只把这人欲做蛇蝎来治，必要与他一刀两段，千死千休？且如其余之"日月至"者，岂当其未至之时，念念从人欲发，事事从人欲做去耶？此不但孔门诸贤，即如今寻常非有积恶之人，亦何尝念念不停，唯欲之为汲汲哉？既饱则不欲食矣，睡足则不欲寝矣。司马迁说尽天下之人奔走不休，只是为利，此亦流俗已甚之说耳。平心论之，何至如是？既然，则以人欲不起为仁者，将凡今之人，其为日一至、月一至者，亦车载斗量而不可胜纪。李林甫未入偃月堂时，杀机未动，而可许彼暂息之时为至于仁乎？

异端所尚，只挣到人欲净处，便是威音王那畔事，却原来当不得甚紧要。圣贤学问，明明有仁，明明须不违，明明可至，显则在视、听、言、动之间，而藏之有万物皆备之实。"三月不违"，不违此也；"日月至焉"，至于此也。岂可诬哉！岂可诬哉！

十三

张子宾主之分，只以乍去乍来为宾，安居久住为主。其内外之辨，亦以所存之理应外至之感为内，于外至之感求当然之理为外。其云"宾"者，既不必别立一主；其云"主"者，亦初非对待有宾。

朱子云"在外不稳，才出便入"，亦乍来久住之别也。其借屋为喻，亦须活看。不可以仁为屋，心为居屋之人；尤不可以心为屋，仁为出入之人；更不可将腔子内为屋里，腔子外为屋外。缘张子之意，但以戒人逐事求理，事在理在，事亡理亡，说得来略带含糊；而"宾主"二字，又自释氏来，所以微有不妥。后人只向此处寻讨别白，则愈乱矣。

颜子"三月不违仁"，也只三月之内克己复礼，怒不迁，过不贰，博文约礼，欲罢不能而已。圣学到者一步，是吃紧处，却也朴实，所以道"暗然而日章"。更不可为他添之，绕弄虚脾也。

十四

"三月不违仁"中有"雷雨之动满盈"意思，故曰"唯天下至诚，为能经纶天下之大经……肫肫其仁"。朱子镜明之说，非愚之所敢据。若只与镜相似，只是个镜，镜也而仁乎哉！

十五

纷纷宾主之论，只为"心外无仁"四字所胶辖。不知心外无仁，犹言心中有仁，与"即心即佛"邪说，正尔天渊。且此"心"字是活底，在虚灵知觉之用上说。将此竟与仁为一，正释氏"作用是性"之狂解，乌乎可！

十六

圣人亟于称三子之长，双峰巧以索三子之短，而下断案处又浅薄。学者如此以为穷理，最是大病。且如"赐也达"，是何等地位，岂容轻施贬剥？如云达于事，未达于理，天下有无理之达乎？

十七

朱子以"有生之初，气禀一定而不可易者"言命，自他处语，修《大全》者误编此。胡光大诸公，直恁粗莽！

伯牛不可起之疾，无论癞与非癞，皆不可归之气禀。以气言，则是李虚中生克旺废之说；以禀言，则《素问》三阴三阳相法而已；君子正不以此言命。术之所可测者，致远则泥也。如云气禀弱菲，不足以御寒暑风日，而感疾以剧，则《洪范》六极，分弱、疾、短折为三，初非弱者之必疾，疾者之必折也。夫"莫之致而至者"命也，则无时无乡，非可执有生之初以限之矣。气禀定于有生之初，则定于有生之初者亦气禀耳，而岂命哉？

先儒言有气禀之性。性凝于人，可以气禀言；命行于天，不可以气禀言也。如稻之在亩，忽然被风所射，便不成实，岂禾之气禀有以致之乎？气有相召之机，气实召实，气虚召虚；禀有相受之量，禀大受大，禀小受小。此如稻之或早、或迟，得粟或多、或少，与疾原不相为类。风不时而粟虚于穗，气不淑而病中于身，此天之所被，人莫之致而自至，故谓之命，其于气禀何与哉！谓有生之初，便栽定伯牛必有此疾，必有此不可起之疾，唯相命之说为然，要归于妄而已矣。

圣人说命，皆就在天之气化无心而及物者言之。天无一日而息其命，人无一日而不承命于天，故曰"凝命"，曰"受命"。若在有生之初，则亦知识未开，人事未起，谁为凝之，而又何大德之必受哉？

只此阴变阳合，推荡两间，自然于易简之中有许多险阻。化在天，受在人。其德，则及尔出王游衍而为性；其福，则化亭生杀而始终为命。德属理，福属气。此有生以后之命，功埒生初，而有生以后之所造为尤倍也。

天命无心而不息，岂知此为人生之初，而尽施以一生之具；此为人生之后，遂已其事而听之乎？又岂初生之顷，有可迓命之资；而有生之后，一同于死而不能受耶？一归之于初生，而术数之小道繇此兴矣。

十八

夫子说颜子"不改其乐"，贤其不改也。周、程两先生却且不问其改不改，而亟明其乐，其言较高一步，而尤切实。乐而后有改不改，倘无其乐，则亦何改之有哉？

不改是乐之极致，于贫而见之，乐则不待贫而固有也。学者且无安排不改，而但问其乐何如。未究其乐而先求不改，则且向"山寺日高僧未起""莫笑田家老瓦盆"上作生活，气质刚者为傲而已矣，其柔者为惰而已矣。此所谓"乐骄乐、乐佚游"之损者也。

十九

程子谓颜子非以道为乐，后人却在上面说是一是二，这便是弄风捉影语。唯朱子委实亲切，故为之易其语曰："要之，说乐道亦无害。"盖乐道而有害，则伊尹、孟子都是"将道为一物而玩弄之"矣。真西山语。

但以道为乐虽无害，而大概不能得乐。如嗜酒人，自然于酒而乐。若云以酒为乐，则本非嗜酒，特借酒以消其磊砢不平之气，到底他临觞之下，费尽消遣。

且人若任着此情以求乐，则天下之可乐者，毕竟非道，如何能勾以道为乐而不改！唯不先生一乐之之心，而后于道有可乐之实。此天理现前，左右逢源、从容自得之妙，岂可云"以"，而岂可云"为"哉？以道为乐，只在乐上做工夫，而颜子之乐，乃在道上做工夫，此其所以别也。

在乐上做工夫，便是硬把住心，告子之所以无恐惧疑惑也。在道上做工夫，则乐为礼复仁至之候，举凡动静云为，如驰轻车、下飞鸟，又如杀低棋相似，随手辄碎，如之何无乐！如之何其改也！

二十

要知颜子如何"不改其乐"，须看"人不堪其忧"是怎生地。或问朱子"颜路甘旨有阙时如何"，此处正好着眼。

道之未有诸己，仁之未复于礼，一事也发付不下；休说箪瓢陋巷，便有天下，也是憔悴。天理烂熟，则千条万歧，皆以不昧于当然；休说箪瓢陋巷，便白刃临头，正复优游自适。乐者，意得之谓。于天理上意无不得，岂但如黄勉斋所云"凡可忧可戚之事，举不足以累其心"哉？直有以得之矣。

二十一

真西山所云"箪瓢陋巷不知其为贫，万钟九鼎不知其为富"，一庄生《逍遥游》之旨尔。箪瓢陋巷，偃鼠、鹪鹩之境也。万钟九鼎，南溟、北溟之境也。不知其贫，南溟、北溟之观也。不知其富，偃鼠、鹪鹩之观也。将外物撒下一壁看，则食豕食人、呼牛呼马而皆不知矣。圣贤之道，圣贤之学，终不如是。"绿满窗前草不除，与自家意思一般"，岂漫然不知而已哉？

如唐人诗"薰风自南来，殿角生微凉"，与"南风之薰兮，可以解吾民之愠兮"，落处固自悬隔。自非圣贤，则总到说乐处，须撇开实际，玩弄风光。西山不知贫富之说，亦只到者一步。陶靖节云"众鸟欣有托，吾亦爱吾庐"，意思尽好；到下面却说"泛览周王传，流观山海图"，便与孔、颜之乐，相去一方。缘他到此须觅个疗愁蠲忿方法，忘却目前逆境也。孔、颜、程、朱现身说法，只在人伦物理上纵横自得，非西山所庶几可得。

二十二

圣人寻常不轻道一"谦"字，而于赞《易》，唯以天之"益"、地之"流"、鬼神之"福"、人之"好"言之，则亦应物之德柄，柄有权意。非入德之始功也。故曰："谦，亨，君子有终。"必君子而乃有终，未君子而难乎其始矣。

上蔡云"人能操无欲上人之心，则人欲日消，天理日明"，此语未得周浃。在上蔡气质刚明，一向多在矜伐上放去，故其自为学也，以去矜为气质变化之候。然亦上蔡一人之益，一时之功，而不可据为典要。若人欲未消，无诚意之功；天理未明，无致知之力；但以孟之反一得之长为法，则必流入于老氏之教。孟之反原是老子门下人，特其不伐一节，近于君子之为己。亦其闻老氏之风而悦之已深，故渐渍成就，至于奔败仓皇之时，居然不昧。盖于谦退一路，已为烂熟，而孟之反之为人，亦如此而止矣，未闻其能繇是而日进于理明欲消之域也。

以浅言之，伐者亦私欲之一端，能去伐者，自是除下人欲中一分细过。细对粗而言。固有能去伐而他欲不必除者，如冯异、曹彬之流，其于声色货利之粗过，讵得淡泊？亦有不待去伐而欲已消、理已明者，则虽伯夷恐未能于此得释然也。

若以深言之，则不伐之成德，自为远怨息争之一道，而圣贤以之为居德之量，是《易》所谓"善世而不伐"，《书》所谓"女唯不伐，天下莫与女争功"。此在功德已盛之后，以自极于高明广大之至，而即以移风易俗，成廷野相让之化者，非待此而始有事于消欲、明理也。故颜子以之为愿，即孔子大道、为公之志，事有所待，而非与克己之功、亟请从事之比。圣贤之道，以此而善其成，故曰"君子有终"；以此而利行于天下，故曰"谦，亨"。明理消欲之始，焉用此哉？

既亦圣贤居德善世之妙用，故夫子亦称许之反。然之反之能此，则亦徒具下此腔壳，可以居大德，载大功，而所居、所载之实，未之逮者多矣。微独之反，即彼所宗之老子，其大端已非，而此"盛德，容貌若愚"之量，夫子亦不能没其善。至于所居、所载，虚无亡实，乃至阴取阳与，而与"良贾深藏"同一机械，则终未免于私欲潜行、天理不明之病。唯其欲恃此以消欲而明理，则消者非其所消，明者非其所明。克伐不行，不足以为仁者，此也。

《或问》中有"先知得是合当做底事"之语，自是去伐之功，靠硬向圣贤学问中下手事。朱子不然其说，而云"只是心地平，所以消磨容得去"，乃就之反论之反，知其"知雄守雌""无门无毒"之心如此耳。朱子看来识得之反破，故始终说他别是一家门风；而曰"孟之反他事不可知，只此一事可为法"，则即愚所谓"除下人欲一分细过"之说，亦不教人全身从此下手也。

若上蔡之学，其流入于老氏与否，吾不敢知，特以彼变化自家一偏气质之事，以概天下之为学者，则有所不可。"无欲上人"四字，亦是一病。夫子说"君子矜而不争"，特不与人对垒相角而已；到壁立万仞处，岂容下人？孟子曰："不耻不若人，何若人有！"斯学者立志之始事，为消欲明理之门也。

二十三

"人之生也"一"生"字，与"罔之生也""生"字，义无不同。小注中有不同之说，盖不审也。不但本文两句，连类相形，且夫子之意，原以警人直道而行；则上句固自有责成意，非但推原所以不可罔之故，而意全归下句也。

二句之中，原有不直则不足以生之意。细玩本文，此意寓于上句之中，而云"人之生也直"，而不直则不生，义固系之矣。其又云"罔之生也幸而免"，则以天下之罔者亦且得生，而断之以理，用解天下之疑耳。使上句但明有生之初，则下文不更言既生以后之当直，而遽云罔之幸生，于文字为无条理，而吃紧警人处，反含而不吐矣。此章是夫子苦口戒世语，不当如是。

且人生之初，所以生者，天德也；既生之后，所以尽其生之事而持其生之气者，人道也。若夫直也者，则道也，而非德也，其亦明矣。以生初而言，则人之生也，仁也，而岂直耶？

盖道，虚迹也；德，实得也。故仁、义、礼、智曰四德，知、仁、勇曰三德。而若诚，若直，则虚行乎诸德者。故《中庸》言"诚者天道，诚之者人道"。而言直也，必曰"直道"，而不可曰直德。直为虚，德为实。虚不可以为实。必执虚迹以为实得，则不复问所直者为何事，而孤立一直，据之以为德，是其不证父攘羊者鲜矣。

若人生之初，所以得生者，则实有之而可据者矣。"乾道变化，各正性命"，一阖一辟，充盈流动，与目为明，与耳为聪，与顶为圆，与踵为方正，自有雷雨满盈、氤氲蕃变之妙。而岂有即为有，无即为无，翕即不辟，辟即不翕之足以生人乎？

德也者，所以行夫道也。道也者，所以载夫德也。仁也者，所以行其直也。直也者，所以载夫仁也。仁为德，则天以为德，命以为德，性以为德，而情亦以为德。直为道，则在天而天道直也，直道以示人，天之事也；在人而人道直也，遵直道以自生，人之事也。

子曰"人之生也直"，固言人也。言人以直道载天所生我之德，而顺事之无违也；言天德之流行变化以使各正其性命者，非直道而不能载，如江海之不能实漏卮、春风之不能发枯干也，如慈父之不能育悖子、膏粱之不能饱病夫也。故人必直道以受命，而后天产之阳德、地产之阴德，受之而不逆也；而后天下之至险可以易知，天下之至阻可以简行，强不凌弱，智不贼愚，仁可寿，义可贵，凶莫之婴，而吉非妄获也。

故南轩云"直者生之道"，盖亦自有生以后，所以善其生之事而保其生理者言。其曰"生之道"，犹老子所言"生之徒""死之徒"也。圣人之言此，原以吉凶得失之常理，惠迪从逆之恒数，括之于直罔之分，彻上知、下愚而为之戒，非专为尽性知天之君子言；则亦不待推之有生之初所受于天，与天地生生之德也。天地生生之德，固不可以直言之。而人之不能一体夫天地生生之理者，亦未即至于宜得死而为幸免之生。

龟山云"君子无所往而不用直"，语自有病。君子之无往不用者，仁、义、忠、正也。岂悻然挟一直以孤行天下乎？凡言仁，不但不暴之谓；言知，非但不愚之谓；言勇，非但不怯之谓。言德必有得，既去凶德，而抑必得夫令德。若言直，则即不罔之谓。道者，离乎非道而即道也。故天地生生，必有以生之，而非止不害其生。直特不害，而无所益。人之祈天永命、自求多福者，则不可期以必得，而但可守以不失。故仁、智以进德，而直以遵道。进德者以精义入神，遵道者以利用安身。圣贤之言，统同别异，其条理岂可紊哉！于此不察，则将任直为性，而任气失理以自用。逮其末流，石之顽、羊之很、雁之信、螳之躁，不与相乱者几何哉！

二十四

"知之者"之所知，"好之者"之所好，"乐之者"之所乐，更不须下一语。小注有云"当求所知、所好、所乐为何物"，语自差谬。若只漫空想去，则落释氏"本来面目"一种狂解。若必求依据，则双峰之以格物、致知为知，诚意为好，意诚、心正、身修为乐，仔细思之，终是"捉着邻人当里长，没奈何也有些交涉"，实乃大诬。

近见一僧举"学而时习之"一"之"字问人云："'之'者，有所指之词。此'之'字何所指？"一时人也无以答之。他者总是鬼计、禽鱼计，与圣学何与？缘他胸中先有那昭昭灵灵、石火电光的活计，故将此一"之"字，捏合作证。若吾儒不以天德王道、理一分殊、大而发育峻极、小而三千三百者作黄钺白旄、奉天讨罪之魁柄，则直是出他圈套不得。假若以双峰之见，区区于《大学》文字中分支配搭，则于"学而时习之"，亦必曰"之"者谓知行而言，适足供群髡一笑而已。故曰"经正则庶民兴，庶民兴斯无邪慝"。圣人之言，重门洞开，初无喉下之涎，那用如彼猜度！

尹氏说个"此道"，早已近诞；赖他一"此"字不泛、不着。且其统下一"此"字，则三"之"字共为一事，非有身、心、意、知之分。圣人于此三语，明白显切，既非隐射一物；而其广大该括，则又遇方成圭，遇圆成璧，初不专指一事。凡《论语》中泛泛下一"之"字者，类皆如此。总之是说为学者之功用境界，而非以显道。圣人从不作半句话，引人妄想。若欲显道，则直须分明向人说出。今既不质言，而但曰"知之""好之""乐之"，则学者亦但求如何为知、如何为好、如何为乐而已。何事向"之"字求巴鼻耶？

以《大学》为依据，若以括其全者为说，意亦无害。而双峰之病，则在割裂。《大学》云"欲诚其意者，先致其知"，岂当致知之日而意不诚哉？则亦岂当意诚之日，而心不正、身不修哉？有修身而未从事于诚意者矣，有诚其意而身不修者乎？则何以云"好之者不如乐之者"也？

夫子以此三"之"字，统古今学者之全事，凡圣学之极至，皆以此三级处之。然合之而《大学》皆备者，分之而随一条目亦各有之。如致知，则有知致知者，好致知者，知已致而乐者。乃至修身，亦无不然。从此思之，则知此三"之"字，既可全举一切，亦可偏指一事。所以朱子以"乐斯二者""乐循理"当之，而云"颜子之乐较深"。则在孝弟而指孝弟，在循理而指循理，既非可凭空参去，将一物当此"之"字，如所云"当求'之'为何物"之妄语。抑事亲从兄之道，固身、心、意、知之所同有事；所循之理，亦必格致、诚正、修齐、治平之兼至，而不可屑屑焉为之分也。

从乎"当求所知、所好、所乐为何物"之说，而于虚空卜度一理，以为众妙之归，则必入释氏之邪说。从乎双峰之所分析，则且因此误认《大学》以今年格物，明年致知，逮乎心无不正，而始讲修身，以敝敝穷年，卒无明明德于天下之一日。且诚意者不如身修，是其内外主辅之间，亦颠倒而无序矣。《五经》《四书》，多少纲领条目，显为学者所学之事，一切不求，偏寻此一"之"字觅下落，舍康庄而入荆棘，何其愚也！

二十五

如彼僧所问"学而时习之""之"字何指，自可答之曰"指所习者"。僧必且问"所习者又甚么"，则将答之曰"你习你底，我习我底"。噫！世之能以此折群髡者鲜矣。

或问："彼僧习其所习，亦还悦否？"曰："如何不悦？岂但彼僧，即学唱曲子、下围棋人，到熟时，也自欣豫。"曰："其悦还同否？"曰："不见道：'天理人欲同行异情？'天理与人欲同行，故君子之悦，同乎彼僧；人欲与天理异情，故彼僧之悦，异乎君子。既已同，则俱为悦。既已异，则有不同。如一人嗜睡，一人嗜夜饮，两得所欲，则皆悦。而得睡之悦，与得饮之悦，必竟不是一般欢畅。"

以此思之，则虽工匠技术，亦有知、有好、有乐，而所知、所好、所乐者即其事。但圣人所言，则为君子之学耳。颜子便以"克己复礼"为知、好、乐。仲弓便以"居敬行简"为知、好、乐。随所志学，工夫皆有此三者浅深之候也。孟子曰："诐词知其所蔽。"有所偏指，则必有所蔽矣，词安得不诐哉！

二十六

不但以资质，而必以工夫，故孔子一贯之说，以语曾子，而不以语曾晳。但人而至于中人者，则十九可至，不问其质。若在中人以下，用工夫而能至于中人以上，则非其人亦自不肯用力也。"十室之邑，必有忠信"，而无好学者，何故？如人不善饮酒，则亦不喜饮也。朱子谓"不装定恁地"说工夫，说资质，自是见彻一垣，此原不可以一偏言也。

南轩下一"质"字，是成质意。如良田之稻，饭以香美，稻则质也，亦是栽培芟灌得宜，非但种之美而已。朱子云"圣人只说'中人以上，中人以下'"，且据现在而言，不须分质、分学，徒为无益之讼。

二十七

上与非上，不可在事目上分。洒扫应对，自小学事，不在所语之中。岂中人以下者，便只将如何洒扫，如何应对，谆谆然语之乎？虽不可语上，亦无语下之理。若事亲事长，则尽有上在。子游说"丧致乎哀而止"，便是躐等说上一层。

真西山以"道德性命为理之精，事亲事长为事之粗"，分得鲁莽。事亲事长，岂在道德性命之外？上下是两端语，实共一物。尽其事亲事长之道，须是大舜、文王始得，如何不是上？圣人微言，后人分剥而丧其真如此者，可慨也！

二十八

樊迟是下力做工夫的人，更不虚问道理是如何，直以致知、求仁之方为问。故夫子如其所问，以从事居心之法告之，则因其志之笃，问之切，而可与语也。

就中"仁者"二字，犹言求仁者，特以欲仁则仁至，故即以仁者之名与之。又智是初时用功，到后来已知，则现成不更用力。仁则虽当已熟之余，存心不可间断，与初入德时亦不甚相远。知有尽而仁无尽，事有数而心无量也。

其云"仁者"，又云"可谓仁矣"，盖括始终以为言也。知者无不知，唯民义之尽，而鬼神之通。仁者心德之全，则日进于难，而日有获也。故务民义、敬远鬼神，是居要之务；先难后获，是彻底之功。夫子与他人言，未尝如此开示吃紧。朱子云"因樊迟之失而告之"，非愚所知。

二十九

庆源于理上带一"气"字说，其体认之深切，真足以补程、朱之不逮。孟子养气之学，直从此出，较之言情、言体者，为精切不浮。

情发于性之所不容已；体为固然之成形与成就之规模，有其量而非其实。乐水、乐山，动、静，乐、寿，俱气之用。以理养气，则气受命于理，而调御习熟，则气之为动为静，以乐以寿，于水而乐、于山而乐者成矣。

先儒以知动似水、仁静似山为言，其说本于《春秋繁露》；然大要只说山水形质，想来大不分晓。乐水者乐游水滨，乐山者乐居山中耳。块然之土石，与流于坎、汲于井之水，岂其所乐哉？山中自静，山气静也。水滨自动，水气动也。不然，则粪壤之积，亦颓然不动；洪波巨浪，覆舟蚀岸，尤为动极；而所乐岂在彼耶？

水滨以旷而气舒，鱼鸟风云，清吹远目，自与知者之气相应。山中以奥而气敛，日长人静，响寂阴幽，自与仁者之气相应。气足以与万物相应而无所阻，曰动。气守乎中而不过乎则，曰静。气以无阻于物而得舒，则乐。气以守中而不丧，则寿。

故知此章之旨，以言仁者、知者，备其理以养其气之后，而有生以降，所可尽性以至于命者，唯于气而见功，亦可见矣。庆源遇微言于千载，读者勿忽也。

三十

博文、约礼，只《集注》解无破绽。小注所引朱子语，自多鹘突。《集注》"约，要平声也"，小注作去声读者误。勉斋亦疑要去声我以礼为不成文，而犹未免将"约"字与"博"字对看。不知此"约"字，与"博学"二字相对，则"要"原读作平声，与"束"同义。

《集注》添一"动"字，博其学于文，而束其动以礼，则上句言知，下句言行，分明是两项说。朱子尊德性、道问学，验诸事、体诸身，及行夏之时、非礼勿动等说，皆不混作一串。"约之"一"之"字，指君子之身而言也，与"约我以礼""我"字正合。其云"前之博而今之约，以博对约，有一贯意"，皆狂解也。

文与礼原亦无别。所学之文，其有为礼外之文者乎？朱子固曰"礼不可只作'理'字看，是持守有节文"，则礼安得少而文安得多乎？在学谓之文，自践履之则谓之礼，其实一而已。但学则不必今日所行而后学之，如虽无治历之事，亦须考究夏时。其服身而见之言动者，则因乎目前之素履，故文言博，而礼不可言博。然不可谓学欲致其多，守欲致其少。如颜子未仕，自不去改易正朔，则行夏时之礼，特时地之所未然，而非治历明时为广远而置之，视听言动为居要而持之也。

约者，收敛身心不放纵之谓。不使放而之非礼，岂不使放而流乎博哉？学文愈博，则择理益精而自守益严，正相成，非相矫也。博文约礼是一齐事，原不可分今昔。如当读书时，正襟危坐，不散不乱，即此博文，即此便是约礼。而"孝弟谨信，泛爱亲仁，行有余力，则以学文"，缓急之序，尤自不诬，原不待前已博而今始约也。

若云博学欲知要，则亦是学中工夫，与约礼无与。且古人之所谓知要者，唯在随处体认天理，与今人拣扼要、省工夫的惰汉不同。夫子正恶人如此鲁莽放恣，故特地立个博文约礼，以订此真虚枵、假高明之失。而急向所学之文求一贯，未有不至于狂悖者。双峰"相为开阖"之语，乃似隔壁听人猜谜，勿论可也。

三十一

《朱子语录》以有位言圣，却于《集注》不用。缘说有位为圣，是求巴鼻语，移近教庸俗易知，而圣人语意既不然，于理亦碍，故割爱删之。宁使学者急不得其端，而不忍微言之绝也。

子曰"若圣与仁，则吾岂敢"，又曰"圣则吾不能"，岂以位言乎？下言尧、舜，自是有位之圣。然夫子意中似不以圣许禹、汤、夷、尹以下，则亦历选古今，得此二圣，而偶其位之为天子尔。程子言圣仁合一处，自是广大精微之论，看到天德普遍周流处，圣之所不尽者，仁亦无所不至。且可云仁量大而圣功小，其可得云圣大而仁小乎？

仁者圣之体，圣之体非仁者所歉也；圣者仁之用，仁之用却又非圣所可尽。子贡说"博施济众"，忒煞轻易，夫子看透他此四字实不称名。不知所谓博者、众者，有量耶？无量耶？子贡大端以有量言博众，亦非果如程子所谓不五十而帛，不七十而肉，九州四海之外皆兼济之。但既云博云众，则自是无有涯量。浸令能济万人，可谓众矣。而万人之外，岂便见得不如此万人者之当济？则子贡所谓博者非博，众者非众，徒侈其名而无实矣。故夫子正其名实，以实子贡之所虚，而极其量曰："必也圣乎！尧、舜其犹病诸！"则所谓"博施济众"者，必圣人之或能，与尧、舜之犹病，而后足以当此。倘非尧、舜之所犹病，则亦不足以为"博施济众"矣。

盖"博施济众"，须于实事上一件件考核出来；而抑必须以己所欲立欲达者施之于人，而后可云施；以己之欲立欲达者立人达人，而后可云能济。故唯仁者之功用已至其极而为圣，然后非沾沾之惠、一切之功。若其不然，则施非所施，济不能济，自见为仁，而不中于天理之则者多矣。

夫仁者其所从入，与沾沾之惠、一切之功，则已有天渊之隔。他立达一人，也是如己之欲立欲达；立达千万人，也是如己之欲立欲达。体真则用不妄。繇此而圣，则施自不狭，济自不虚。而即当功用未见之时，已无有何者为博、何者为约、何者为众、何者为寡以为之界限。且其所施所济者，一中于天理人情自然合辙之妙，而一无所徇，一无所矫。不然，则岂待博且众，即二桃可以致三士之死，而一夫无厌之欲，天地亦不能给之也。

乃子贡所云"博施济众"者，初非有"己欲立而立人、己欲达而达人"之实，则固不可以言仁。而但云"博施济众"，则夫子亦无以正其为非仁之事。而以"己欲立而立人、己欲达而达人"之仁言，如是以博施，如是以济众，乃以极体仁之大用，从圣人一为想之。然而终有不能，则亦以见非沾沾之惠、一切之功，世无有自信为能博施而能济众之人。即"何事于仁"三句中，而已折倒子贡不见实体、不知实用之失，故下直以"夫仁者"三字显仁之实。则使子贡繇是以思焉，而如是以施，其不易言博，如是以济，其不易言众，亦不待夫子之言而自愧其失辞矣。程子谓子贡不识仁，看来子贡且不识施济。使其有"能近取譬"之心，而敢轻言博众哉？

程子不小仁而大圣，是眼底分明语，而云"仁通上下"，则语犹未醇。仁是近己着里之德，就中更无上下，但微有熟、不熟之分，体之熟则用之便。故以上下言仁，则且有瓶中亦水、大海亦水之说。而乍见孺子之心，特仁之端，而亦遽指为仁，则夫子所言仁者之心体全有不肖。只颜子箪瓢陋巷中，即已有仁之体，则即有圣之用，而特必在三月不违时，方得体立用具。若一念间至，直自瓶水，而岂得谓之海水哉？

盖仁之用有大小，仁之体无大小。体熟则用大，体未熟则用小，而体终不小。体小，直不谓之仁矣。于物立体，则体有小大。于己立体，则体无可小，而亦安得分之为或小而或大？若海水之大，瓶水之小，则用之小因乎体之小，而岂仁之比哉？将吝于施而鲜所济者，亦可谓之仁与？亦失圣人之旨矣。子贡所云者，体不立而托体必小。夫子所言者，用不必大，而体已极乎天地万物，更何博与众之云乎？知此，则有位无位之说，曾何当耶？

三十二

"立人""达人"二"人"字，不可分大小说。一人亦人，千万人亦人，却于立达之实体无异。故用或小而体终不小。不得已而姑为之喻曰：如大海水，一卮挹之亦满，亿万卮挹之亦满。然仁之体，终不可以海喻。他只认得自家心体，何尝欲扩其量于天地万物之表哉？

三十三

程子手足不仁一喻，大有微言在，亦待学者之自求。如平人气脉通贯时，四肢皆仁，唯心所使；然心终不使手撮炭而足蹈汤，亦不使指肥于股，足大于腹，手视色而足听音。"己欲立而立人，己欲达而达人"，即此是施济中各正性命之实理。尧、舜不欲窜殛，而以施之共、骦；孟子恶齐王之托疾，而己以疾辞；正心与手足各相知而授以宜之为仁也。

述而篇

一

"不言而存诸心"，乃静存动察工夫，不因语显，不以默藏，与"不闻亦式，不谏亦入"一义，只在识不识上争生熟，不在默不默上争浅深。特以人于不默时有警，则易识；而方默亦识，乃以征存诸心者之无所间也。南轩云"森然于不睹不闻之中"，正是此意，那得作知识之识解！作知识解者，则释氏所谓现量照成也。识如字。而不识音志，非浅人之推测，则释氏之知有是事便休而已。

然圣学说识志，释氏亦说识志，其所云"保任"者是也。达磨九年面壁，亦是知识后存识事。故"默而识之"，圣人亦然，释氏亦然，朱子亦然，象山亦然，分别不尽在此，特其所识者不同耳。倘必以此为别，则圣人之"诲人不倦"，抑岂必异于瞿昙之四十九年邪？

异端存个"廓然无圣"，须于默中得力；圣人则存此各正性命、保合太和，在默不忘。释氏说一切放下，似不言存，然要放下，却又恐上来，常令如此放下，则亦存其所放者矣。故云"恰恰无心用，恰恰用心时"，用心以无心，岂非识哉？

夫子此三句，是虚笼语，随处移得去，下至博弈、图画、吟诗、作字亦然。圣人别有填实款项，如"入孝出弟""不重不威"等章是事实，此等乃是工夫。工夫可与异端同之，事实则天地悬隔矣。如舜、跖同一鸡鸣而起，孳孳以为，其分在利与善；而其不孳孳者，善不得为舜之徒，利不得为跖之徒也。

识如字识志之辨，亦在浅深上分，非朱、陆大异处。子静之病，只泥看一"默"字耳。故朱子又云"三者非圣人之极致"，则以初学之识，易于默时不警省，须默无异于不默；向上后，则静里分明，动难效用，须不默亦无异于默。故曰"存诸中者之谓圣，行于天壤者之谓神"。故学者急须先理会识，后理会默，乃于圣功不逆。不识则何有于默哉？待默而后不识，犹贤于一切鹘突之狂夫，全不惺松之愚人也。"识"字对"学""诲"，"默"字对"不厌""不倦"。学是格物、致知事，识是正心、诚意事；不厌只是终始于学，默识止是纯熟其识耳。

朱子于"父母之年不可不知"注，说个"记忆"，正可于此处参观。如记忆父母之年，固不待有语而后生警，而非谓口言之、耳闻之而即有损于孝思，须删除见闻而密持之也。"视于无形"，岂有形而不视？"听于无声"，岂有声而不听？不然，则又白昼求萤以待夜读之妄人矣。足知象山之学，差于一"默"字着力，而与面壁九年同其幻悖。圣人之学，正于独居静坐、大庭广众，一色操存，不可将不默时看作不好耳。朱门诸儒，将此一"识"字安在格物、致知上，以侵下"学"字分位，用拒象山，则亦不善承师说矣。

二

行道而有得于心之谓德。得为心得，则修亦修之于心，故朱子以诚意、正心言此。又云"无欲害人，得之于心矣，害人之心或有时而萌，是不能修"，此全在戒惧慎独上用功。若徙义、改过，则修身应物之事，并齐、治、平在里许矣。

如不欲害人之心，心心不断，德已无玷。若不能审义乐迁，则信为不害人者，或且有害于人；或功用未熟，则心未有失而行处疏漏，因涉于害人而不自知。是须以徙义善其用，改过防其疏。乃圣人之学，不径遣人从修身应物上做去，故徙义、改过之功，待修德之余而尤加进。若世儒无本之学，则即于闻义时、不善时作入路，子路亦然，故未入室。到熟处方理会心德，则本末倒置矣。

故世儒见徙义、改过粗于修德，圣人则以此二者为全体已立、大用推行之妙。是徙义、改过，正广大精微之极至矣。就中内外、身心、体用，分别甚明。小注或云"迁善、改过是修德中要紧事"，新安云"修德之条目"，俱不足存。

三

《集注》"先后之序，轻重之伦"，自庆源以下，皆不了此语。朱子尝自云"注文无一字虚设"，读者当知其有字之必有义，无字之不可增益，斯不谬耳。

《集注》云："据德则道得于心而不失，依仁则德性常用而物欲不行。"德缘志道而得，而特进以据之功，斯所服膺者不失也。仁缘据德而性足用，而进以依之功，则用可常而欲不行也。此所谓"先后之序"也。

又云："游艺则小物不遗而动息有养。"不遗者，言体道之本费也。动有养者，德之助也；息有养者，仁之助也。而云"不遗"，则明道无可遗，苟志于道而即不可遗也；云"有养"，则养之以据德，养之以依仁，为据德、依仁之所资养也。此游艺之功，不待依仁之后，而与志道、据德、依仁相为终始，特以内治为主，外益为辅，则所谓"轻重之伦"也。

志道、据德、依仁，有先后而无轻重；志道、据德、依仁之与游艺，有轻重而无先后。故前分四支，相承立义，而后以先后、轻重分两法，此《集注》之精，得诸躬行自证而密疏之，非但从文字觅针线也。

《集注》于德云"行道而有得于心"，于仁云"心德之全"。德因行道而有，仁则涵动静，故曰全。盖志道笃则德成于心，据德熟则仁显于性。德为道之实，而仁为德之全；据与依，则所以保其志道之所得，而恒其据德之所安。若艺，则与道相为表里，而非因依仁而始有。其不先依仁而后游艺，甚著明矣。

潜室不察于此，乃云："教之六艺，小学之初事；游于艺，又成德之余功。小学之初习其文，成德之游适于意。"此亦舍康庄而取径于荆棘之蹊矣。盖六艺之学，小学虽稍习其文，而其实为大经大法，与夫日用常行之所有事者，即道之所发见。故大学之始教，即在格物、致知，以续小学之所成，而归之于道。夫子教人以博文约礼为弗畔之则，初非小学则姑习之，一志于道而遂废辍，以待依仁之后而复理焉，既不可云仅为小学之初事；若其所云"成德之后适于意"者，则尤依托"游"字之影响，而初无实义也。以为德已成矣，理熟于胸，则遇物皆顺，而艺之与志，得逢原之乐乎？是艺之游也，乃依仁之后耳顺、从心之效，不当平列四者节目之中，以示学者之当如是矣。今与前三者同为为学之目，而以成本末具举、内外交养之功，则实于据德、依仁之外，有事于斯，而非听其自然，遇物皆适之谓矣。如以恣志自得，游戏徜徉之为适意邪？则即以夫子末年删定为德成以后所发之光辉，而要以定百王之大法，正万世之人心，且凛凛于知我罪我之间，不敢以自恣自适。况在方成其德者，乃遽求自适其意，如陶元亮之"时还读我书"者，以遣日夕而悦心目，其可乎？

潜室但欲斡旋"先后之序"四字，遂曲为附会，以幸无弊。乃不知朱子之云"先后"者，固不于游艺云然，则又无待潜室施无病之药也。且前三者之有先后，特因德得于志道之余，而仁现于据德之熟，以立此繇浅入深、繇偏向全之序；固非依仁则无事于据德，据德则无事于志道，当其志道且勿据德，当其据德且勿依仁，一事竟即报一事之成，而舍故就新以更图其次。况乎依仁之功，与生终始，何有一日为仁之已依而无忧不依，何有一日为依之已尽而不用再依，乃告成功于依仁，而他图游艺也哉？

所以《集注》虽有先后之说，而尤云"日用之间，无少间歇"，以见四者始终不离之实学；且独于立志言先，而据德、依仁不言先，亦不言次，肯綮精确，一字不妄。何居乎于下三者逐节施以先后，而穿凿以求伸其说？嗣者无人，良负前贤之苦心矣。

四

说圣人乐处，须于程、朱注中笃信而深求之，外此不足观也。程子云"须知所乐者何事"，固非刻定一事为圣人之所乐，然亦何尝不于事而见其乐哉？朱子云"'从心所欲不逾矩'，左来右去，尽是天理"，其非脱略事物，洒然不着，可知也。

于此一差，则成大妄。庄子开口便说"逍遥游"，弁髦轩冕，亦是他本分事，到来只是不近刑名，以至于嗒然丧耦而极矣。陈氏所谓"万里明澈，私欲净尽，胸中洒然，无纤毫窒碍"者此也。万里明澈则乐，有片云点染便觉闷顿，所以他怕一点相干，遂成窒碍，而视天下为畏涂；则所谓终日游羿彀之中者，亦相因必至之忧。

圣人说"于我如浮云"，明是以天自处。于我皆真，于土皆安，圣人之天体也。若必万里明澈而乃以得乐，则且厌风云、憎雷雨，若将浼焉，而《屯》之经纶，《需》之宴乐，皆适以为累矣。使然，则疏水曲肱而后乐，非疏水曲肱则不乐也。不义而富贵则不处，以义而锦衣玉食则亦不去，岂漫然任运而无心哉？

遇富贵则不逾富贵之矩，遇贫贱则不逾贫贱之矩，乃是得。"左右来去，尽是天理"，方于疏水曲肱之外，自有其乐，而其乐乃以行于疏水曲肱之中。圣人所以安于疏水曲肱者，以乐为之骨子，此非荡然一无挂碍可知已。使但无欲则无得，无得则无丧，如是以为乐，则贫贱之得此也易，富贵之得此也难，必将如庄子所称王倪、支父之流，虽义富、义贵，亦辞之唯恐不夙矣。此是圣学极至处，亦是圣学、异端皂白沟分处。若不了此，则袁安、张翰、韦应物、白居易，皆优入圣域矣，而况于蒙庄！

五

朱子"即当时所处"一语，谛当精切，读者须先从此着眼，则更不差谬。双峰云"乐在富贵中见得不分晓，在贫贱方别出"，语亦近似。然要似夫子设为此贫境以验乐，则于圣人于土皆安之道不合矣。

夫子此章，自是蚤年语，到后来为大夫而不复徒行，则居食亦必相称。既非虚设一贫以验乐，亦无事追昔日之贫而忆其曾乐于彼，作在富贵而思贫贱愿外之想也。乐不逐物，不因事，然必与事物相丽。事物未接，则所谓"喜、怒、哀、乐之未发"，岂但以月好风清，日长山静，身心泰顺，而为之欣畅也乎？既以左宜右有、逢源而不逾矩为乐，则所用者广，而所藏者益舒。是乐者，固君子处义富、义贵之恒也。故曰"乐亦在其中"。言"亦"，则当富贵而乐，亦审矣。

使夫子而如夏启、周成，生即富贵，直不须虚设一贫以言乐。而又岂随物意移，贸贸然日用而不知，遂使其乐不分晓乎？即在夫子摄相之时，位且尊矣，道且泰矣，岂其所为乐者，遂较疏水曲肱时为鹘突不分明，而不能自喻邪？圣人之于土皆安者，于我皆真，富贵、贫贱，两无碍其发生流行之大用，<small>乐主发散在外，故必于用上现。</small>故曰"乐亦在中"，贫贱无殊于富贵也。

此双峰之语所以似是而非。如云：使在富贵，则君子之行乎富贵者，可以不言乐；而唯贫贱亦然，乃以见性情之和，天理之顺，无往不在；而圣贤之乐，周遍给足，当境自现，亦可见矣。如此，斯为得之。

六

唯知夫子为当时所处之现境，则知为夫子早年语；知为夫子早年语，则亦不用向孔、颜之乐，强分异同。今即云颜子所得，同于圣人，固不敢知；然孔子"三十而立"之时，想亦与颜子无大分别。俗儒不知有乐，便觉是神化之境，实则不然。在圣贤分中，且惄等闲。故周、程二先生教学者从此寻去，亦明是有阶可升之地，非"欲从末繇"之境也。

朱子以不逾矩言乐，乃要其终而言之，愚所谓到后亦只是乐者也。而

"三十而立"时，不逾之矩已分明更无差忒。若所欲者动与矩违，则亦不能立矣。即未到发念皆顺、于我皆真地位，而矩已现前，无有不可居、不可行之患，则资深逢原，已不胜其在己之乐矣。如小儿食乳得饱，亦无异于壮夫之饱。陈、饶、许诸子，强为分判，固须以朱子"孔、颜之乐不必分"一语折之。

七

天地之化，与君子之德，原无异理。天地有川流之德，有敦化之德，德一而大小殊，内外具别，则君子亦无不然。天地之化、天地之德，本无垠鄂，唯人显之。人知寒，乃以谓天地有寒化；人知暑，乃以谓天地有暑化；人贵生，乃以谓"天地之大德曰生"；人性仁义，乃以曰"立天之道，阴与阳；立地之道，柔与刚"。《易》是天地之全化、天地之全德，岂但于物见天，而不于天见天，于感通见人事，而不于退藏见人道乎？《集注》专以进退存亡之道言《易》，则是独以化迹言，而于川流、敦化之德，忘其上下一致之理矣。

如说个"天行健"，何尝在进退存亡上论化迹？孔子赞《易》，第一句说"君子以自强不息"，只是无过之本，非但需之"饮食宴乐"，困之"致命遂志"也。真西山单举仕、止、久、速，说孔子全体皆《易》，则但有利用安身之《易》，而无精义入神之《易》矣。庆源云"履忧患之涂，不可以不学《易》"，尤将《易》看作不得志于时人下梢学问。如此说书，只似不曾见《易》来，恰将《火珠林》作经读。

圣人于系《易》，多少底蕴精微，只有两章说忧患，而又但以九卦为处忧患之用，则余五十五卦，皆非有忧患之情可知矣。《文言》四序《爻辞》，言信，言谨行，闲邪存诚、进德修业、学问宽仁，皆修己无过之道也。"潜龙勿用，下也"一段，治人无过之道也。只末后一段，说进退存亡，为亢龙言尔。舍大中至正之道，而但以变化推移言天人之际，甚矣其诬也！

八

"发愤忘食，乐以忘忧"，《集注》《语录》开示圣奥，至矣。就中"与天合契"一段，尤为不妄。于愤、乐见得天理流行之不息，于忘食、忘忧见得人欲净尽之无余；而天之无私者，唯其不息，则所谓"发愤便能忘食，乐便能忘忧"也。

天无究竟地位。今日之化，无缺无滞者，为已得。明日之化，方来未兆者，为其未得。观天之必有未得，则圣人之必有未得，不足为疑矣。大纲说来，夫子"十五志学"一章，以自显其渐进之功。若密而求之，则夫子之益得其未得者，日日新而不已，岂一有成型，而终身不舍乎？

朱子云"直做到底"，"底"字亦无究竟处。有所究竟则执一，执一则贼道，释氏所谓"末后句"者是也。观之于天，其有一成之日月寒暑，建立已定，终古而用其故物哉？

小注中有"圣人未必有未得，且如此说"之言，必朱子因拙人认定有一件事全不解了之为未得，故为此权词以应之；后人不审，漫然录之，遂成大妄。

九

《集注》"气质清明，义理昭著"，是两分语。"气质清明"以人言，"义理昭著"以理言。非"气质清明"者，则虽义理之昭著而不能知；然非义理之昭著者，则虽"气质清明"，而亦未必其知之也。缘朱子看得此一"者"字活，大概不指人而言，与下句"者"字一例。岂"好古敏以求之"，为夫子之自言，而亦以人言之乎？

"义理昭著"四字，较和靖说更密。庆源、双峰只会得和靖说，不曾会得朱子说。但言义理，则对事物而言之。既云义理之昭著，则自昭著以外，虽未及于事物之蕃变，而亦有非生所能知者矣，故朱子云"圣人看得地步阔"。

总在说知处不同。精义入神，圣人方自信曰知。如生而知孝，自与不知孝者不同，乃中心爱敬，即可自喻，而事亲之际，不但礼文之繁，即其恰得乎心而应乎理，以为天明地察之本者，自非敏求于古而不得，矧在仁义中正之缊藏乎？

圣人于此，业以生知自命，而见夫生知者，生之所知，固不足以企及乎己之所知，若曰"我非但生知，而所求有进焉者"，特其语气从容，非浅人之所测耳。徇齐、敦敏之说，见于稗官，与释氏堕地七步之邪词，同其诞妄。乃疑古今有生而即圣之人，亦陋矣夫！

十

圣人从不作一戏语。如云不善亦师，为谑而已。以此求之，《集注》未免有疵在。老子曰"善人，不善人之师；不善人，善人之资"，是很毒语。将谓纣为武王之资，杨、墨为孟子之资，利人之不善，而己之功资以成，道资以伸！若此，既非君子之存心；乃老子且仅曰"资"，而夫子顾以反其道而用之者为"师"邪？

"其不善者而改"，是补出"择"字余意，师则但云"从之"者，所以云"三人"而不云"二人"。彼两人者均善，必有一尤善者，均不善，必有差善者，即我师也。且其人业与我而并行，亦既非绝不相伦之人矣。故以善为师，则得师矣；不善而改，则不妄师矣。人苟知择，岂患无师哉？

十一

夫子将善人、有恒作一类说。南轩云"善人、有恒，以质言"，此处极难看得合。若如曾氏所云"善人明乎善者，有恒虽未明乎善，亦必有一节终身不易"，则相去远矣。

此二种人全、欠、大、小之异致，而一皆率任其所本明，非有能明、不能明之别也。有恒者，无处则是无，有处则恒有，虚约则只是虚约，盈则恒盈，泰则恒泰；于其所无、所虚、所约，固不袭取而冒居之，然亦不能扩充以求益也；特以其不冒居之故，则求益也有端矣。若善人之别于有恒者，大概与理相得，求所谓无、虚、约者已鲜；而所有、所盈、所泰，未能精其义而利其用，便亦任其自然，条条达达，如此做去；其不能造其极而会其通者，亦与有恒之不能扩充以求益，同之为未学也。

质之美者，不求扩充，则必能恒；若求扩充，则反有杌陧窒碍，思为变通，而或不能恒矣。此有恒之进机也。又其上者，任其自然，则所为皆可，欲繇是而求精其义而利其用，则初几反滞，辙迹不熟，而未必即能尽善矣。此善人之进机也。

善人大而不切，有恒既不能大，而亦未必其能切。大抵皆气壹动志，只如此做去，更无商量回护，其为全为欠，则天定之矣。若不能大而已切，则君子也，志为主而气为辅者也。于此辨之，乃知君子、善人、有恒之同异。

十二

善人亦是有恒。他所为皆善，如何不恒？有所不恒，则有所不善矣。但恒而曰"有"，自是在一节上说。若凡有皆恒，即不可名之为有恒。总之，有恒得善人之一体，君子具圣人之体而微者也。如此类，须分别看。倘以一例求之，而云有恒笃实，而善人近于虚，则不足以为善人；圣人全而君子偏，则不足以为君子矣。

十三

南轩说梁武、商纣同咈天理，可谓正大精严之论。南轩于此等处，看得源流清白。其论《酒诰》一篇文字，极为朱子推服。古今儒者，能如此深切斩截者，盖亦鲜矣。

然劈头说个"圣人之心，天地生物之心"，安在此处，却不恰好。圣人于此，却是裁成辅相，顺天理之当然，何曾兜揽天地生物之心以为心？若方钓弋时，以生物之心为心，则必并钓弋而废之矣。

圣人只是圣人，天地只是天地。《中庸》说"配天"，如妇配夫，固不纯用夫道。其云"浩浩其天"，则亦就知化之所涵喻者言尔。无端将圣人体用，一并与天地合符，此佛、老放荡谮诬之词，不知而妄作。圣人立千古之人极，以赞天地，固不为此虚诞，而反丧其本也。

《泰誓》曰："唯天地万物父母，元后作民父母。"理一分殊，大义昭著。古人之修辞立诚，鲜不如此。若云"不纲""不射宿"便是天地生物之心，以大言之，天地固不为是区区者；以精言之，天地亦不能如是之允当也。

天地不需养于物，人则不能。而天地之或杀，则无心而无择；方秋禾槁，固不复拣稚者而更长养之；夭札所及，不与人以得避之地。成周之治，可以数百年而无兵；七国、五胡之际，不复更有完土。必欲规规然一与天地相肖，非愚而无成，必且流于异端之虚伪矣。

天地之元、亨、利、贞，大而无迹；圣人仁至义尽，中而不偏。圣人之同乎天地者一本，圣人之异乎天地者分殊。不然，彼梁武之流，固且以究竟如虚空、广大如法界，为行愿一天地也，而何以罪均于商纣哉？

泰伯篇

一

《集注》言"夫以泰伯之德，当商、周之际，固足以朝诸侯而有天下矣，乃弃不取"；又云"其心即夷、齐扣马之心"；于义明甚。金仁山徒费笔舌，止欲斡旋太王无翦商之志，乃谓泰伯之让天下，让于王季。不知太王而非有翦商之事，则泰伯又何处得天下让之王季耶？

小儒以浅识遥断古人，乐引异说以自证，乃不知所引者之适以自攻。《吴越春秋》一书，汉人所撰，诞诬不足信，不可与《左传》参观异同。且彼书记太王之言曰："兴王业者，其在昌乎！"则太王之不忘翦商，亦可见矣。夫子称泰伯为"至德"，而于太王未施一赞词，仁山乃苦欲曲美太王，而不知其以抑泰伯也殊甚，何其矛盾圣言而不之恤也！

使泰伯而逆计王季、文王之有天下，因顺太王之志而让之季历，如所云遂父志而成其远大，若云周有天下，繇泰伯之逃；则是泰伯以此一让，阳辞阴取，而兄弟协合以成夺商之事，是与曹操所云"吾其为周文王"者，同为僭诈。而夫子称之曰"至德"，不已僭与！

古者封建之天下，易侯而王，亦甚寻常事；既非若后世乱贼，起自寒微，资君之禄位灵宠，欺孤寡而攘夺之。商之历祀已六百，而失道之主相仍。太王以后稷之裔，奕世君公，则于以代商而王，显然有其志事，而抑何损？若夫泰伯怀必得之心，择弟与从子之贤，使可固有而不失，则其为谖也甚矣。此辨太王无翦商之志者，不足以伸太王，而唯以抑泰伯，叛圣言也。

仁山云："太王前日犹能弃国于狄人侵邠之时，而今日乃欲取天下于商家未乱之日，太王之心，决不若此其悖也。"夫太王之避狄，岂让狄哉？鳃鳃赂狄，冀以全邠，殆不得免焉，而后为此全民避地之计，孟子固曰"不得已"也。狄不可争则去之，商有可代则思代之，太王之创业垂统，如此而已。至于柞棫拔而昆夷駾，太王岂终让狄人者哉？朱子确然有见于此，而援引《鲁颂》及《春秋传》以辟诸儒回护之说，用以见太王之无不可翦之商，而泰伯犹且不从父命，确尔求仁之为至德，其深切著明至矣。仁山之言，乌足为有无邪？

本文云"三以天下让"，是天下其所固有也。若因后日之有天下而大为之名，则使文、武终不有天下，而泰伯遂无所让邪？唯泰伯可以有天下而不有，则即使文、武不有天下，而泰伯之让天下也固然。特所云让者，谦逊不居之辞，非必让之人而后谓之让也。《书》曰"舜让于德弗嗣"，谓己德之不足嗣，则不敢受，非以让之四岳群牧也。子曰"其言不让"，谓己可有之而即自任之，非谓不让之求、赤与点也。知此，则俗儒让周、让商之说，两无容相攻击，而不得谓商固有天下，无待于泰伯之让，以破泰伯不从之说矣。

盖以德、以时，天下本泰伯之所有，今以君臣之大义，不从父命而不居，至他日之或为季历子孙所有，或商之子孙仍无失坠，总以听之天，而己不与焉。尽道于己，而为仁不繇乎人，此其得于心者已极，而非人之所能喻也。使泰伯从大王而代商，则人知其躬任天下矣。今无其事，是以民不知而弗得称也。藉云以让之王季、文王，则昭然于天下后世，而何"无得而称"哉？拘儒多忌，不足达圣人之旨，自当以《集注》为正。

二

后人释书，于字句上作奇特纤新之解，薄古人为未审，不知先儒固尝作此解，已知其非而舍之。曾子本文三"斯"字，作现成说，而以为存省之验者，朱子盖尝作此解矣。然而《集注》不尔者，以谓作现成说，则是动容周旋中礼，自然发见之光辉，乃生知安行、化不可为之事，既非曾子言"所贵乎道"、言"远"、言"近"之义；若谓三者为化迹，而道之所贵，别有存主之地，则所谓存主者，岂离钧三寸，别有金鳞耶？此正圣学、异端一大界限。圣贤学问，纵教圣不可知，亦只是一实。舍吾耳目口体、动静语默，而别求根本；抑践此形形色色，而别立一至贵者，此唯释氏为然尔。

先儒说曾子得圣学之宗，而以授之子思、孟子。所授者为何事，但与他一个可依可据者而已。故其临终之言，亦别无付嘱，止此身之为体为用者，即为道之所贵；修此身以立体而行用，即是"君子所贵乎道"。其后子思之言中和，则曰"喜怒哀乐"，不离乎身之用也。容貌、颜色、辞气者，喜怒哀乐之所现也。鄙之与雅，倍之与顺，正之与邪，信之与伪，暴之与和，慢之与庄，中节不中节之分也。孟子言天性，曰"形色"。容貌、颜色、辞气者，形色也。暴慢、鄙倍之远，信之近，践形者也。

静而存养于心，凝以其身之静也。动而省察于意，慎以其身之动也。所存者，即此不暴慢、不鄙倍、近信之实，故曰"俨若思"。所察者，即此暴慢、鄙倍、不信之几，故曰"无不敬"。不然，则理于何存？欲于何辨？非此远暴慢、鄙倍而近信者，亦孰为天理显仁藏用之真？非其刚为暴、柔为慢、淫于鄙、辟于倍、饰情为不信者，何以见所欲之为私也？曾子吃紧为人，只在此身著力，而以微见天心，显征王道者，率莫不在此。若但以为效验而用力不系乎此，其不流于禅学者鲜矣。

三

颜子所至，与圣人相去远近，固非易知，然以"犯而不校"想之，则亦可仿佛其端。

上蔡云："几于无我。"所谓无我者，圣人也。朱子谓："却尚有个人与我相对。在圣人，便知人我都无了。"此话不加审别，则已与释氏"无我相、无人相"之说相乱。所以于此，须求一实际在。

圣人所谓"无我"者，岂其于人我而无之！于人我而无之，则是本有人我，而销之于空，是所谓"空诸所有"也。抑谓人我本无，而我不实之以有，是所谓"慎勿实诸所无"也。夫圣人之无人我，岂其然哉！

一理而已矣。人我有异，而理则同。同则无异，故曰无也。无欲害人者，理也。在我无欲害人，在人无欲害我，其理同也。无欲受尔汝者，理也。我无欲受，人无欲受，其理同也。同乎理，则一理而已矣，而安有人与我之或异？

乃理则有等杀矣，均而同之，而尚非理也。因其尊而尊之，因其卑而卑之；我之居尊与人之居尊，我之处卑与人之处卑，同也。同此而已矣，非必我尊人卑，而抑我以就卑也。因其亲而亲之，因其疏而疏之；我之所亲与人之亲我，我之所疏与人之疏我，同也。同此而已矣，非必忘亲忘疏，而引疏者以为亲也。因其曲而曲之，因其直而直之；直在我之必伸，犹在人之不可屈，曲在我之必屈，犹在人之不可伸，同也。同此而已矣，非必屈己伸物，而恒以曲自予，以直予人也。

故"犯而不校"，能忘乎人，而非必能大顺乎理之同。盖于克己有余，而于复礼未能合符，是以重于己而轻于物，故人之以非礼相干者，未一准之天理之大同。斯以为始事之始功，而未入于化也。

圣人只是天理浑成，逢原取给，遇顺逆之两境，一破两分，皆以合符不爽，更无所谓己私者而克之。颜子则去一分私，显一分公，除彼己之辙迹，而显其和平。先儒谓孟子为有圭角，窃意颜子亦然。用力克去己私，即此便是英气。有英气，便有圭角矣。

要以有生之后，为天理之蔽者，唯此以己胜人之心为最烈。故颜子虽未入化，而作圣之功，莫有过焉。盖己私已净，但不堕教空去，则天理之发见，自不容已。如磨古镜，去一分垢，则显一分光，自有不能遏抑者矣。迨其垢尽光生，而不但作镜中之影，浑然于天理一致之中，则无阶可升，而为道义之门。此颜子所谓"欲从末繇"者也。观圣贤无我之深浅，当于此思之，庶不蹑入释氏"歌利截体"之妄。

四

庆源因有周公之才者，尚当以骄吝为戒，遂疑才为可善可恶之具，而曰"德出于理，才出于气"。窃以知庆源说书，多出亿度，而非能豁然见理者。

德有性之德，有行道有得之德，皆涵于心者也。心固统性，而不可即以心为性。以心为性，则心、性之名，不必互立，心不出于性，德不出于理矣。如行道而有得，则得自学后。得自学后，非恃所性之理也。今不可云周公质非生安，而亦不可谓周公之德不繇学得，则亦不必出于性者之为德，而何得对气而言之，理为德之所自出也？

凡言理者有二：一则天地万物已然之条理，一则健顺五常、天以命人而人受为性之至理。二者皆全乎天之事。而"德出于理"，将凡有德者，一因乎天理之自然而人不与哉？抑庆源之意，或浅之乎其为言，若曰：出于理者为德，未出于理而仅出于气者为才。则是拒谏饰非，工书画、穿宝鞍之才耳，而岂周公之才哉？是云"德出于理"，业已不可，而况云"才出于气"乎？

一动一静，皆气任之。气之妙者，斯即为理。气以成形，而理即在焉。两间无离气之理，则安得别为一宗，而各有所出？气凝为形，其所以成形而非有形者为理。夫才，非有形者也；气之足以胜之，亦理之足以善之也。不胜则无才，不善抑不足以为才。是亦理气均焉，审矣。寂然不动，性著而才藏；感而遂通，则性成才以效用。故才虽居性后，而实与性为体。性者，有是气以凝是理者也。其可云"才出于气"而非理乎？

孟子曰："或相倍蓰而无算者，不能尽其才者也。"才尽，则人皆可以为尧、舜矣。虽云气原无过，气失其理则有过；才原无过，才失其用则有过。然而气失其理，犹然气也；才失其用，则不可谓才。且此既云"才之美"矣，则尽之而无不善矣，则才无过而有功矣，岂遂为召骄致吝之媒乎？

程子云："有周公之德，自无骄吝。"此据已然而言尔，非谓有周公之才者，能致骄吝也。骄者气盈，吝者气歉。骄吝者，则气之过也。不骄不吝者，能善其气者也。气有盈歉，则为骄，为吝。故夫天下之骄吝者，不必皆有才，而且以不尽其才。故圣人于此言才，又言骄吝，正是教人以人辅天、以道养性，善其气以不害其性之意。使天以此理此气授之人而为才者，得尽其用而成其能，其为功在学，而不恃所性之理。何居乎庆源之孤恃一理，以弹压夫才，废人工而不讲也！

耳聪、目明、言从、动善、心睿，所谓才也，则皆理也，而仅气乎哉？气只是能生，气只是不诎，气只是能胜；过此以往，气之有功者皆理也。德固理也，而德之能生、不诎而能胜者，亦气也。才非不资乎气也，而其美者即理也。理气无分体，而德才有合用。不骄、不吝，所以善吾才，即所以成吾德，曾何歧出沟分之有！

五

庆源云"世固有优于德而短于才者"，此乃未成德者文饰迂疏之语，圣贤从不于此说。德到优时，横天际地，左宜右有，更何短之有哉！

假令一人有孝德以事亲，而无事亲之才，则必将欲顺而反得忤。申生之所以仅为恭，而许世子且不免于大恶，其可谓孝德之优乎？必能如大舜、文王，方可云优于孝德。而草野倨侮、呴呴咻咻者，一短则蔑不短也。

优者，绰有余裕之谓。短于才，正是德之不优处。诚优于德矣，则凡为道义之所出，事物之待治，何一不有自然之条理？凡周公之才，固即以行周公之德，而实周公之德优裕不穷所必发之光辉。德者得其理，才者善其用。必理之得，而后用以善；亦必善其用，而后理无不得也。故短于才者，不可谓无德，而德要不优。必如周公平祸乱，制礼乐，以成其纯忠达孝之德，而后为德之优，为才之美。若马钧、何稠、杨修、刘晏之流，亦奚足以云才，而况得见美于圣人！

骄吝之不可有，固善才之用，而亦居德之方。然则有曾、闵之孝，龙、比之忠，而骄且吝焉，则亦为居德之忌，而不但为才言也。特以骄吝于用处发见，而才者德之用，故专言才以统德；而鲍焦、申屠狄、李膺、范滂之以骄吝居德者，亦自不乏。然则有德而短于才者，无亦骄吝之使然；正不得以才短为无损于德而自恣也。如云德不忧骄吝，而有才者则然，则非但病才，而且以贼德，固儒者之大患也。

六

圣人于"笃信好学，守死善道"之后，必须说"危邦不入"以下一段文字，叮咛严切，语下自见。若以效言，则成德以后，内以成身，外以成物，不可胜数，而何但于出处上序绩不一词而足哉？此唯晁氏数语，说得简要精通。虽去就出处之较学守，以体用而分本末，然总系之曰"然后为君子之全德"，则"去就义洁，出处分明"，亦非坐致之效可知。

圣贤学问，内外标本，无一不用全力。若学守功深，而去就出处，一听其自善，则用力于此，而收功于彼，如农耕之、耘之而不获稼，亦岂其稼哉？所以静而存养者，必动而省察。君子之法天，唯是"自强不息"，"终日干干，夕惕若"，何尝靠着一二十年学守工夫，便东冲西撞去，如王安石之所为者！

安石之博闻深思，廉洁自好，亦可谓有主矣，向后却成一无忌惮之小人。此闭门造车，出门合辙之说，以误学人不小。所以《文言》说"忠信以进德，修辞立诚以居业"，学守之尽词也；而又云"知至至之，可与几也，知终终之，可与存义也，是故居上位而不骄，在下位而不忧"，则不骄不忧，亦必有知几存义之功焉。

故夫子悦漆雕开之未信，则以开之可仕者，学守有得，而不能自信者，现前应用之物理也。物之理本非性外之理。性外之物理，则隔岭孤松，前溪危石，固已付之度外；而经心即目，切诸己者，自无非吾率性之事。则岂有成功之一日，望危邦而必不入，乱邦而必不居，有道则必不后时，无道则必无滞迹也哉？

唯佛氏有直截顿悟之一说，故云"知有大事便休"，而酒肆淫坊，无非觉位，但一按指，海印发光。缘他欲坏一切，而无可坏之实，则但坏自心，即无不坏，故孤守自性，总弃外缘。

圣人于下梢处，一倍精神，欲成一切，而此物之成，不能速成彼物，故理自相通，而功无偏废。是以终之曰"邦有道，贫且贱焉，耻也；邦无道，富且贵焉，耻也"；则以见学之已明，守之已至，到临几应物上，一失其几，则虽期许无惭，而俯仰天人，已不能自免于耻。所以见天理流行，初无间断，不容有精粗、内外之别，而以精蒙粗，以内忘外，贻亢龙之悔，以一眚累全德也。斯圣功之极至，成德之终事，其慎其难，日慎一日，亦不知老之将至矣。

朱子云"此唯笃信好学，守死善道者能之"，语自蕴藉。言必能乎彼，而后能乎此，以著本末相生一致之理，非谓能乎彼，则即能乎此，恃本而遗末，举一而废百也。庆源遽以效言，不但昧于圣言，亦以病其师说矣。

七

郑氏以许行、陈相为笃信而不好学，大属孟浪。笃信者，若不问其何所信，则信佛、老以至于信师巫邪说者，至死迷而不悟，亦可许之笃信耶？且陈相学许行之学，许行学神农之言，岂其不学，而抑岂其不好？

乃郑氏之失，总缘误将"信"字作虚位说。朱子云"笃信是信得深厚牢固"，亦自有病。但云信得深固，其所信者果为何事？朱子意中、言外，有一"道"字在，而郑氏且未之察。乃夫子岂隐一"道"字于臆中，而姑为歇后语耶？

熟绎本文八字，下四字俱事实，上四字俱工夫。若云"信道"，则"信"字亦属工夫，连下两工夫字而无落处，岂不令痴人迷其所往？逢着一说，便尔不疑，此信如何得笃？且如陈相之事陈良，已数十年，一见许行，遂尽弃其学，正唯不能疑者之信不笃也，而病不在于好学之不诚。事陈良而信陈良，见许行而信许行，如柳絮因风，逢蛛网而即挂，亦何足道哉！

但言信而不得所信，则其弊必至于此。以实求之，则此所谓信者，有实位，而非用工之虚词也。子曰"十室之邑，必有忠信"，正此谓矣，故皆与"好学"相资，而著其功。特彼之言信，以德之性诸天者言，此之言信，以德之据于己者言，为小异耳。

"笃信"，犹《中庸》言"敦厚"也。"好学"，犹《中庸》言"崇礼"也。盖君子于古今之圣教，天下之显道，固所深信，而疑之与信，以相反而相成，信者以坚其志，疑者亦欲以研其微，故曰"信而好古"，亦曰"疑思问"。此不容步步趋趋，漫然无择，惟事深厚牢固之区区也，审矣。

唯夫吾心固有之诚，喻诸己而无妄者，即此是道之真体效于人心而资深、居安者，于此而加之培植壅护之功，则良能不丧，而长养益弘，所谓"敦笃其所已能"者，正此谓已。

此心分明不昧，仰不愧天，俯不怍人，言则可言，行则可行者，是曰信。而量之未充，体之未极，益加念焉，使已能者不忘，可能者不诎，是曰笃。如此则仁为诚仁，义为诚义，而体之或伪，犹恐用之或穷，则好学之功，所繇并进而不可缺也。

彼陈相一流，心无真理，蒙蒙督督，乘俄顷之信而陷溺不反，虽好其所好而学其所学，曾何益哉？使陈相者，能于己之性、物之理，于痛痒之关心，固有而诚喻之，则虽其学未至，亦何悖谬之若此耶？

圣人言为学之本基，只一"信"字为四德之统宗，故曰"主忠信"，曰"忠信以得之"，而先儒释之曰"以实"，曰"循物无违"。"以实"者，实有此仁义礼智之天德于心，而可以也。_{以，用也。}"循物无违"者，事物之则，晓了洞悉于吾心，如信夏之热，信冬之寒，非但听历官之推测，吾之所通，与彼之所感，自然而不贰也。

道自在天下，而以喻诸吾心者，为静可为体、动可为用之实；即其发之不妄，以揆诸心而与千圣合符，则繇一念之不贰，以敦笃而固执之。虽学之未至，而本已不失，虽有异端穷工极巧以诱吾之信而终不乱，岂徒恃所学以立门庭而折之耶？

乃至父子君臣之际，苟非恩义之根于性者有信在心，而徒闻见是资，则将有信伯禽东征之为孝，而成李贤、杨嗣昌之忘亲；信谯周劝降之为忠，而成吴坚、贾余庆之卖国；信之益以牢固，而为恶益大。圣人何以切切然以"笃信"冠于"学、守、善道"之上，为成德之始基也？彼郑氏者，恶足以知之！

八

古乐既无可考，其见之《仪礼》者，朱子业信而征之，以定笙诗之次第。盖繇今以知古乐之略者，唯恃此耳。《关雎》为合乐之首，居《葛覃》《卷耳》《鹊巢》《采繁》《采苹》之先，既后有五篇，则不可云"自'关关雎鸠'至'钟鼓乐之'皆是乱"。陈新安云"当以《关雎》之末章为乱"，其说与《仪礼》合。

合乐六诗，每篇当为一终。合乐者，歌与众乐合作，而当其歌，则必不杂奏众乐使掩人声，一篇已阕，始备奏群音以写其余，故曰"洋洋乎盈耳"。言《关雎》，则《葛覃》以下五诗放此矣。

九

若琴张、曾晳、牧皮之流，岂复有不直之忧？盖彼已成乎其为狂，则资禀既然，而志之所就，学之所至，蔑不然也。此云"狂而不直"，则专以资禀言。潜室之论，较朱子"要做圣贤"之说为是。

十

"犹恐失之"，唯陈新安末一说为有分别。朱子将合上句一气读下，意味新巧。然二句之义，用心共在一时，而致力则各有方，不可作夹带解。"失"者，必其曾得而复失之谓。若心有所期得而不能获，则但可谓之不得，而不可谓之失。且有所期而不能获，即"不及"之谓尔。若云如不及矣，而犹恐不能得，则文句复而无义。且轻说上句，势急趋下，于理尤碍。既以"如不及"之心力为学，而犹以不得为恐，则势必出于助长而先获。

此二句，显分两段。"如不及"者，以进其所未得；"犹恐失"者，以保其所已得也。未得者在前而不我亲，如追前人而不之及也。已得者执之不固则遗忘之，如己所有而失之也。看书须详分眉目，令字字有落，若贪于求巧，而捷取于形声之似，则于大义有害矣。

十一

　　先须识取一"天"字。岂复绝在上，清虚旷杳，去人间辽阔之宇而别有一天哉？且如此以为大，则亦无与于人，而何以曰"大哉尧之为君也"？尧之为君，则天之为天。天之为天，非仅有空旷之体。"万物资始"，"云行雨施，品物流行"，"各正性命，保合太和"，此则天也。

　　《集注》言德，德者君德也，明俊德、亲九族、平章百姓、协和万邦，德之荡荡者也。天之于物，有长、有养，有收、有藏，有利用、有厚生、有正德；而既不可名之曰长物之天，养物之天，收藏夫物之天，利物用、厚物生、正物德之天，如天子之富，固不可以多金粟、多泉货言之，则尧之不可以一德称者，亦如此矣。

　　且天之所以长养、收藏乎物，利物用、厚物生、正物德者，未尝取此物而长养收藏、利厚而正之，旋复取彼物长养收藏、利厚而正之，故物受功于不可见，而不能就所施受相知之垠鄂以为之名。则尧之非此明俊德，彼亲九族，既平百姓，旋和万邦者，民亦不能于政教之已及未及、先后远近间，酌取要领而名其德也。

　　乃其所及于民者，岂无事哉？其事可久，故不于断续而见新；其事可大，故不以推与而见至。则其"成功""文章"之可大可久者，即"无能名"之实也。"成功"非"巍巍"则可名，汤之"割正"、武之"清明"是也，有推与也。"文章"非"焕乎"则可名，《禹贡》之敷锡、《周官》之法度是也，有断续也。乃凡此者，无不在尧所有之中，而终不足以尽尧之所有。意黄、顼以上之天下，别有一风气，而虞、夏、商、周之所以为君者，一皆祖用；尧之成功、文章，古必有传，而今不可考耳。若以心德言之，则既与夫子"大哉为君"之言相背，而以准之天，则将谓天有"巍巍"之体段，其亦陋矣。

　　先儒说天如水晶相似，透亮通明，结一盖壳子在上。以实思之，良同儿戏语。其或不然，以心德比天之主宰，则亦老子"橐籥"之说。荡荡两闲，何所置其橐，而又谁为鼓其籥哉？夫子只一直说下，后人死拚"无名"作主，惹下许多疵病，而竟以道家之余沈，所谓清净幽玄者当之。噫，亦诬矣！

十二

异色成采之谓文，一色昭著之谓章。文以异色，显条理之别；章以一色，见远而不杂。乃合文以成章，而所合之文各成其章，则曰文章。文合异而统同，章统同而合异。以文全、章偏言之，则文该章；以章括始终、文为条理言之，则章该文。凡礼乐法度之分析、等杀、差别、厚薄者文；始末具举、先后咸宜者章。文以分，分于合显。章以合，合令分成。而分不妨合，合不昧分，异以通于同，同以昭所异，相得而成，相涵而不乱，斯文章之谓也。旧注未悉。

子罕篇

一

天之命人物也，以理以气。然理不是一物，与气为两，而天之命人，一半用理以为健顺五常，一半用气以为穷通寿夭。理只在气上见，其一阴一阳、多少分合，主持调剂者即理也。凡气皆有理在，则亦凡命皆气而凡命皆理矣。故朱子曰"命只是一个命"。只此为健顺五常、元亨利贞之命，只此为穷通得失、寿夭吉凶之命。若所云"惠迪吉、从逆凶"者，既无不合矣；而伯牛之疾，孔子之不得卫卿，季孙之惑于公伯寮，在原头上看，亦与"从逆凶"之理一也。人事之逆，天数之逆，等之为逆，则皆凶矣。

二

或疑天数之不当有逆，则人事又岂当有逆哉？唯天之德，以生物、利物，而非以杀、以害。唯人之性，以仁、以义，而非以为戕、为贼。乃乘于其不容已之数，则相失在毫厘之差，而善恶吉凶已不可中徙，则健顺五常之理微，而吉凶祸福之理亦甚微也。

健顺五常，理也。而健者气之刚，顺者气之柔，五常者五行生王之气，则亦气之理矣。寿夭穷通，气也。而长短丰杀，各有其条理，以为或顺或逆之数，则亦非无理之气矣。陈新安未达朱子之微言，而曰"《集注》云命之理微，则此命以理言"，其泥甚矣。

或疑天命之理，愚者可明，柔者可强，所以可变者，唯其命之一也；人之习变其气质，而命自一，故变其习之不一者而可归于一。是则然矣。若夫气数之命，穷者不可使通，夭者不可使寿，则所命不齐；命不齐，则是理无定矣。理不一，则唯气之所成，而岂得与健顺五常之命为性者同哉？乃于此正有说在，可以例相通，而不可执一例观也。

天命之理，愚者可使明，而明者则不可使愚；柔者可使强，而强者则不可使柔。故鲧不能得之于子，纣不能得之于臣。此犹夫仲尼之不能使伯牛寿，乐正之不能使孟子通也。

气数之命，夭者不可使寿，而寿者可使夭；穷者不可使通，而通者可使穷。故有耽酒嗜色以戕其天年，贼仁贼义以丧其邦家。此犹夫愚而好学则近知，柔而知耻则近勇也。

故曰："富与贵，不以其道得之，不处也；贫与贱，不以其道得之，不去也。君子无终食之间违仁，造次必于是，颠沛必于是。"呜呼！二者之胥为命，致上、致下之不同，而胥协于一也，此其所以为理之微与！

三

程子云："意发而当，即是理也；发而不当，是私意也。"胡氏云："意不可以孤行，必根于理。"皆精审允当之语。而微言引伸，则在读者之善通；不然，则胡不云无私而云"毋意"耶？此既显然。但此言意之即不可有，而《大学》云"诚其意"，则又似一笃实其意，而不待于拣择。然则此之言意，与《大学》之言意，固有别矣。而统言意，则又未见其别也。

盖均之意也，而《大学》云"其身""其心""其意""其知"，四"其"字俱指"古之欲明明德者"而言；而"其意""其知"二"其"字，又微有别。身兼修与未修，故言修，修者节其过也。心兼正与不正，故言正，正者防其邪也。意已无邪，故言诚；知已无过，故言致。诚者即此而实之，致者即此而充之也。则其云"其意"者，为正心者言之。欲正其心者之意，已远于私，则不复忧其发之不中于理，而特恐其介于动者之不笃耳。则凡言意，不可遽言诚，而特欲正其心者之意则当诚也。

盖漫然因事而起，欲有所为者曰意；而正其心者，存养有本，因事而发，欲有所为者，亦可云意。自其欲有所为者则同，而其有本、无本也则异。意因心之所正，无恶于志，如日与火之有光焰，此非人所得与，而唯明明德者则然。故《大学》必云"诚其意"，而不可但云诚意。

假令非正心所发之意，有好而即如好好色，有恶而即如恶恶臭，则王安石之好吕惠卿，牛僧孺之恶李德裕，其迷而不复，亦未尝不如好好色、恶恶臭，而要亦为意、为必、为固、为我而已矣，岂足道哉？

意生于已正之心，则因事而名之曰意；而实则心也，志也，心之发用而志之见功也，可云"其意"而不可云意也。今此言"子绝四"而云"毋意"者，新安所云"以常人之私欲细分之，有此四者"是已。

因常人之有，而见夫子之绝，则此意为常人而言，而为意之统词。统常人而言，则其为漫然因事欲有所为者，亦明矣。既为漫然因事欲有所为，则不问其为是为非，俱如雷龙之火，乘阴虚动而妄发，不可必出于私，而固不可有矣。知此，则但言意可无言私，而但于孤行与有本察之，则晓然矣。

四

朱子因释氏有破除知见之说，恐后学不察，误引圣言以证彼教，故以"无知"为谦词。实则圣人之言，虽温厚不矜，而亦非故自损抑，谓人当有知而己无之也。道明斯行，则知岂可无？然此自对世人疑夫子有知者而言，则圣人无所不知而谓之有知，可乎？

以圣人无所不知而谓之有知，此正堕释氏家言，及陆子静顿悟之说。盖人疑圣为有知者，谓无所不知者其枝叶，而必有知为之本也。异端行无本而知有本，故举一废百。圣人行有本而知无本，诚则明矣。固有此理，则因是见知；而一切物理现前者，又因天下之诚有是事，则诚有此理，而无不可见：所谓叩两端而竭也。若古今名物象数，虽圣人亦只是畜积得日新富有耳。此与帝王之富，但因天下之财，自无与敌一例。

若释氏，则如俗说聚宝盆相似，只一秘密妙悟，心花顿开。抛下者金山粟海，蓦地寻去，既万万于事理无当，即使偶尔弋获，而圣人如勤耕多粟，彼犹奸富者之安坐不劳，"五斗十年三十担"，祸患之来无日矣。世人因不能如圣人之叩两端而竭，便疑圣人有一聚宝盆在，故夫子洞开心胸以教之，而岂但为自谦之词！

五

缘颜渊无上事而发此叹，遂启后学无限狐疑。如实思之，真是镂空画火。"仰之弥高，钻之弥坚，瞻之在前，忽焉在后"，此是何物事？莫有一个道，离了自己，却在眼前闪闪烁烁，刁刁蹬蹬，颜子却要捉著他不能勾？在释氏说"不得触，不得背，金刚圈，棘栗蓬，离钩三寸，十石油麻"，正是这话。仔细思之，作甚儿戏！

近有一僧问一学究说："'之'者，有所指之词。'仰之弥高''之'字何指？"学究答云："指道。"僧云："然则可道'仰道弥高'否？"其人无语。此学究与僧固不足道，寻常理学先生错作"仰道弥高"解，为此僧所敲驳者不少。

此等区处，切忌胡思乱想，将道作一物，浩浩而"无穷尽"，皱皱而"无方体"。自伏羲画《易》，直至颜、孟、程、朱，谁曾悬空立一个道，教人拈镜花、捉水月去？若道而高也，则须有丈里；道而坚也，则须有质模；道而在前、在后也，则行必有迹而迁必有径，如何说得"无穷尽，无方体"？乃颜子于此，却是指著一件说。在粗心浮气中二氏之毒者，无惑其狂求不已也。

颜子既非悬空拟一道之形影而言之，又实为有指。思及此，然后知朱子之言，真授瞽者以目也。朱子云"不是别有个物事"，则既足以破悬空拟道形影者之妄；又云"只是做来做去，只管不到圣人处"，则现前将圣人立一法则，而非无所指矣。

要此一章，是颜子自言其学圣之功，而非以论道。喟然之叹，知其难而自感也，非有所见而叹美之也。圣人之"无行不与"，只此语默动静，拟议而成变化，便是天理流行。如云"穷理尽性以至于命"，亦止在身心上体认得"精义入神""利用安身"之事，非有一性焉、命焉，如释氏之欲见之也。

"见性"二字，在圣人分上，当不得十分紧要，而又非蓦地相逢、通身透露之谓见。孟子所言乍见孺子入井之心，亦是为人欲蔽锢、不足以保妻子之人下一冷点。若圣贤学问，则只一个"无不敬""安所止"，就此现前之人伦物理，此心之一操一纵，以凝天德；而何有如光、如水、如蚓鸣、如丝缕之性，而将窥见之？

缘夫子义精仁熟，从心所欲而不逾矩，故即一止一作、一言一动之间，皆自然合符；而其不可及者即为高，不能达者即为坚，不可执一以求者即为在前而在后。即如鄙夫之问，叩两端而竭；见齐衰者、冕衣裳者、瞽者而必作、必趋；感斯应，应斯善，善必至，至善必不息，不息而化：此所谓"弥高弥坚，忽焉在后"者矣。

颜子亲承夫子"无行不与"之教，较夫子生千圣之后而无常师者，其用功之易自倍，故专壹以学圣为己事，想来更不暇旁求。朱子深知颜子之学，而直以学圣言之，可谓深切著明矣。彼泛言道而亿道之如此其高坚无定者，真酿蜜以为毒也。

六

朱子"三关"之说，《集注》不用，想早年所见如此，而后知其不然。善学者，正好于此观古人用心处：不恃偶见以为安，而必求至极。如何陈新安、金仁山尚取朱子之所弃以为宝也！

为彼说者，止据"夫子循循然"一段，在"忽焉在后"之下，将作自己无所得，依步骤学作文字一例商量。圣贤性命之文，何尝如此命局布格？颜子于"欲从末繇"之时，发此喟然之叹，直以目前所见，冲口说出。若云历忆初终履历而叙之，其于喟然一叹之深心，早已迂缓而不亲矣。

除却博文约礼，何以仰，何以钻，何以瞻？非"如有所立"而"卓尔"，"虽欲从之末繇"，又何以为弥高弥坚而忽在后？既已仰之、瞻之，如此其尽心力以学圣矣，而又在文未博、礼未约之前，则岂圣人之始教，但教以脉脉迢迢，寻本来面目也？圣学中既不弄此鬼技，而况子固曰"君子博学于文，约之以礼，亦可以弗畔已夫"，显为君子之始事，圣人之始教哉？将圣人于颜子之明睿，尚然不与一端绪，待其白地瞻钻，计无所出，然后示之以博文约礼，则颜子以下，不愈增其终身之迷耶？

陈子禽只缘在博文约礼上不能承受圣教，故直鲁莽，以子贡为贤于仲尼。漫无把捉者，真见圣而不知圣，闻道而不信道。颜子即不其然，而未博文、未约礼之前，亦知圣道之高坚可耳，而何以知其弥高弥坚，既见在前而犹未已哉？

颜子之叹，盖曰：夫子之道，其无穷尽、无方体者，乃至是耶！此非夫子之吝于教，非我之不勤于学也，而教则善诱，学则竭才，乃其如有所立而卓尔，其末繇也，则见其弥高也，弥坚也，瞻在前而忽在后也。则甚矣圣人之难学也！故《集注》于首节言"此颜子深知夫子而叹之"，末节言"此颜子自言其学之所至"，《语录》有云"合下做时，便下者十分工夫去做"，此朱子之定论，学者所宜笃信者耳。

七

"与道为体"一"与"字，有相与之义。凡言"体"，皆函一"用"字在。体可见，用不可见；川流可见，道不可见；则川流为道之体，而道以善川流之用。此一义也。必有体而后有用，唯有道而后有川流，非有川流而后有道，则道为川流之体，而川流以显道之用。此亦一义也。缘此，因川流而兴叹，则就川流言道，故可且就川流为道体上说，不曰道与川流为体。然终不可但曰川流为道之体，而必曰川流与道为体，则语仍双带而无偏遗。故朱子曰："'与道为体'一句，最妙。"

八

程子"此道体也"一句，未免太尽。朱子"因有此四者，乃见那无声无臭底"两句，亦须活看。竟将此不舍昼夜者，尽无声无臭之藏，则不可。《易》象于《坎》曰"君子以常德行，习教事"，于《兑》曰"君子以朋友讲习"，看来只是如此。《集注》云"自此至终篇，皆勉人进学不已之辞"，初不曾打并道理尽在内。

夫子只说"逝者如斯"，一"者"字，是分下一款项说底，如说仁者便未该知，说知者便未该仁。逝亦是天地化理之一端。有逝则有止，有动则有静，有变则有合，有几则有诚。若说天地之化，斯道之体，无不如此水之逝而不舍，则庄子藏山、释氏刹那之说矣。

于动几见其不息者，于静诚亦见其不迁。程子"天德、王道"之言，亦就动几一段上推勘到极处；而其云"慎独"，则亦以研动察之几，而不足以该静存，审矣。程子推广极大，朱子似不尽宗其说，故有"愚按"云云一段。想来，不消如此张皇。《礼》云"安安而能迁"，夫子云"主忠信"，"徙义"，方是十成具足底道理。

九

程子"君子法之"四字，却与"与道为体"之说，参差不合。新安祖此说，云"欲学者于川流上察识道体之自然不息而法之"，愈成泥滞。庆源"人能即此而有发焉"一句，方得吻合。此等处，差之毫厘，便成千里。

川流既与道为体，逝者即道体之本然。川流体道，有其逝者之不舍；道体之在人心，亦自有其逝者，不待以道为成型而法之。此逝者浩浩于两间，岂但水为然哉！《易》《象》下六十四个"以"字，以者，即以此而用之，非法之之谓也。言法，则彼为规矩，此为方员，道在天下而不在己矣。天德乾，地德坤，君子固自有天行之健、地势之坤，而以之自强，以之载物，无所烦其执柯睨视之劳也。

"逝者"二字是统说，"斯"字方指水。"如斯"者，言天理之运亦如斯，人心之几亦如斯也。此圣人见彻内外，备道于身之语。目刻刻有可视之明，耳刻刻有可听之聪，入即事父兄，出即事公卿，此皆逝者之"不舍昼夜"也。朱子"如水被些障塞，不得恁地滔滔"之语，亦有疵在。道体自然，如何障塞得？只人自间断，不能如道体何也。天地无心而成化，故其体道也，川流自然而不息。人必有心而后成能，非有以用之，则逝者自如斯而习矣不察，抑或反以此孳孳而起者为跖之徒，未尝碍道不行而人自颠耳。此固不可以水之塞与不塞为拟，明矣。

道日行于人，人不能塞，而亦无事舍己之固有，外观之物，以考道而法之。若云以道为法，浅之则谓道远人；而推其极，必将于若有若无之中，立一物曰道。老氏缘此而曰："人法天，天法道。"呜呼！道而可法，则亦虚器而离于人矣，奚可哉！

十

程子是一语之疵，新安则见处差错。程子既云"与道为体"，则犹言目与明为体，耳与聪为体，固不可云君子法目之明以视色，法耳之聪以听声，其言自相窒碍，故知是一时文字上失简点。若云君子以之自强不息，则无病矣。

若新安云"欲学者于川流上察识道体之自然不息而法之"，则是道有道之不息，君子有君子之不息，分明打作两片，而借为式样。犹言见飞蓬而制车，蓬无车体，亦无车用，依稀形似此而已。以此知新安之昧昧。

十一

"君子以自强不息"，是用天德，不是法水。水之"不舍昼夜"，是他得天德一分刚健处。逝者，天德之化迹也，于水亦有，于人亦有。到水上，只做得个"不舍昼夜"。于人，更觉光辉发越，一倍日新。天德活泼，充塞两间，日行身内，不之察识而察识夫水，亦以末矣。

十二

圈外注引《史记》南子同车事，自是不然。史迁杂引附会，多不足信。且史所云者，亦谓见灵公之好色，而因叹天下好德者之不如此，非以讥灵公也。乃夫子即不因灵公之狎南子，而岂遂不知夫人好色之诚倍于好德？则朱子存史迁之说，尚为失裁，况如新安之云，则似以讥灵公之不能"贤贤易色"，是责盗跖以不能让国，而叹商臣之不能尽孝也，亦迂矣。

且子曰"吾未见"者，尽词也。灵公之荒淫耄悖，当时诸侯所不多见，而况于士大夫之贤者？乃因此一事，而遂概天下之君若臣曰"吾未见好德如好色"，其何以厌伏天下之自好者哉？

且云"好德如好色"，两相拟之词，则正为好德者言，而非为不好德者。道好德，即不好色，然亦已好矣。灵公之无道，秉懿牿亡，其不好德也，岂但不能如好色而已哉？灵公为南子所制，召宋朝，逐太子，老屦被胁，大略与唐高宗同。其于南子，亦无可如何，含愤忍辱，姑求苟安而已。好德者如此，则已不诚之甚，而何足取哉？史迁之诬，新安之陋，当削之为正。

十三

朱子之言权，与程子亦无大差别。其云"于精微曲折处曲尽其宜"，与程子"权轻重，使合义"正同。"曲尽其宜"一"宜"字，即义也。不要妙、不微密，不足以为义也。

朱子曲全汉人"反经合道"之说，则终与权变、权术相乱，而于此章之旨不合。反经合道，就事上说。此繇"共学""适道"进于"立""权"而言，则就心德学问言之。学问心德，岂容有反经者哉？

子曰"可与立，未可与权"，初不云"可与经，未可与权"，"经"字与"权"为对。古云"处经事而不知宜，遭变事而不知权"，就天下之事而言之，"经"字自与"变"字对。以吾之所以处事物者言之，则在经曰"宜"，在变曰"权"，权亦宜也。于天下之事言经，则未该乎曲折，如云"天下之大经"，经疏而纬密也。于学问心德言经，则"经"字自该一切，如云"君子以经纶"，凡理其绪而分之者，不容有曲折之或差，则经固有权，非经疏而权密也。

朱子似将一"经"字作"疏阔"理会。以实求之，轻重不审，而何以经乎？经非疏而权非密，则权不与经为对。既不与经为对，亦不可云经、权有辨矣。

以已成之经言之，则经者天下之体也，权者吾心之用也。如以"经纶"之经言之，则非权不足以经，而经外亦无权也。经外无权，而况可反乎？在治丝曰"经"，在称物曰"权"；其为分析微密，挈持要妙，一也。特经以分厚薄、定长短，权以审轻重，为稍异耳。物之轻重既审，而后吾之厚薄长短得施焉。是又权先而经后矣。

至如孟子云"嫂溺援之以手"，乃在事变上说。岂未可与权者，视嫂溺而不援乎？若伊尹放太甲，周公诛管、蔡，则尤不可以证此。

周公若有反经合权之意，则必释管、蔡而后可。盖人臣挟私怨，朋仇雠，乘国危主幼而作乱，其必诛不赦者，自国家之大经大法。是其诛之也，正经也。周公即微有未惬处，亦守法太过，遭变事而必守经耳，安得谓之反经？

若太甲之事，则圣人之所不道，夫子似有不满于伊尹处。其不见删于《书》，亦以太甲之事为后戒；且亦如《五子之歌》，存其词之正而已。且伊尹之放太甲，亦历数千载而仅见，尧、舜、禹、文、孔子，俱未尝有此举动。孔子于鲁，且不放逐三桓，而况其君？如使进乎"可与立"者，必须有此惊天动地一大段作为，而后许之曰"可与权"，亦岂垂世立教之道哉？浸假太甲贤而伊尹不放，则千古无一人一事为可与权者矣，其将进祭仲、霍光而许之乎？

若嫂溺手援，乃淳于髡草野鄙嫚之说，孟子姑就事之变者言之。自非豺狼，皆可信其必援。只是一时索性感怆做下来的，既非朱子"精微曲折，曲尽其宜"之义，而又岂圣贤胸中有此本领，以待嫂之溺，为反经而合道耶？

朱子云："'可与立，未可与权'，亦是甚不得已，方说此话。"使然，则独伊、周为当有权，而尧、禹为无权乎？孟子讥"执中无权"，初不论得已、不得已。《易》称"精义入神，利用安身"，则虽履平世，居尊位，行所得为，亦必于既立之余，加此一段心德。而况此但言学者进德之序，初未尝有不得已之时势，若或迫之者。

故唯程子之言为最深密。程子云"圣人则不以权衡而知轻重矣，圣人则是权衡也"，显此为"从心所欲，不逾矩"之妙。权之定轻重，犹矩之定句股；而权之随在得平，无所限量，尤精于矩；则必从欲不逾矩，而后即心即权，为"可与权"也。如《乡党》一篇，无不见圣人之权。若一往自立，则冉有、子贡侍于夫子而"侃侃如也"，夫岂不正，乃以准之于轻重，固已失伦。自非圣人盛德积中，大用时出，其孰能必施之下大夫而不爽哉？

万事交于身，万理交于事，事与物之轻重无常，待审于权者正等。目前天理烂漫，人事推移，即在和乐安平之中，而已不胜其繁杂，奚待不得已之时，而后需权耶？

况圣贤之权，正在制治未乱上，用其聪明睿知、神武不杀之功。若到不得已临头，却只守正。舜之"夔夔齐栗"，周公之云"我之弗辟，我无以告我先王"，知勇不登，而唯仁可以自靖。故《诗》云"公孙硕肤，赤舄几几"，言不改其恒也。若张良之辟谷，郭子仪之奢侈，圣贤胸中原无此学术，而况祭仲、霍光之所为哉？

圣贤之权，每用之常而不用之变。桐宫一节，亦未免夹杂英雄气在。孟子有英气，故尔针芥而推之为圣。《论语》称夷、惠而不及伊尹，圣人之情可见矣。

《易》云"巽以行权"，巽，入也，谓以巽入之德，极深研几而权乃定也。如风达物，无微不彻，和顺于义理而发其光辉，焉有不得已而反经以行者乎？故权之义，自当以程子为正。

十四

天下无一定之轻重，而有一定之权。若因轻重之不同而辄易焉，则不足以为权矣。大而钧石，小而铢累，止用其常而无不定，此乃天理自然恰当之用。若云不得已而用权，则执秤称物者，皆日行于不得已之涂矣，而岂其然哉！

乡党篇

一

说圣人言语容色皆中礼处，唯朱子及庆源之论得之。龟山下语，极乎高玄，亦向虚空打之绕耳。孟子曰"动容周旋中礼者，盛德之至也"，盖"小德川流，大德敦化"之谓。德盛而至，无所不用其极，如日月之明，容光必照。固不可云日月之明，察察然入一隙而施其照；而亦不可谓高悬于天，不施一照，而容光自曜也。

庆源"细密近实"四字，道得圣人全体大用正著。其云"实"者，即朱子"身上迸出来"之意；其云"密"者，即朱子"做得甚分晓"之意。

学者切忌将圣人作一了百了理会。《中庸》说"聪明睿知"，必兼"宽裕温柔"等十六种天德，方见天下之理皆诚，而至圣之心无不诚。密斯实，实斯诚也。

一了百了，唯释氏作此言。只一时大彻大悟，向后便作一条白练去，磕着撞着，无非妙道。所以他到烂漫时，便道"事事无碍"，即其所甚戒之淫杀酒肉，而亦有公然为之者。其端既乱，委自不清。细究其说，亦惠子尺棰之旨尔。只此便终日用之而不穷，故其言曰"元来黄檗佛法无多子"。

圣贤天德王道，一诚而为物之终始者，何尝如是！使盛德在中，而动容周旋，自然不劳而咸宜于外，则《乡党》一篇，直是仙人手中扇，不消如此说得委悉矣。孔门诸弟子，为万世学圣者如此留心写出，乃舍此而欲求之自然，求之玄妙，亦大负昔人苦心矣。《易》谓"天地不与圣人同忧"，又云"天地设位，圣人成能"，那有拈槌竖拂、大用应机、如如不动一种狂邪见解！龟山早已中其毒而不自知矣。

圣人只是一实，亦只是一密；于义但精，于仁但熟，到用时，须与他一段矗矗勉勉在。且如"色恶不食，臭恶不食"，而藉云自然，非出有心，则天下之好洁而择食者，亦自然不食，而非有所勉。正当于此处，拣取分别。故知说玄说妙者，反堕浅陋。如佛氏说清净，说极乐，到底不过一莲花心、金银楼阁而已。故吾愿言圣人者，勿拾彼之唾余也。

二

"使摈""执圭"两条，晁氏以孔子仕鲁四年之内无列国之交，疑非孔子已然之事，但尝言其礼如此。晁氏所据，《春秋》之所书耳。乃《春秋》

之纪邦交，非君与贵大夫，不登于史册。以孔子之位言之，固不可据《春秋》为证。

乃双峰因晁氏十三年适齐之讹，以折晁说，亦未足以折晁之非。双峰云："夫子摈聘时，弟子随从，见而记之。"乃令孔子衔命出使，则所与俱行者，必其家臣，而非弟子。即或原思之属，得以官从，而当礼行之际，自非介旅，谁得阑入诸侯之庙廷哉？其在摈也，既不容弟子之随从；即或从焉，亦不得杂沓于宾主之间，恣其属目。弟子而已仕也，则各有官守矣。如其未仕，岂容以庶人而蹑足侧目于公门，如观倡优之排场者？而夫子抑胡听之而不禁耶？

足知双峰之言，草野倨侮，自不如晁氏之审。但寻绎事理，可信其然，不必以邦交之有无为征耳。

三

衣服、饮食二节，亦须自圣人之德，愈细愈密、愈近愈实上寻取，方有入处。朱子天理人欲之说，但于已然上见圣德，而未于当然处见圣功。使然，但云"大德敦化"已足，而何以必云"小德川流，天地之所以为大"哉？仲虺云："以义制事，以礼制心。"义是心中见得宜处，以之制事；礼乃事物当然之节文，以之制心：此是内外交相养之道。固不可云以义制心，以礼制事。以礼制事，则礼外矣；以义制心，则义又外矣。若但于可食、不可食上，分得天理、人欲分明，则以礼制事之谓，饮食亦在外而非内矣。此正与圣学相反。

朱子又云："口腹之人，不时也食，不正也食，失饪也食，便都是人欲。"此其说愈疏。世自有一种忕煞高简之士，将衣食作没紧要关切看，便只胡乱去。如王介甫之虱缘须而不知，苏子瞻在岭外，食汤饼不顾粗粝。将他说作人欲，甚则名之为口腹之人，固必不可，只是天理上欠缺耳。

乃于此处简点天理，令无欠缺，也急切难分晓在。如鱼馁肉败，那些见得天理上必不当食？无已，则伤生之说尽之矣。卫生固理也，而举食中之天理，尽之于卫生，则亦褊甚。到此，却须彻根彻底，见得圣人正衣服、慎饮食一段静存动察、极密极实之功，所谓"致中和"者，即此便在，方于作圣之功，得门而入。

盖不正之服食，始以不正之心，失其本然之节，胡乱衣之、食之，此内不能制外也。迨其衣不正之衣而心随以荡，食不正之食而性随以迁，此外不能养内也。内外交养，缺一边则不足以见圣。且如今人衣红紫绮丽之服，此心便随他靡靡摇摇去；衣葛而无所表出，此心便栩栩轩轩去。即此推之，凡服之不衷者，皆足以生人骄奢僭忒之心；服之不盛者，皆足以生人苟且猥下之心。况于食之于人，乃以生气，气清则理晰，气浊则理隐，气充则义立，气馁则义衰：诸能使气浊而不充者，岂但伤生，而抑以戕性矣。

圣人敬其身以建中和之极，故曰："以天产作阴德，以中礼防之；以地产作阳德，以和乐防之。"中和养其气，而礼乐亦报焉，交相成也。故天子齐则食玉以交于明禋，行以珮玉为节，在车以和鸾为节，则志不慆，而忠信笃敬乃常在目。然则一服之失宜，一食之不当，于圣人气体中，便有三辰失轨、山崩川竭之意。学者未能从事于"无不敬，俨若思"之功，使"清明在躬，志气如神"，则不足以见之尔。

膏粱之子，衣锦纨，食甘脆，则情必柔弱。田野之夫，衣草木，食藜藿，则气必戆鄙。故夫子之容色言动，施之于上下亲疏而中其等者，以吾心之宜制事也；饮食衣服，必期于正而远其鲁莽者，以事物之宜养心也。内外交相养而无有忒者，圣功也。内外得所养而自不忒者，圣德也。故庆源以为圣学之正传，其旨微矣。

呜呼！以此为言，世之说玄说妙者，应且笑其舍本而徇末；乃彼之所谓玄妙者，亦非愚之所敢知也。

四

以迅雷风烈为天之怒，亦从影响上捉摸，几与小说家电为天笑之诞说，同一鄙猥。张子《正蒙》中说得分明，不容到此又胡乱去。

《诗》云"敬天之怒"，天之怒从何察识，亦即此民心、国势见之耳。喜事赏，怒事罚。"上帝板板，下民卒瘅"，天之罚也，即天之怒也。若雷之迅、风之烈，未必其为灾害于人物，而且以启蛰而吹枯，何得妄相猜卜为天之怒哉？

雷不必迅，迅则阴之拒阳已激，而阳之疾出无择者也。风不宜烈，烈则虚者已虚而吸之迫，实者已实而施之骤也。只此是阴阳不和平处，天亦乘于不容已之势而然。如人之有疾，呼号似怒，而因气之不和，岂关怒哉？

阴阳不和，其始必有以感之，其继则抑必有以受之者。夫子以天自处，而以裁成、辅相为己事，故不得不自省所感者之或在吾身，而防夫不和之受，将为性情气体之伤。緐其心之纯于天德而不息，故遇变则反求诸己而不安耳。从此思之，乃于理事不悖。

五

《尔雅》言"鹊，鶝丑，其飞霎"，谓竦翅上下，一收一张也；"鸢，乌丑，其飞翔"，谓运翅回翔也；"鹰，隼丑，其飞翚"，谓布翅翚翚然疾也。今观雉之飞，但忽然竦翅，一直冲过陇间，便落草中，差可谓"霎"，而何尝有所谓运翅回翔而后集者哉？雌雉之在山梁，夫子、子路交至乎其侧而犹不去，则又岂"色斯举矣"之谓？新安云"色举、翔集，即谓雉也"，亦不审之甚矣！

"时哉"云者，非赞雉也，以警雉也。鸟之知时者，"色斯举矣，翔而后集"。今两人至乎其前，而犹立乎山梁，时已迫矣，过此则成禽矣。古称雉为耿介之禽，守死不移，知常而不知变，故夫子以翔鸟之义警之，徒然介立而不知几，难乎免矣。人之拱已而始三嗅以作，何其钝也！

然此亦圣人观物之一意而已，非谓色举、翔集，便可与圣人之"时中"同一作用。西山以孔子去鲁、卫，伯夷就养文王比之，则大悖矣。有雉之介，而后当进以翔鸟之几。如其为翔鸟也，则又何足道哉！冯道之于君臣，杨畏之于朋友，占风望气，以趋利而避害，乌鸢而已矣。

《读四书大全说》卷五终

读四书大全说卷六·论语

先进篇

一

胡氏所述闵子芦花事，猥云出自《韩诗外传》。今《韩诗外传》十卷固在，与《汉艺文志》卷帙不差，当无逸者，卷中并无此文，盖齐东野人之语尔。宋末诸公，其鄙倍乃至于此。

"母在一子寒，母去三子单"，其言猥弱，非先秦以上语，一望而即可知。"单"之为义：其正释，大也；其借用，尽也；唐、宋以前，无有作单薄用者。况抑似五言恶诗，而又用沈约韵耶？

且使如彼所云，则闵子之孝，固不顺乎其母矣。今子曰"人不间于其父母昆弟之言"，而不云父母昆弟不间于人言，故勉斋云"父母昆弟之言或出于私情"，庆源云"或溺于爱，蔽于私"。则可以知闵子之父母昆弟，其相信相爱者，已先于外人，而必无继母恔害之事矣。

朱门弟子，初不用此邪说，而《集注》所引胡氏之言，亦与黄、辅符同，则辑《大全》者所引之胡氏，必即云峰而非文定父子可知已。此说与公冶长鸟语事，同一鄙秽。俗儒无心无目而信之，亦可哀矣！

至云"处人伦之常者，孝无可称"，则以天明地察之至德要道，而仅以为穷愁失所者之畸行，其害名教为不小。夫子之称武、周，孟子之推曾子，岂亦有不慈之父母以使得炫其名乎？

二

《易》言"原始反终，故知死生之说"，"始终"字，自不可作"生死"字看。使云"原生反死，故知死生之说"，则不待辨而自知其不可矣。所以然者，言死生则兼乎气，言始终则但言其理而已。如云气聚而生，散而死，可以聚为始而散为终乎？死生自有定期，方生之日谓之生，正死之日谓之死。但自形气言之，则初生者吾之始也，正死者吾之终也。原始反终而知死生之说，则死生所指有定，而终始所包者广矣。

愚于此，窃疑先儒说死生处都有病在。以圣人之言而体验之于身心形色之间，则有不然者。今且可说死只是一死，而必不可云生只是一次生。生既非一次生，则始亦非一日始矣。庄子藏山、佛氏刹那之旨，皆云新故密移，则死亦非顿然而尽，其言要为不诬；而所差者，详于言死而略于言生。

以理言之，天下止有生而无所谓死，到不生处便唤作死耳。死者生之终，此一句自说得不易。如云生者死之始，则无是理矣。又云死者人之终，亦庶几成理，以人无定名，因生而得名为人也。如云生者人之始，则虽差可成语，而于意又成背戾。盖因生而有人，则一日之生自生之一日，其可云生者生之始乎？然则婴儿之初生而即死者，其又为何者之始耶？生既非死之始，又不可为生之始，则"始终"二字，当自有义，断不可以初生之一日为始，正死之一日为终也。

要以未死以前统谓之生，刻刻皆生气，刻刻皆生理；虽绵连不绝，不可为端，而细求其生，则无刻不有肇造之朕。若守定初生一日之时刻，说此为生，说此为始，则一受之成型，而终古不易，以形言之，更不须养，以德言之，更不待修矣。

异端说"囫地一声"，正死认著者劈初一点灵光，如陶人做瓮相似，一出窑后，便尽著只将者个用到底去。彼但欲绝圣弃知，空诸所有，故将有生以后，德撰体用，都说是闲粉黛。其云"一条白练去"，正以此为娘生面耳。

古之圣人画卦序畴，于有生以后，显出许多显仁、藏用之妙，故云"穷理尽性以至于命"，云"存其心，养其性，所以事天"，云"莫非命也，顺受其正"，直是有一刻之生，便须谨一刻之始。到曾子易箦时，也只是谨始，更不可谓之慎终。何尝吃紧将两头作主，而丢漾下中间一大段正位，作不生不死、非始非终之过脉乎？

《书》曰"惠迪吉，从逆凶"，与孟子"顺受其正"之说，相为表里。"莫非命也"，则天无时无地而不命于人，故无时无地不当顺受，无时无地不以惠迪得吉、从逆得凶。若靠定初生一日，则只有迎头一命，向后更无命矣，而何以云"莫非命也"哉？此理不达，则世之为推算之术者，以生年月日悬断吉凶，猥鄙之说昌矣。

凡自未有而有者皆谓之始，而其成也，则皆谓之终。既生以后，刻刻有所成，则刻刻有所终；刻刻有所生于未有，则刻刻有所始。故曰曾子易箦，亦始也，而非终也。反诸其所成之理，以原其所生之道，则全而生之者，必全而归之；而欲毕其生之事者，必先善其成之之功：此所谓知生而知死矣。

故夫子正告子路，谓当于未死之前，正生之日，即境现在，反求诸己，求之于"昊天曰明，及尔出王，昊天曰旦，及尔游衍"之中，以知生之命；求之于"不闻亦式，不谏亦入，不显亦临，无斁亦保"之中，以知生之性；求之于"直养无害，塞乎天地之间"者，以知生之气。只此是可致之知，只此是"知之为知之"，而岂令哼枯木，撮风声，向团地一声时讨消息哉？此是圣贤异端一大铁界限，走漏一丝，即成天壤，而废仁义、绝伦之教，皆其下游之必至矣。

子曰"未知生，焉知死"，此如有人问到家路程，则教以迤逦行去，少一步也到不得，且举足趁着走，则息驾之日，自不差耳。且如子路死于孔悝，他死上也分明不错，而其陷于不义者，则在仕辄之日，即此是未知生而欲知死之一大病。释氏唯不然，故说个"生死事大，只办腊月三十日一套除夕筵席"。却不知除夕之前，衣食全不料理，则早已冻馁而死，到腊月三十日，便煞铺设煜煌，也无用处。乃徒欲据元旦以知除夕，不亦慎乎！

愚以此求之，益见圣言之正大精密，与化工同其自然。先儒诸说，唯朱子"生理已尽，安于死而无愧"一语，为有津涯；其余则非愚所知，而间乱于释、老者多矣。《语录》有云"能原始而知其聚以生，则必知其后必散而死"，既即释氏假合成形之说，且此气之聚散，听之寿命者，何用知之，而亦何难于知，乃消得圣人如许郑重耶？而朱子答之曰"死便是都散了"，亦聊以破释氏死此生彼之妄，其于圣人之言，则全无交涉，所谓不揣其本而争于末也。诊其受病之原，只误认一"生"字作生诞之日"生"字解，而其或鄙或倍，乃至于此，是以辨贵明而思贵慎也。

三

释氏说生死有分段，其语固陋。乃诸儒于此，撇下理说气，而云死便散尽，又云须繇造化生生，则与圣人之言相背。气不载理，只随寿命聚散，倘然而生，溘然而死，直不消得知生，亦将于吾之生无所为而不可矣。

生生虽繇造化，而造化则不与圣人同忧，故须知死生之说，以为功于造化。此处了无指征，难以名言，但取孟子"直养无害，塞乎天地之间"两句，寻个入路，则既不使造化无权，而在人固有其当自尽者。夫子说"朝闻道，夕死可矣"，亦是此意。盖孟子合理于气，故条理分明；诸儒离气于理，则直以气之聚散为生死，而理反退听。充其说，则人物一造化之刍狗矣。

诸儒于此，苦怕犯手，故拿着个气，硬地作理会。乃不知释氏轮回之说，原不如此。详见愚所著《周易外传》，当以俟之知者。

四

夫子只许闵子之言为中。中者，当于理也，《集注》释此自当。双峰、新安添上"和悦雍容"一义，圣人既不如此说，且《论语》一书，皆经记者檃括成文，非闵子当日止用此二冷语论此一事。且其云"何必"者，则以长府之弊，别有所在，而不系于改不改，不正于其本而徒然改作，则不如无改之为愈，若用之得宜，则仍旧贯而亦何弊，故不云不可，而云"何必"，酌事而为言，非故为雍容和悦也。若明知其不可而故为缓词，则直是骑两头马，柔奸行径耳。以为无与于己，则何如弗言？既已言之，而又何避忌？不痛不痒，做款段而匿肝肠，此小人之尤也，而闵子岂其然！为长府，改钱法也，详《稗疏》。

五

孔子既没而道裂，小儒抑为支言稗说以乱之。如《家语》《孔丛子》《韩诗外传》《新序》《说苑诸书》，真伪驳杂，其害圣教不小。学者不以圣言折之，鲜不为其所欺。

《家语》《说苑》称子路鼓瑟，有北鄙杀伐之声，说甚猥陋。夫子谓子路升堂而未入室，今须看升堂入室，是何地步。子之论善人，曰"亦不入于室"，圣人岂有两室，而室岂有异入哉？善人有善而无恶，特于天德、王道之精微处，未尽其节文之妙，止一往行去教好，所以云"未入于室"。看来，子路亦是如此。

孟子曰"可欲之谓善"，一"欲"字有褒有贬。合于人心之所同然，故人见可欲。而其但能为人之所欲，不能于人之所不知欲、不能欲者，充实内蕴而光辉远发，则尽流俗而皆欲之矣。故夫子曰"繇也喭"。喭者，粗俗也。粗者不密，俗者不雅。未能精义入神以利用，故曰粗。不知文之以礼乐，而好恶同于流俗，故曰俗。

圣人虽不为异人之行，然其所以节太过，文不及，备阴阳之撰者，固非流俗之所能与知。粗俗者，虽不为合流俗、同污世之邪慝，而称意直行，往往与众人一种皮肤道理相就。所以他于众睹众闻上，赫赫弈弈，有以动人，而求之于天理之节文，自然精密、自然卓尔者，深造以礼乐而后得入，则一向似不信有此理，故其言曰"何必读书，然后为学"。则亦"不践迹"之意也。

唯其如此，是以虽复鼓瑟，亦聊以供其判奂，而不必合于先王之雅音，则虽郑、卫之音，且自谓无妨一奏。其于夫子之门，必以先王之正声，荡涤人心志，融洽人肌肤，以导性情之和者，殊为背戾。故曰"奚为于丘之门"。

合子路生平与夫子之言类观之，则可见矣。使如《家语》《说苑》之猥谈，则子路无故而常怀一杀心，将与宋万、州绰、高昂、彭乐之流，同其凶狡，则亦名教之戎首，斯人之枭鹰，而何得要夫子"升堂"之誉哉？

子路好勇，自在闻义必为、闻过必改上见得勇为为义耳，初非有好战乐杀之事。虽孔悝之难，亲与戎行，而春秋时文武之涂未分，冉有、樊迟，皆尝亲御戈戟，非但一子路为然。《家语》抑有戴雄鸡、佩豭豕之说，尤为诬罔，固非君子之所宜取信也。程子曰"言其声之不和"，自与圣言相符。

六

《中庸》就教上说，则过、不及之间，尚可立一"中"以为则。然《或问》已有"揣摩事理"之语，则过、不及自就知行上见，不与中庸之显道相对。此言二子学之所至，其非子夏在前面一层，子张在过背一层做，审矣。

"中庸"二字，必不可与过、不及相参立而言。先儒于此，似有所未悉。说似一"川"字相似，开手一笔是不及，落尾一笔是过，中一竖是中庸，则岂不大悖？中庸之为德，一全"川"字在内。若论至到处，落尾第三笔结构方成。一直到人伦之至，治民如尧，事君如舜，方是得中，则岂有能过之者哉？

斯道之体，与学者致道之功，总不可捉煞一定盘星。但就差忒处说，有过、不及两种之病。不可说是伸着不及，缩着太过，两头一般长，四围一般齐，一个枢纽。如此理会，所谬非小。且如《河图》中宫之十、五，《洛书》中宫之五，却是全图全书之数；与乐律家说天数五、地数六，合之十一，遂将六作中声不同。天垂象，圣人立教，固无不然。所以无过、不及处，只叫做"至"，不叫做"中"。近日天主教夷人画一十字，其邪正堕于此。

今以道体言之，则程子固曰"中是里面底"，里只与外相对。不至者外，至者里也。非里面过去，更有一太过底地位在。若以学言，则不得已，且将射作喻。不及鹄者谓之不及，从鹄上盖过去之谓过。若正向鹄

去，则虽射穿鹄，透过百步，亦不可谓之过，初不以地界为分别。只在箭
笤离弦时，前手高便飘过去，前手低便就近落耳。则或过或不及，只缘一
错。而岂鹄立于百步，便以百步为中，九十步内为不及，百一十步外为过
之谓哉？

作圣之功，必知足以及之，仁足以守之，斯能至而不忒。今二子之为
学，亦既俱以圣人为鹄矣。子夏只恁望着圣人做去，而未免为人欲所累带
着，就近处落。子张亦只恁望着圣人做去，却自揣其力之不足试于人欲之
域以得天理，乃便尽着私意往外面铺张，希图盖覆得十分合辙。所以二子
之所造不同，然其不能用力于静存动察、精义入神，则一也。故曰"过犹
不及"。

故夫子以"小人儒"戒子夏，而记称其有厚子薄亲之罪。曾子斥子张
之"难与为仁"，而其言曰"丧思哀，祭思敬，其可已矣"。

譬之于射，则子夏亦知平水箭为百中之技，却力有不逮，不觉临发时
前手便落，早插入流俗里去。子张亦缘力之不加，恐怕落近，便一直抬起
前手，庶几起处高，落处合，而不知心目无一成之鹄，则必不能至，而徒
为劳耳。

故子夏知有儒，而不知儒之或不免于小人，则一念之私利未忘，即为
欲所泥，而于理必不逮。子张谓丧尽于哀，祭尽于敬，可一直相取，乃不
知存之无本，则有虽欲哀而不得哀，虽欲敬而不得敬者。所以于其志学之
始，与其究竟之失，为之要言曰"过"，曰"不及"；乃统其知之不能及，
仁之不能守，为之要言曰"过犹不及"。总以洞见其用功之差，而既不仅
以天资言，尤不得谓两者之外别有中庸，两者之间不前不后之为中庸也。
假令节子张之过，则亦不挣扎之子张；伸子夏之不及，亦一无归宿之子
夏；且求为二子而不能得，况望其能至于圣人哉？

在他行迹处，见得有此两种共依于圣功而不能至之病。若以圣功之至
言之，则子固曰："回也，其心三月不违仁，其余则日月至焉而已矣。"则
颜子亦唯不及之为忧，而况子张？圣人之道，断无透过那一边还有地位之
理，所以云"仰之弥高，钻之弥坚"。二子之失，皆仰钻之未竭其才耳。
而岂子张之已逾其高，过颜子之所仰；已抉其坚，过颜子之所钻乎？

子思赞中庸之德，说赞化育、参天地，说"无声无臭"，那有一重道

理得陵而过之？尹氏"抑过、引不及"之说，自是见处未确。夫子之于子张，亦引之而已，而何有抑哉？如子张言"丧思哀，祭思敬"，自是粗疏不至语。藉令教之，亦引之于情文相称之实，俾得以尽其哀敬，岂抑之使毋过哀，毋过敬，而姑但已乎？故知以过、不及、中庸为三涂论者，不堕于子莫之中，其无几矣！

七

"夫子不幸而与匡人之难"一转，甚是蛇足。诸老先生只管向者上面穷理，好没去就。不如桃应所问瞽瞍杀人为有是事者远矣。杞人忧天，而更忧何以支撑耶？

颜渊之后，大略是迂道相避，故致参差。彼此相信以不死，原不待于目击。其云"子在，回何敢死"，言夫子既有道以出险，已亦不恃勇以犯难。想来匡人之暴，亦不是莽莽杀人，处之有道，则自敛辑。上蔡训"敢"为果敢，极是分明。不果敢则不死矣。

胡氏告天子方伯请讨之说，尤迂疏无理。伤人者刑，杀人者死，司寇治之耳。夫子非有国之君，匡人亦非能阻兵负固者，何待天子方伯之讨哉？然要不须如此论，亦聊破胡氏之谬耳。

此胡氏未目言号谥，以其言考之，盖致堂也。文定《春秋传》中，不作此无稽之言。致堂不善承其家学，《读史管见》中往往有如此者。

八

程、朱论曾晳处，须是别看，不可煞着猜卜。如以为无所期慕，只自洒落去，则韦应物之"微雨夜来过，不知春草生"，足以当之矣。如将景物人事，逐一比配，以童子、冠者拟老、友、少，以浴风、咏归拟安、信、怀，以谓于物得理，于事得情，则曾晳不向诚然处直截理会，乃在影似中求血脉，其亦末矣。

但拽着架子，阑阑珊珊，如算家之有粗率，则到用处，十九不通。朱子谓三子不如曾点之细，又云"曾点所见乃是大根大本"。只此可思，岂兵农礼乐反是末，是枝叶，春游沂咏反为根本哉？又岂随事致功之为粗，而一概笼罩着去之为细耶？看此二段《语录》，须寻入处。"身心无欲，直得'清明在躬，志气如神'，天下无不可为之事。"读《语录》者，须知"清明在躬"时有"志气如神"事，方解朱子实落见地。

九

《集注》云"人欲净尽，天理流行"，朱子又云"须先教心直得无欲"，此字却推勘得精严，较他处为细。盖凡声色、货利、权势、事功之可欲而我欲之者，皆谓之欲。乃以三子反证，则彼之"有勇""知方""足民""相礼"者，岂声色货利之先系其心哉？只缘他预立一愿欲要得如此，得如此而为之，则其欲遂，不得如此而为之，则长似怀挟着一腔子悒怏欿羡在，即此便是人欲。而天理之或当如此，或且不当如此，或虽如此而不尽如此者，则先为愿欲所窒碍而不能通。

以此知夫子"则何以哉"一问，缘他"不吾知也"之叹，原有悒怏欿羡在内，一面且教他自揣其才，而意实先知其无可与而思夺之也。前云"则何以哉"，后云"为国以礼"。言及于礼，则岂欣欣戚戚，思以天下利见吾才者之所得与哉？

怀挟着一件，便只是一件，又只在者一件上做把柄。天理既该夫万事万物，而又只一以贯之，不是且令教民有勇知方，且令足民，且令相礼，揽载着千伶百俐，与他焜耀。故朱子发明根本枝叶之论，而曰"一"、曰"忠"、曰"大本"。凡若此者，岂可先拟而偏据之乎？故三子作"愿"说，作"撰"说，便是人欲，便不是天理。欲者，己之所欲为，非必理之所必为也。

夫子老安、友信、少怀之志，只是道理如此，人人可为，人人做不彻底，亦且不曾扣定如何去安老者、信朋友、怀少者。圣人只说末后规模，而即以末后之规模为当前之志愿；一切下手煞着，即是枝叶，亦即不能尽己以忠，亦即是不能一以贯之；故唯一礼扑满周遍之外，更无闭门所造之车。

如夫子向后相鲁、却莱兵、堕郈、费，岂非圣人大道之公、三代志中之事？然使云"我愿堕三都，服强齐"，则岂复有夫子哉？恶三都之逼、强齐之侵陵，而不因其势在可堕，理在可屈，徒立一志以必欲如此，即此是人欲未净而天理不能流行。三代以下，忠节之士，功名之流，磨拳擦掌，在灯窗下要如何与国家出力，十九不成，便成也不足以致主安民，只为他将天理边事以人欲行之耳。

曾点且未说到老安、友信、少怀处，而一往不堕，故曰"人欲净尽"。人欲净尽，则天理可以流行矣。乃此抑未可作水到渠成会。水到渠成者，任乎物，曾皙则任乎己。看他言次自得之。故曰"与漆雕开俱见大意"。"吾斯之未能信"，亦任乎己也。

十

庆源云"须是人欲净尽，然后天理自然流行"，此语大有病在。以体言之，则苟天理不充实于中，何所为主以拒人欲之发？以用言之，则天理所不流行之处，人事不容不接，才一相接，则必以人欲接之，如是而望人欲之净尽，亦必不可得之数也。故《大学》诚意之功，以格物致知为先，而存养与省察，先后互用。则以天理未复，但净人欲，则且有空虚寂灭之一境，以为其息肩之栖托矣。

凡诸声色臭味，皆理之所显。非理，则何以知其或公或私，或得或失？故夫子曰"为国以礼"。礼者，天理之节文也。识得此礼，则兵农礼乐无非天理流行处。故曰："子路若达，却便是者气象。"倘须净尽人欲，而后天理流行，则但带兵农礼乐一切功利事，便于天理窒碍，叩其实际，岂非"空诸所有"之邪说乎？

但庆源以此言曾皙，则又未尝不可。曾皙自大段向净人欲上做去，以无所偏据者为无所障碍，廓然无物，而后天地万物之理以章。只此净欲以行理，与圣人心体庶几合辙。而所以其行不掩者，亦正在此，故未可据为学圣之功也。

十一

"曾点未便做老、庄，只怕其流入于老、庄"，朱子于千载后，从何见得？只看"暮春"数语，直恁斩截，不于上面添一重变动，亦可以知其实矣。不然，则谓之天理流行，岂非诬哉？

天理、人欲，只争公私诚伪。如兵农礼乐，亦可天理，亦可人欲。春风沂水，亦可天理，亦可人欲。才落机处即伪。夫人何乐乎为伪，则亦为己私计而已矣。

庄子直恁说得轻爽快利，风流脱洒；总是一个"机"字，看着有难处便躲闪，所以将人间世作羿之彀中，则亦与释氏火宅之喻一也。看他说大鹏也不逍遥，斥鴳也不逍遥，则兵农礼乐、春风沂水了无着手处，谓之不凝滞于物。

曾点所言，虽撇下兵农礼乐、时未至而助长一段唐突才猷为不屑，然其言春风沂水者，亦无异于言兵农礼乐，则在在有实境，在在而不慊其志矣。不慊其志者，不慊于理也。无所逃匿，无所弄玩，则在在有实理者，在在无伪也。此岂可与庄周同日语哉？

圣人诚明同德；曾点能明其诚，而或未能诚其明；老、庄则有事于明，翻以有所明而丧其诚。此三种区别，自是黑白分明。缘曾点明上得力为多，故惧徒明者之且入于机而用其伪，故曰："怕其流入于老、庄。"此朱子踞泰山而仰视日、旁视群山、下视培塿眼力。呜呼，微矣！

颜渊篇

一

"克"字有力，夫人而知之矣，乃不知"复"字之亦有力也。《集注》言"复，反也"，反犹"拨乱反正"之反；庆源谓"犹归也"，非是。《春秋谷梁传》云"归者，顺词也，易词也"，其言复归，则难词矣。于此不审，圣功无据。盖将以"复礼"为顺易之词，则必但有克己之功，而复礼无事，一克己即归于礼矣。

夫谓克己、复礼，工夫相为互成而无待改辙，则可；即谓己不克则礼不复，故复礼者必资克己，亦犹之可也；若云克己便能复礼，克己之外，无别复礼之功，则悖道甚矣。可云不克己则礼不可复，亦可云不复礼则己不可克。若漫不知复礼之功，只猛着一股气力，求己克之，则何者为己，何者为非己，直是不得分明。

如匡章出妻屏子，子路结缨而死，到妻子之恩、生死之际也拼得斩截，则又何私欲之难克，而讵可许之复礼耶？谚云"咬得菜根断，百事可为"，乃若陈仲子者，至有母而不能事，是一事亦不可为，而况于百乎？则唯不知复礼，区区于己所欲者而求战胜也。

佛氏也只堕此一路，直到剿绝命根，烦恼断尽，而本无礼以为之则，则或己或非己之际，嫌不别，微不明，无刑典，无秩叙，硬把一切与己相干涉之天理都猜作妄。若圣学之所谓"克己复礼"者，真妄分明，法则不远，自无此病也。

然则复礼之功，何如精严，何如广大，而可云己之既克，便自然顺易以归于礼乎？精而言之，礼之未复，即为己私。实而求之，己之既克，未即为礼。必将天所授我耳目心思之则，复将转来，一些也不亏欠在，斯有一现成具足之天理昭然不昧于吾心，以统众理而应万事。若其与此不合者，便是非礼，便可判断作己，而无疑于克，故曰"非礼勿视"云云。使非然者，则孰为礼，孰为非礼，孰当视，孰不当视而勿视，直如以饼饵与千金授小儿，必弃千金而取饼饵矣。圣人扼要下四个"非礼"字，却不更言"己"，即此可知。

二

遇着有一时一事，但克己则已复礼；遇着有一时一事，但复礼则无己可克；遇着有一时一事，克己后更须复礼；遇着有一时一事，复礼后更须克己。此与存养、省察一例，时无先后，功无粗细，只要相扶相长，到天理纯全地位去。

乃既致力于克己，尚须复礼，此是圣学据德、依仁一扼要工夫。而天理现前之后，尚恐恃己之持循有据，便将后一段盖覆将去，大纲近理，即休于此，却被己私阑入视听言动之中，而不知早已违仁，则一直通梢，防非礼而务克之。此圣学极深研几，谨微以全天德事。故下"四勿"之目，尤严为颜子告也。

三

未克己，不可骤言复礼，恐装做个"堂堂乎难与为仁"模样，颜子已自久不堕此窠臼。未复礼，不可漫言克己，却做个"烦恼断尽，即是菩提"勾当，圣门从无此教意。故此两项俱不可掺入此章话下。克己必须复礼，"约我以礼"之善诱也；既复于礼，仍须克去非礼，则"约我以礼"之上更施一重时雨之化也。此不容不审。

四

但于"天下归仁"见效之速，不可于"一日克己复礼"言速。以"一日克己复礼"为速，则释氏一念相应之旨矣。经云"一日克己复礼"，非云"一日己克礼复"。克己复礼，如何得有倒断！所以尧、舜、文王、孔子终无自谓心花顿开，大事了毕之一日。因以言其动物之可必，故为之词曰"一日"耳。

乃"天下归仁"，亦且不是图他一番赞叹便休；特在本原上做工夫，便终身也只依此做去，别无他法，故可归功于一日。若"天下归仁"之尽境，则亦必其"克己复礼"之功无有止息，而施为次第，时措咸宜，然后天理流行，人心各得也。"天下归仁"不可以一日为效之极，"克己复礼"其可以一日为德之成乎？

所以朱子又补"日日克之，不以为难"一段，以见"天下归仁"非功成息肩之地，而"一日"之非为止境。双峰成功之说，殊不省此。"终则有始，天行也。""存吾顺事，没吾宁也。"岂如剿一寇、筑一城之一事已竟，即报成功也哉？

五

"天下归仁"，不可谓不大，"天下归仁"之外，亦别无进境。乃说个"天下归仁"，则亦未括始终，但言其规模耳。"天下归仁"，须日日常恁地见德于天下，岂一归之而永终誉乎？如孔子相鲁时，天下归其政之仁；及致政删修，天下又归其教之仁；何曾把一件大功名盖覆一生去？"天下归仁"非一日之小效，"克己复礼"又何一日之成功耶？

六

自"一日克己复礼，天下归仁"之前，到此一日，则有维新气象，物我同之。既已"一日克己复礼，天下归仁"矣，则只是纯纯常常，相与不息去。故虽非止境，而亦不可谓效之不速也。

七

私意、私欲，先儒分作两项说。程子曰"非礼处便是私意"，则与朱子"未能复礼，都把做人欲断定"之言，似相龃龉。以实求之，朱子说"欲"字极细、极严。程子说"意"字就发处立名，而要之所谓私意者，即人欲也。

意不能无端而起，毕竟因乎己之所欲。己所不欲，意自不生。且如非礼之视，人亦何意视之，目所乐取，意斯生耳。如人好窥察人之隐微，以攻发其阴私，自私意也。然必不施之于宠妾爱子，则非其所欲，意之不生，固矣。又如立不能如齐，而故为跳荡，亦跳荡易而如齐难，欲逸恶劳之心为之也。则云"未能复礼，便是人欲"，搜简将来，无可逃罪，而非悬坐以不雠之名矣。

但此等在无意处，欲乘虚而见端。若程子所言，则为有意者论。既有意而非其甚不肖，然且非礼，则似乎非欲之过。乃天下之以私意悖礼者，亦必非己所不欲。特己立一意，则可以袭取道义之影似，以成其欲而盖覆其私。如庄子说许多汗漫道理，显与礼悖，而摆脱陷溺之迹，以自居于声色货利不到之境。到底推他意思，不过要潇洒活泛，到处讨便宜。缘他人欲落在淡泊一边，便向那边欲去，而据之以为私。故古今不耐烦剧汉，都顺着他走，图个安佚活动。此情也，此意也，其可不谓一己之私欲乎！则凡以非礼为意者，其必因于欲，审矣。

然程子云"非礼处便是私意"，朱子则云"未能复礼，都做人欲"，二先生下语，自有分别。非礼者，必如前所云，立一意以袭取道义之影似，成欲而盖其私，而非但未能复礼者也。未能复礼者，则但其无意而使欲得乘虚以见端者也。若业已有事于仁而未能复礼者，意之所起，或过或不及而不中于礼，虽几几乎不免于人欲，而其发念之本，将于此心之不安、理之不得者，以求其安且得，则亦困知勉行者；中间生熟未调、离合相半之几，虽不当于礼，而愤悱将通，正为可以复礼之基。是一己之意见，非即天下之公理，而裁成有机，反正有力，不得以私意故贬其为为仁之害也。若并此而欲克去之，则必一念不起，如枯木寒崖而后可矣。此程子"私意"之说，不善读者，其敝将有如此。

朱子谓"即无不属天理，又不属人欲底"，乃一念不起，枯木寒崖者，则已不属人欲，而终无当于天理。特此段光景，最难立脚，才一荡着，又早堕去。所以释氏自家，也把做石火、电光相拟，稍为俄延，依旧入人欲窠臼。终不如吾儒步步有个礼在，充实光辉，壁立千仞，如虎有威，狐狸不敢犯；只恁依样择执，到底精严，则天理一味流行，人欲永无侵染。此邪正之分，诚伪之界，恒与无恒之所自别，未可为冥趋妄作者道也。

二先生归同说异，须有分别，无作一例看。乃圣人之所以语颜子者，则在既知约礼之后，偶然无意，使人欲瞥尔乘虚见端上说。观其以"克己"冠"复礼"之上，而目在"四勿"者，可知。程子推圣意以辟安，朱子为释经之正义，不可紊也。

八

非礼而视听，非礼而言动，未便是人欲。故朱子曰："自是而流，则为人欲。"夫子此说，与"放郑声，远佞人"一意。圣学极顶处，只是愈精愈严，不恃自家见得透，立得定，便无事去也。

谓私欲曰"己"，须是自己心意上发出不好底来。瞥然视，泛然听，率尔一言，偶尔一动，此岂先有不正之心以必为此哉？然因视听而引吾耳目，因言动而失吾枢机，则己私遂因以成，而为礼之蠹矣。故四者之非礼，未可谓己私，而己私之所缘成也。

然夫子竟以此为"克己复礼"之目者，中之有主，则己私固不自根本上有原有委之生发将来；然此耳目口体之或与非礼相取者，亦终非其心之所不欲，则以私欲离乎心君而因缘于形气者，虽无根而犹为浮动。夫苟为形气之所类附，则亦不可不谓之"己"矣。故朱子曰"索性克去"，是复礼之后，更加克治之密功也。

乃己私虽无所容于内而礼已充实，然犹浮动于外而以遏礼之光辉，使不得发越，则礼终有缺陷之处。是又复礼之后，再加克己，而己无不克，乃以礼无不复。此所谓"人欲净尽，天理流行"也。

非礼而视，则礼不流行于视；非礼而听言动，则礼不流行于听言动。圣贤纯全天德，岂云内之以礼制心者，其事縣己，外之因应交物者，其事不縣己乎？天地万物且备于我，而况吾有耳目口体，胡容孤守一心，任其侵陵，而自贻之咎也！舜之戒禹于"惟精惟一，允执厥中"之后，又曰"无稽之言勿听，弗询之谋勿庸，唯口出好兴戎"，亦是此意。武王之铭曰"无曰胡伤，其祸将长；无曰无害，其祸将大"，亦是此意。终不如异端说个知有是事便休，大事了毕，只须保任，将耳目口体、天下国家作不相干涉之物而听之，以为无如我何也。呜呼！此"四勿"之训，所以为天德，为乾道，而极于至善也与！

九

言"出门"则统乎未出门，言"使民"则该乎使民之外，此与"无众寡，无小大"一意。出门原不可作动说。动者必有所加于天下，但一出门，何所加于天下而可云动哉！周子曰"动静无端"，则固不可以事境分矣。凡静之中，必有动焉。如以己所独知为动之类，则虽燕居深处而皆动也。凡动之中，必有静焉。当其睹色则听为静，当其闻声则视为静，所动者一，而不睹不闻者众也。总于意之已起未起为动静之分。但言"出门"，其或有意无意，皆不可知，而奚有定耶？

若以见诸事者为动，则出门未有事也，使民业有事也。《曲礼》云"无不敬，俨若思"，自分动静。而"出门如见大宾"，则自非"无不敬"

之所摄，正所谓"俨若思"者是已。必不获已，自宜以出门属静，使民属动，不可于出门、使民之外，别立一静也。

或者所问，程子所答，俱似未当。双峰云："平时固是敬谨，出门、使民时尤加敬谨。"出门、使民之外，何者更为平日？圣人是拣极易忽者言之，以见心法之密。见宾、承祭，方是常情加谨之地。出门之外，有大廷广众、顺逆不一之境，推致于"虽之夷狄"；使民之上，有入事父兄、出事公卿，无限待敬待爱之人。则此所举者，极乎境之静、事之微而言也。谨微慎独，该括广大，何平日之不在内乎？

十

"心常存"是根本，"事不苟"是事实。繇心存，故见事之不苟；乃繇不苟于事，则此不苟之心便为心存。到成德地位，但此心存而常醒，则事自不苟，言自不易。若求仁之功，则且以事不苟为当务。圣人从"为之难"说起，即从此入，不容别问存心。

盖凡天下不仁之事皆容易，而仁则必难。所以然者，仁是心德，其他皆耳目之欲。耳目轻交于物，不思而即通，引之而速去，所以尽他曲折艰深，到底容易。若心官之德，"思则得之，不思则不得"，已自不能疾获；又须挽着耳目之用，可以得意驰骋处，都教把住，则且目失视，耳失听，口失言，四肢失其利动，而心亦疲于思，只此极难。所以尽古今大聪明、大决断、大疾速的人，到此都不得滋味。若其为此，方见其难，而诚"为之难"也，则岂非仁者终身用力之实际哉！夫子曰"用力于仁"，又曰"先难"，意俱如是。故知"为之难"三字，是本根茎干一齐说出语。而朱子所云"存心"，自不若圣言之深切也。

初入门人，谨言以存心，是溯末反本事。成德之后，心无不存，而为自难、言自切，是自然气象。若仁者之实功，则云"为之难"足矣，加以存心，则又是捷径法矣。观小注"学者即当自谨言语，以操存此心"及"仁者心常醒"等语，分疏别白，则知非于为难之上，别立存心之法也。

十一

晁氏所云"非实有忧惧而强排遣之也",亦虚设此疑,以证君子之不然耳。庆源云"不忧不惧者,疑若有之而强排遣之也",则煞认有人排遣得"不忧不惧"矣。

从古至今,尽上知、下愚,却无一人排遣得"不忧不惧"者。尽强有力者,但能眉不颦、口不叹、肌不粟而已。咄咄书空,屡齿忘折,其郁陶惕栗,更倍于人。故说个"不忧不惧",便是极致。岂"不忧不惧"之上,更有"何忧何惧"之一境哉?

必欲求一非君子而能不忧惧者,则唯朱子所谓"块然顽石"者,而后可以当之。唐太宗攻高丽,一军士肉薄至堞坠死,一军士复继之,太宗亟称其勇。许敬宗曰:"此人只是不解思量。"块然顽石而不知惧者,大要不解思量耳。

其块然顽石而不忧者,直是一和哄汉,得过且过,故司马牛亦疑而贱之。自此以上,则更无有人排遣得"不忧不惧"也。此等处,反求之日用身心,则自知之,非可以文言生疑信。"若要消愁除是酒,奈愁回酒醒还依旧!"此言虽鄙,实尽人情。故凡看圣贤文字,非实实体认,于己取之,则但有言说,都无实义,求以达事理而遇微言,难矣哉!

十二

《集注》两释"信"字,俱加"于我"二字,亦似赘出。子曰"民无信不立",不云"民不信不立",则非信于我之谓,审矣。《集注》又云"失信",一"失"字尤不安。言"失信",则是有所期约而故爽之。看来,子贡问政是大纲问,非缘国势危而号令期约以相救,则又何期,而又何失乎?

此"信"字,是尽民之德而言,与《易》言"履信"同。民之所奉上教,而自成其道德之一,风俗之同者,至于信而止矣。孟子所谓"恒心"者是也。"信之""之"字,固若隐然指君而言,然亦要君之所以教民者而概言之,非专指君身与其所令也。于此不审,则将"自古皆有死"一句,煞认作饿死说，而"民无信不立"，作守死不食言解，则大失圣人之旨矣。

"自古皆有死"二句，以文义、事理求之，非但承"去食"说，亦承"去兵"说。无食之死，与无兵之死，等也。而无兵之可以得死，尤甚于无食。朱子云"有信则相守以死"，不知所谓相守者何人？古者即民为兵，有与相守者，则是虽无食而有兵矣。子贡曰"于斯二者何先"，则业已无兵矣，更何从得人而相守乎？

"足食"者，民之食与国之食而两足也。"足兵"者，训练之而使战不北、守不溃也。"去兵"者，贫弱之国，恐以训练妨本业，且无言兵，而使尽力于耕作也。"去食"者，极乎贫弱之国，耕战两不能给，且教之以为善去恶，而勿急督其农桑也。

世儒错看一"去"字，说作已有而故去之。夫已有兵有食矣，则又何害于信，而必欲去之哉？"必不得已"之云，自以施为之次序而言，而非谓其有内患外逼、旦夕立亡之势。食竭兵溃，坐以待毙，亦何政之足为耶？君子不居危乱之邦，而何为执其政哉？倘云先已执政，而一旦至此，则平日之足之者，漫无可恃，而徒议销兵弃粟于危亡之日，其不足有为甚矣。子贡亦何屑为此童昏败亡之君臣计耶？

"必不得已而去句，于斯三者何先句"，谓必不得已而有所去矣，于其所不去者，当以何为先务也。先者，先足，非先去也。去者，不先之谓耳。唯或先兵，或先食，或先信，则去者可以缓待后日。倘云先去，则岂去兵之后乃去食，去食之后乃去信乎？三者皆有可为之势，则兵食与信，同时共修，不相悖害。若积敝之余，初议收拾，则先教民而后议食，先足食而后议兵，其施为之次第如此。不然，则如富强之流，或先食，或先兵，亟以耕战立国，而置风俗之淳薄为缓图，固当世言政者之大敝也。

而其曰"自古皆有死，民无信不立"，则见天之为民立君，非但相聚以生，而必欲相成以有立。失立民之道，而民亦无以自立，则不达于死生之正理以为民极，而但呴呴然如禽兽之相哺相卫，求以趋利而避害，则虽食足兵强，其建国迪民者，适以败坏人道久矣。此夫子彻底将天德、王道合一之理，与子贡言为国之大经，以定缓急之次序；而非向倾危败乱之国，作君民同尽计也。熟绎本文，当自得之。

十三

子贡之言"文犹质也，质犹文也"，自无病；病在"虎豹之鞟，犹犬羊之鞟"二语。缘质之为义，不但是个意思，须已实有其质。以"商尚质"思之，可见质与文，都是忠敬做出来底。质是一色，文是异色；质是实实中用底，文是分外好看底。所以君子忠敬之心，或可云野人得而同之；而君子之质，则已大异于小人之质矣。

故朱子曰"虎皮、羊皮，虽除了毛，毕竟自别"，此喻甚精切。虎之所以为虎，羊之所以为羊，既不但以毛别，且亦不但以皮别，彻底自是分明在。岂一除去毛，便可云虎豹犹犬羊哉？

世儒言文不可离于质，此说自通。抑云质不可离于文，则舛甚矣。离文自有质，若去毛自有皮也。与皮去则毛不得存，其义自别。知此，则足以知子贡差处。然则当周末尚文之先，夏、商之君子小人，岂遂无别哉？

其云"文犹质也，质犹文也"，但说个"犹"，固未尝不可有轻重、本末之差。若云本犹末也，末犹本也，亦何不可。盖本末之俱有而不可无者，一也。而本自本，末自末，正自差等分明。

子贡盖谓文之以昭此忠敬之华者，与质所以将此忠敬之实者，以内外、本末言之，则同为因物显志，继起之事；而就天下所必有之事而言，则同为忠敬所丽之物。是以商之尚质，以质之可以尽忠敬；亦犹周之尚文，以文之可以昭忠敬也。如此说来，更有何弊！

特质如皮，文如毛，忠敬如虎之所以为虎、羊之所以为羊。以本末言之，则忠敬为主，质近内而文近外，质可生文而文不能生质。则同此一虎豹，毛原不害于皮，但须有皮而后有毛；同此一君子，文原非以贼质，但须既尽其质，而后听生其文。别以质，固可又别以文，别以文，非遂无别以质，不得竟以质而无文者为同于犬羊耳。

十四

双峰谓"忠信是德，徙义是崇"，破碎文义，于理无当。崇者即以崇其德，德者即其所崇，岂有分乎？不能徙义，则直不可谓之德。德者，行道而有得于心之谓。有得于心者，必其有得于事理者也。若执一端之义，莽撞用去，不复问现前所值之境，事理所宜，则日用之间，不得于心而妄为者多矣。是知日新而益盛者，皆德也。

崇者，对卑而言。不以忠信为主，徒于事迹上见德，将有如管仲之所为者，非不操之有本，行之有合，于心非无所得，而抑见德于天下矣；乃唯假仁袭义，弗能敦以不息之诚，则所得者凉菲而德以卑。故唯主忠信者为崇德也。

崇德原有两义：一为所崇者德，一为能崇其德。而所崇者德，则其德以崇；能崇其德，则崇者皆德。此二意，两句中俱有。特主忠信则以心合道；徒义则于道见心；<small>义内故。</small>内外合揆，而后所崇无非德，其德无不崇也。

双峰"愈迁愈高"之说，但有言句而无实义。崇德与修慝、辨惑并列，则崇固加功之词。若云"愈迁愈高"，则功在迁而效在高，是谓德崇，而非崇德矣。况云徒义，亦初无愈迁愈高之理。缘事物之宜，不可执一，故须徙以曲成。岂始终一义，今日姑处其卑，而他日乃造其高乎？

如"临财毋苟得"者，义也；而孟子受薛、宋之金，亦无非义也。同归于义，辞非卑而受非高。藉云"愈高"，则岂前日于齐之不受者为未高，而今日之受乃高耶？以此知双峰所云，但描画字影，而无当于理，亦释经之害马也矣！

十五

只忠信是德，"主忠信"是崇德；义是德，"徒义"是崇德。不尚机权而立其诚，不守闻见而必揆夫宜，则所崇皆德；诚日敦而义日富，则能崇其德；心极忠信而行无不宜，则其德崇矣。看书只须如此，自然理明义足。徒务纤新，鲜有不悖也。

十六

但云"爱之""恶之"，非必不当理之爱恶。如其当理，欲其生死，亦复何妨！唯仁者能爱人，则祝之曰“万寿无疆”；唯仁者能恶人，则刺之曰“胡不遄死”。好贤如缁衣，岂不欲其生乎？恶恶如巷伯，岂不欲其死乎？倘云“彼之生死有定分，用心于不能必之地，而实无所损益”，则天下之最难必者，莫若在天之晴雨，云汉之诗，祈愿迫切，不尤惑耶？

且使得位乘权而操生杀之柄，其所生所杀，必先有欲生欲死之之心。即无权位，而爱子则欲其生，恶盗贼则欲其死，亦自性情之正。讵生死有分，已不可必，而遂漫然置之耶？天下事勘得太破，不趋刻薄，必趋苟且，亦庸愈于惑哉？唯“既欲其生，又欲其死”，先后杂投于一人之身，斯与一朝之忿，忘身及亲者，同为心无适主，乘俄顷之意气，而陷于昏瞀耳。

十七

《集注》云“君子小人，所存既有厚薄之殊，而其所好又有善恶之异”，上句指小人亦知美之当成，恶之不当成，而欲排陷人使入于罪者；下句谓小人之不知孰为美，孰为恶，而反以不成人之美、成人之恶为德者。故用“既”“又”二字，双穷小人之情，而谓唯君子忠厚爱人，而不忍人之陷于非；亦深知美之当为，恶之不当为，故乐见美成，而恶闻恶就。两句注，该括曲尽。胡氏“唯恐人之不厚，唯恐人之不薄”云云，殊未分晓。

十八

康子夺嫡，事在已往，且其事既成，不但欲之。使夫子以此讥其为盗之魁，亦徒抢白一场，而彼终无自新之路矣。季孙意如、季孙斯，则奸雄之流。至康子，则已苟且冒昧不堪矣。故哀、悼以降，三家益弱，不能如陈氏世济其厚施之奸，终以篡齐也。观夫子三对康子之问政，固不以奸逆待之，直从其陷溺非辟之深而责之尔。如胡氏所云，则不但咎既往而为已甚，且错看康子作莽、操、师、昭一流矣，而岂其然！故读书者，以知人论世为先务。

十九

“察言而观色”，是圣人见得天理烂漫、充塞两间处。唯此理日充满流行于天地之间，故其几自不容阒。而理以人为丽，几以人之言与色为征，只在此观察得去，则自然极乎人情，而顺乎天理矣。只《集注》"审于接物"四字，极妥。小注似将"察言而观色，虑以下人"九字作一句读下，便大差著。

抑云"验吾言之是与不是"，亦未当理。盖作一句读下，观察人之言色以下人，则伺颜色，承意旨，以求媚于世，此又下于"居之不疑"者一等，孟子所谓妾妇是也。若凭此以验吾之是非，而人之言与色，其喜怒、从违亦不齐矣，未必其喜且从者之为是，而怒且违者之为非也。舍在己之权衡而一听于人，又奚当哉？

曰"察"，则详加审辨之谓也。曰"观"，则非常瞻视之谓也。即天下之人，因不可掩之几，沉潜而加警以观察焉，则不特吾之是非，可即喜怒从违以知之；而凡天下之人情物理，其为公欲公恶与或一人之偏好偏恶者，无不皎然如黑白之在前；则虽凶人匪类，言必与恶相取，色必与戾相应，而吉凶善恶、诚不可掩之几，亦自此见矣。故吾之接之者，知之必明而处之必当，邦、家之达，不可必哉！知此，则双峰"是一件事"之说，不待攻而自无足采矣。

二十

仁知合一之说，始于曾吉甫，而朱子取之。乃程子及和靖所云，则不添入此一重意。看来，"樊迟未达"，记者只记此一句，不言所未达者何在，曾氏亦但猜度得云尔。

细味下文夫子、子夏之言，初未尝有申明仁。知合一之意。且圣人并论仁知处，每分开作对待。若以为疑于相悖，则更有甚于此者。《易》云"仁者见之谓之仁，知者见之谓之知"，明与分开两支。若乐山、乐水，动、静、乐、寿，则尤相对待，而要不嫌于相悖。"樊迟问仁，子曰：'爱人。'问知，子曰：'知人。'"此自日月经天语，何曾有相悖处？不成疑其或相悖，而可不于仁言爱人，于知不言知人乎？

若说知妨爱，爱妨知，作此粗疏料量，则天下事理，圣贤言说，无一不相抵牾。且如食以养阴，饮以养阳，亦可疑食之养阴，且使阴盛干阳；饮之养阳，或令阳亢消阴乎？食养阴而不废饮，则阴不毗；饮养阳而不废食，则阳不孤。爱人而抑知人，则所爱不泛；知人而抑爱人，则虽知不刻：此自灼然易见之理。使迟曾此之未达，则又何其愚也！故云知妨爱，爱妨知，疑于相悖者，曾氏之臆说也。

程、尹曙然于此，故不作此较量。尹氏之言，特发程子之意，而分贴经文，尤为清切。其云"不独欲闻其说"者，"知人、爱人"之说也；云"又必欲知其方"者，举直错枉之方也；云"又必欲为其事"者，选众而举之事也。

子曰"爱人"、曰"知人"二语，极大极简。大则疑浅，简则疑疏。太易理会，则太难证入。故曰有其说而未有其方也。今言仁知，孰不知仁为爱人而知为知人者？乃爱人而何以爱之，知人而何以知之，未得其方，则虽日念爱人，而人终不被其泽；日求知人，而人终相惑以相欺。此犹饥而语之以食，渴而语之以饮，乃未谋其何所得食，何所得饮，何者当食，何者当饮，则非不欲食欲饮，而乃以无所从得，或不择而陷于毒。此迟所为疑其但有言说而无方趣，阔大简略而迷所向也。

乃爱人则权在我，而知人则权在人，故曰："知人则哲，惟帝其难之。"是以迟之未达，于知人而更甚，罔然无措之情，遂形于色。而子乃授之以方，曰"举直错诸枉，能使枉者直"。苟知是，不患知人之无方矣。

盖人之难知，不在于贤不肖，而在于枉直。贤之无嫌于不肖，不肖之迥异于贤，亦粲然矣。特有枉者起焉，饰恶为善，矫非为是，于是乎欲与辨之而愈为所惑。今且不问其善恶是非之迹，而一以枉直为之断。其直也，非，可正之以是也，陷于恶，可使向于善也，则举之也。其枉也，则虽若是焉若善焉，而错之必也。如此，而人不相饰以善，不相争于是，不相掩于恶，不相匿于非，而但相戒以枉。枉者直，则善者著其善，不善者服其不善，是者显其是，非者不护其非，于以分别善恶是非而不忒，又何难哉！此所谓知人之方也。以此通乎仁之爱人，近譬诸己，以为施济，先笃其亲，以及于民物，亦不患爱之无方矣。

乃方者，事所从入之始功也。始之为方者约，而继之为事也博，故方有未可以该事者。以方该事，而或流于术，此迟之所为再疑也。今使规规然舍贤不肖之迹，而一从直与不直以求之，则是操术以深其察察之明，而于御世之大权，或以纤用而不给于行远，则"能使枉者直"之效，亦未必其不爽。而子夏之以事征其必然者，既可以证圣言之不虚，且舜、汤之以治天下，道不外是，则非一曲之方术。而知人之大用与其大功，通始终，包遐迩，无不富有于两言之内；则方者即事，而非仅其从入之径，故曰"然后有以知之"；则施为之次第条理，为要为详，统无不喻，故曰"包含无所不尽"也。

曰"直"，曰"枉"，非尽乎贤不肖之词也。枉者固不肖，而不肖者固不尽于枉；贤者必直，而直非贤之极致。乃极而论之，则极乎贤者，亦但极乎直。故皋陶、伊尹，德亦盛矣，而要其所备之德，总以无所掩冒者为盛。故举直者，必若举皋陶、伊尹而后为极致。则始以为方，或可于不能贤之中姑取其直；而终以大其事，则极直之致，于无不贤之中得其无不直。要不可谓于举直之外，别有知人之法也。此所谓"语近不遗远，语远不舍近"者也。而后知人之事，洵无异量，则可无忧人之不易知。以此例之，亦可知人之无难爱矣。

程子、尹氏之意，大都如此。特其为言，简要疏远，既不易晓了，而其取义务实，不似曾氏之尖新可喜，则或以浅近忽之。乃必欲求圣贤之大旨，自当以此为正。

二十一

曾氏之说所以不当者，以不择而爱，不可谓爱；知而不能容，不可谓知。使爱不肖亦如爱贤，爱疏亦如爱亲，则其于亲贤亦薄矣。使一味苛察，绝无回互，则徽以为知，其不知者多矣。如此而后可疑知爱之相悖。岂樊迟之拙，亦至于是？

将圣人言语，作此理会，即令樊迟粗疏不审，而夫子"爱人""知人"二言，说得直恁分晓，原不曾说博施其爱而无别，察用其知以吝于爱。曰"爱人"，自然是知所爱；曰"知人"，自然是欲知可爱者而爱之。如日昱乎昼，自然施明于月；月昱乎夜，自然映明于日。又何足疑之有！

二十二

即欲如曾氏之说，亦但可如小注云"仁里面有知，知里面有仁"理会。双峰云"举直错枉，依旧是从仁上发来"，此说斡旋较可。"能举直，则是发此天理之公，是亦仁也"。《大学》说"唯仁人能爱人，能恶人"，孟子说"尧、舜之仁，不遍爱人，急亲贤也"，皆将举错作仁者之用，故可云仁中有知，知中有仁。

《集注》未免徇曾氏太过，将"举直错枉"作知，"能使枉者直"作仁，便成大渗漏。"举直错枉"是作用，"能使枉者直"是效验，岂知有作用而不见效，仁待知以得效而本无功乎？且曾氏云二者相悖，既谓知悖爱，亦谓爱悖知也。今此但释知不悖爱，而不及爱不悖知，又岂知能统仁，而仁不能统知乎？

且以此言知以成仁，则虽不必并举，而亦当令其义可通于仁以成知之旨，然后举一而达二。试令以此例，为仁以成知作一转语，其可云泛爱天下而贤不肖之品自清乎？仁以成知一边，既不能下一语，但在知以成仁上说此两句，以释相悖之疑，则是知可成仁，而仁不能成知也。是帝王之治世，学者之成德，但当务知，而不必求仁矣。仁为四德之首，今乃为知所统，而不能为功于知，不亦慎乎！

故必不获已，亦当从《朱子语录》及双峰之说，无徒拘《集注》以为曾氏墨守，犹贤乎尔。

二十三

小注："或问圣人何故但以仁知之用告樊迟，却不告以仁知之体？"此等问头极劣。想来，此公全未见道，又不解思索，只管胡问。在朱子婆心，犹为解释，以愚当此，直付之不答可也。仁知之体，如何可以言语说得！不但圣人不言，门人亦未尝问也。

问答之例，答者必如其所问。问仁知之用，则以用答，问为仁知之功，则以功答。"先难后获，务民之义"，"居处恭，执事敬，与人忠"，以功问，以功答也。此则以用问，以用答也。当其问也，必有其辞。使记者全举之，则寻行数墨人可无用疑矣。缘记者无此闲笔舌，为此曹分疏，遂使疑樊迟问何者为仁，何者为知一般，直得惭惶杀人！

圣人答问仁者，直迫颜渊，从不一言及体。《五经》《四书》，亦但言仁则曰仁，言知则曰知而已，即此为体，而更无可引喻而博说之者。朱子于仁，说个"心之德，爱之理"，锤炼极精。然亦必知有仁者，而后能知其心之所得、爱之所秩。学者不省，而益其迷误者不少。至于知，则朱子亦不能以训诂显之。下此，则如韩退之言"博爱之谓仁"，一出口便成疵病。

仁之为仁，知之为知，其为体也，唯有者能见之，见者能喻之。苟非所有，则非所见；非所见，则非所喻；非所喻，则虽引譬博说，而祇益其昏瞀。倘漫然未识而问焉，不答可也。

盖凡天下之为体者，可见，可喻，而不可以名言。如言目，则但言其司视，言耳，则但言其司听，皆用也。假令有人问耳目之体为何如，则其必不能答，而亦不足答，审矣。

北人有不识稻者，南人有不识麦者。如欲告之，则亦曰麦似稻，稻似麦，以其有饱人之用，一也。若令以一言蔽其体之何若，便通身是口，也不得亲切。即能亲切于吾言，亦必不能亲切于彼心，固矣。今试令为此问者言仁之体，亦不过曰"心之德、爱之理"而已。此自祖朱子之言尔。彼且不能自喻，而况喻诸人乎？

故善问者必不以体为问，善答者必不以体告人。圣门诸贤，于仁知之体，已反身而自见，故但于其工夫作用请事，终不似晚宋诸公，除却先生言语，自家一如黑漆。如将欲行而问何者为足，将欲视而问何者为目，徒腾口说，争是非，而终其身于盘簷以为日也。乃以己之愚，疑圣言之未著，其可哀也夫！

子路篇

一

胡氏立郢之论，双峰辨其非是，甚当。孟子所言易位者，唯贵戚之卿可耳。据冯厚斋所考，子路此问，在辄立十二年之后，虽贵戚之卿，为之已晚矣。《春秋》书齐"弑其君商人"。商人弑君之贼，齐人君之而又杀之，则书"弑"。岂有十二年之后，业已为之臣，而敢行废置者乎？胡氏此等议论，极粗疏，墨守其《春秋》之家学而误焉者也。

子路曰"卫君待子而为政"，夫子不拒，而但言"正名"，则固许委贽于卫辄之廷矣。子贡"夫子不为"之说，在辄初立之时；子路此问，在十二年之后。圣人因时措宜，视天下无不可为之事，岂介介焉必立郢而后可哉？

且考之《春秋传》，公子郢非能为子臧、季札者也。其辞而不受者，知蒯聩之父子之安忍无亲，而不欲罹于祸耳。灵公薨，郢可以遵治命而有国矣，而且曰"亡人之子辄在"，则是郢之终不肯立也。盖灵公之于其子，非真有深恶痛绝之心，受制于悍妻而不能不逐之耳。以义，则辄可以立，以先君之志，则且欲立辄以寄其不忍于蒯聩之心，故蒯聩逐而辄可以容于卫。使郢受大夫之扳而遂立焉，是亦违分义以替先君之志，因便窃位，而何贤于辄耶？郢固终不听焉，则徒为乱首，而终无济于卫，岂夫子而为尔哉？

论及此，夫子即为贵戚之卿，亦不能任立郢之事。能任此者，其唯有道之天子、方伯乎！乃辄之罪不在于得国，而在于拒父。则灵公初薨，辄未称兵以拒蒯聩，即为天子、方伯者，立辄亦无不可。天子、方伯固立辄，辄固不立而让其父，然后以大义抑辄而使立焉，仕蒯聩于王国可也，迎蒯聩以终养可也。蒯聩怙恶不听，天讨且加，而后辄可逃也。辄逃而君卫者，犹有灵公之嫡孙疾在，而不必郢。此中子之所以君孤竹也。

然凡此者，天子、方伯任之，而非臣子之事。故夫子且许之为政，而曰"必也正名乎！"则亦就其既陷于罪之后，弭其拒父之恶，去祢祖之名，迎父以归养而已。蒯聩之争，辄激之也。辄之逆，南子之党成之也。

辄而正名以迎养，得夫子以为之相，则蒯聩之安于归而就养也，亦可十九得也。使其不然，而辄乃有逃之一策在。顾其逃也，须待之蒯聩归而不戢之日。为臣子者，何事豫为非常之举动，轻与废立，效董卓、桓温之所为哉？父子君臣之际，自当力为其难，不可率然任意于一掷也。

二

宋光宗之不孝，而方踞大位，赵汝愚废之，立宁宗，乃以奉光宗为上皇，而社稷未尝不安。朱子固深许赵相之忠，而深哀其死矣。以此推之，则父废子立，亦何不可哉！

或疑光宗昏懦，而蒯聩凶悍。然公子郢之以义立辄而国人安之矣，则蒯聩亦何足以有为？况以圣人处此，强齐可服，三都可堕，而奚有于蒯聩？蒯聩以失其应得之国而争，较瞽瞍之无故而欲杀其孝子者，情犹可原。以圣人为之，瞽瞍且允若，而况蒯聩乎？

处此等大变，只是至诚动物，顺道而无忧；才弄手段，图轻快，便是私意。但不能尽诚孝于己，便生许多忧虑怨尤，故子曰"求仁而得仁，又何怨！"人臣则利害计深，怕向旧窠中寻兔，铲地舍却他父子，别立一主，则大小安贴。赵忠定贬死衡州，也只为宁宗是光宗之子，到底无恩而有怨；使别立一人，则居然门生天子，居不拔之地矣。君子欲以尽大伦而安社稷，岂可作此思量！

唯为君者，将社稷作公器，信天理而不疑，却于自家父子天性，与不立乎其位一般，尽敬尽爱，则何忧何怨！为臣者，但依着天理人情，一直担任，不计利害，成则为伊、周，败亦为赵相，又奚事张皇妄作哉？故立郢之说，非天理之安，而利害乱之也。

三

蒯聩初无怨于辄，所恨者南子之党耳。奸人惧祸，遂为"不拒父祢祖则辄不可立"之说，而辄童昏听之。圣人见得名之既正，辄未尝不可君卫，则奸人无所售其奸矣。若云必须立郢，则正堕奸人术中。故见道不弘者，不足与权也。

徐有贞只"今日之举为无名"七字，弄出许多倾危伎俩。李南阳从容打破此言之妄，上心冰释。处人家国者，不可不知此意。

四

聘礼，大夫受命不受辞。"专对"者，谓以己意应对合宜，不必君命也。朱子云"不假众介之助"，未是。虽正使辞诎，亦无众介聚讼一堂之理。

五

所谓政者，谓刑赏科条之下于民也。鲁、卫俱秉先王之遗教，而昭、定、灵、出之际，初务更改，以圮先法，其瓒弃旧章者已多，而特不若齐、晋之尽弃周礼耳，故曰"兄弟也"。卫之为政，于《春秋》无考，是以传注家难言之耳。若君臣父子之大伦，虽夫子尝以此为政，答齐景之问；乃鲁虽见逼于强臣，自与齐之田氏、晋之六卿等，不至如卫之父子称兵，灭绝天理也。苏氏之说不审。

六

朱子谓"圣人为政，一年之间，想见已前不好底事都革得尽"，不如南轩所云"三年之所成者，即其期月所立之规模"，为深见王道施行之次第也。儒者任天下事，有一大病，将平日许多悲天悯人之心，因乘权得位，便如郁火之发于陶，迫为更改，只此便近私意，而国体民命，已受其剥落矣。

且将孔子相鲁观之。自宣公以来，履亩而税，是民间一大病；而三桓逐君立君，是朝廷一大贼。于此稍动一分意气，则罢亩税，逐三桓，岂非第一吃紧当革之弊，而孔子何尝如此？微独孔子，即如舜之相尧，位极尊，权极重，君臣推任之诚，无有加矣，而共、鲧同朝者二十八载，则兴利之先于除害，必矣。今人粗心，说"害不除，利不可兴"者，都是一往之气。天下大器，自非褊衷所能任。

想来，圣贤开治平之业，与为学一致。为学而先遏欲，做得十分上紧，浅之只得个"克、伐、怨、欲不行"，深之则流入于寂灭。为治而先革弊，到头只是哄闹一场，引身而退。盖正气未昌，与邪战而恒见不敌也。故为学必先存理，而后欲可遏；有戒慎不睹、恐惧不闻之本，以贞胜于敬义，而慎独之功乃以不惑。为治必先建德，而后弊可革；有《关雎》《麟趾》之精意，行乎家国，则兔置之野人，江汉之游女，无患其雄心冶志之不一向于正也。医家有谷气昌之说，正合此理。若悻悻然以革弊为先，恐乌、附、硝、黄之以误人不少。况当夫子之时，尤久病羸弱之国，不可以壮年盛气之法疗之者哉？

七

双峰云："才要速成，便只是见得目前小小利便处。"使然，则但言"欲速"，而"大事不成"因之矣，何须如此分项说下！见大者，亦或欲速；不欲速者，亦或终身于小利之中。如禹之治水，是为天下万世兴大利，除大害，便欲急切堙之决之，岂必其利之小，而徐治之八年之后也？只同此一利，非速则利小而缓则利大也。宋襄公不重伤，不禽二毛，不可谓见小利也。只为欲伯功之速成，便致伤败。王介甫立意亦尽从容，他本意要复燕、云，却云"将欲取之，必固与之"，不可谓欲速也。乃其铢铢累累，积财以为用兵之地，在小利上收拾，故终不能成大事。举此二端，则"欲速""见小利"之不相因也，明矣。圣言如江河行地，条派分明，不用曲为扭合，大都如此。

八

双峰说狂、狷各有过、不及处，自是谛当。然看他下"过、不及"语，俱因"中"字反形而出，则是中行、狂、狷，如三叉路，狂、狷走两边，中行在中央相似。此种见解，但有影响，了无实义。盖狂、狷两分；中行中立，则是相敌之势；圣道之别，复有两道。其视中行，既已狭隘而不足以冒天下之道；其视狂、狷，直为异端背道而旁驰也。

中行者，若不包裹着"进取"与"有所不为"在内，何以为中行？进取者，进取乎斯道也；有所不为者，道之所不可为而不为也。中行者，进取而极至之，有所不为而可以有为耳。如此看来，狂、狷总是不及，何所得过？圣道为皇极，为至善，为巍巍而则天，何从得过？才妄想过之，便是异端，今释、老之言是已。

究竟释、老之教，也只是不及，而不能过。尽他嗒然丧耦，栩然逍遥，面壁九年，无心可安，都是向懒处躲闪，丢下一大段不去料理。乃狂、狷，则犹不若此。狂者志大言大，亦圣人之志与言也；狷者不屑不洁，亦圣人之所不屑也。言之大，初不说"一粒粟中藏世界"；志之大，亦不想威音王那畔事；不屑不洁，亦终不曾视父子为冤，夫妻为业。

同此一圣道，而各因其力之所可为而为之，不更求进，便是狂、狷；做得恰好，恰合于天地至诚之道，一实不歉，便是中行。此一"中"字，如俗所言"中用"之中。道当如是行，便极力与他如是行，斯曰"中行"，下学上达而以合天德也。狂者亏欠着下学，狷者亏欠着上达。乃亏欠下学者，其上达必有所壅；亏欠上达者，其下学亦尽粗疏。故曰狂、狷皆不及，而无所过也。

过、不及之不与中参立，愚屡辨之矣。要以中为极至，参天地，赞化育，而无有可过，不欲使人谓道有止境，而偷安于苟得之域。虽与先儒小异，弗恤也。

九

"不骄矣，而未能泰者有之"，南轩真做工夫人，方解为此语。若只在不骄上用功，则且流入巽懦拘葸去。不骄是遏欲之效，泰是存理之效。须先在存理边致功，教笃实光辉，而于私欲起时加以克治，则不骄也而实能泰，泰矣而抑又不骄也。和同、周比俱然。亦有泰而或失之骄者。孟子亦微坐此病，故程子言其有圭角。其他如颜蠋、严光，则其尤也。所以《中庸》之教，既存诸静，抑察诸动。然两者或各有未至，则骄之病小，不泰之病大，颜蠋、严光之所以贤于万石君、娄师德一流也。

宪问篇

一

因执药病之说，遂向药求病，谓"邦无道谷"之为耻，为宪之所已知已能，唯"邦有道谷"之为耻，非宪所及。宪仕于孔子，可谓遇有道矣，与之粟则辞，岂漫然于有道之谷者耶？

圣人言语，一皆十成，如春夏秋冬，合同而化。此二句不可分析。如"邦有道，贫且贱焉""邦无道，富且贵焉"，便下两"耻也"；此以一"耻也"该之。盖唯不问有道无道，而一以得禄为事，不复问所以居此禄者，然后为君子之所耻。耻者，已贱之词也。

如魏征事无道之建成，不能止其邪谋，徒耽宫僚之荣而不去，及事太宗，便恁地犯颜敢谏，此无道谷，而有道非徒以谷。刘琨当西晋未乱之日，且与贾谧为友，以固其位，及永嘉之难，大节凛然，此有道谷，而无道则不安于谷。若此两者，虽不得为全人，而于征则可云遇主而后志行，于琨则可云小不正而大正。唯皆不然，遇昏乱则为持禄之魏征，遇安宁则为附势之刘琨，斯则虽具官修职，而与厮役同矣。

硬直说个"耻也"，是最下一流，故圣人必以此当之。而不然者，则犹不谓之耻。固圣人不轻绝人之德，亦广原思之狷隘，使知不至于是，则无容引以为耻，同匹夫匹妇之节，如鲍焦之见穷于子贡，仲子之见讥于孟子也。即为药病之说，亦无宁取此。

二

先儒疑原思之言，冠"克、伐、怨、欲"于"不行"之上，为有"克、伐、怨、欲"在里，特"不行"于外，便谓其但能强制，而根苗常留。如此看文字，殊未通透。若不当云"克、伐、怨、欲不行"，则且云"不行克、伐、怨、欲焉"，既不成文句，抑似人所固有而不行之矣。

且如怀着一腔怨恨，但不仇害，但不诅骂，其可谓之怨不行乎？天下尽有阴险柔懦之流，有此四者，全不能见之于事。又如措大未中第时，预想如何以广田宅，如何以报睚眦，虽终老无可行之日，而岂其能不行耶？则知所言"不行"者，亦必无"克、伐、怨、欲"而后可以当之也。若满腹私欲，遏捺教住，正如病人寒中阴藏，其毒弥甚，而孔子何以云"可以为难"耶？

"可以为难"，明非容易事。子之言仁，曰"为之难"，又曰"先难"，难亦求仁者事也。且人之情才，不甚相远。业已有"克、伐、怨、欲"矣，一事忍之，他事不能，一日忍之，他日不能，如善饮人终不免醉。使终日怀挟四者于心，而禁之一丝不露，恐尽天下，通古今，无此强力之人也。明乎此，则知"克、伐、怨、欲不行"，即是克己。即或当念未尝不动，而从事于非几将构之际，以力用其遏抑，而不能纯熟净尽，则学者之始事，固无不然者。先儒言克己之功，云"难克处克将去"，正此谓也。亦安得以强制病之哉？

乃朱子抑有"合下连根铲去"之说，则尤愚所深疑。合下不合下，连根不连根，正释氏所谓"折服现行烦恼""断尽根本烦恼"之别尔。欲得一刀两断，当下冰释，除用释氏"白骨微尘观"法。无已，则亦所谓"本来无一物，何处惹尘埃"而已极矣。圣学中原不作此商量。

乃"克、伐、怨、欲不行"，既即为克己，而子曰"仁则吾不知"，此固大疑之归也。虽然，无容疑。子之言仁，曰"克己复礼为仁"，初不徒言克己；抑曰"能行五者于天下"，初不徒言不行不仁。以体言之，则有所复也，而乃以克所克；克所克矣，而尤必复所复。以用言之，则其所不当行者不行，尤必其所当行者行之也。

盖必使吾心之仁泛应曲当于天下而无所滞，天下事物之理秩然咸有天则于静存之中而无所缺，然后仁之全体大用以赅存焉。故存养与省察交修，而存养为主，行天理于人欲之内，而欲皆从理，然后仁德归焉。

故子之言克己，曰"非礼勿视，非礼勿听，非礼勿言，非礼勿动"，奉一礼以为则。其为礼也，既视、听、言、动之所必繇；而其勿视、勿听、勿言、勿动者，一取则于礼以定其非。则克己以复礼，而实秉礼以克己也，不辨之己而辨之礼。

故繇其成而观之，则克、伐、怨、欲固不行矣；繇其致功之实而考之，则不仅克、伐、怨、欲之不行，亦不仅己私之克，而清虚淡泊于人欲已也。从不仁者而反观之，则但其克己之无余；若从其为仁也而体察之，则固有所复之礼，静与立而动与行，非但克己而毕也。今曰"克、伐、怨、欲不行焉"，则是徒于己致克，而未讲夫复礼之功，恶知其中存者之礼与非礼哉？

礼之中无己，而己之外非即是礼。故"居处恭"，必其恭也，非但不慢而已也；"执事敬"，必其敬也，非但不肆而已也；"与人忠"，必其忠也，非但不诈而已也。天理充周，原不与人欲相为对垒。理至处，则欲无非理。欲尽处，理尚不得流行，如凿池而无水，其不足以畜鱼者与无池同；病已疗而食不给，则不死于病而死于馁。故曰"仁则吾不知也"。此圣学、异端之大界，不可或为假借者也。

三

胡氏以"无愧怍而真有得"论"贫而无怨"者，真体验语。知必此而后无怨，则无怨之胜无谄也，明矣。

盖人处贫而怨，非必不甘贫也。凡怨之起，必因人情有可怨之端而后怨焉。而天下之加非分于我者，则唯贫婴之。不但横逆之施，畏用之富而偏用之贫；且在我既贫，则其所致于人者，即人所应得于我者而亦不能致之，于是人固疑我之骄吝刻薄，而因以不惬于我。我乃反而自思，凡吾所不满于人者，非有他故，而特以贫。贫固遇之穷也，而何不相谅以遇之穷，而相求于无已哉？此其为怨，即甘贫而不动心于富贵者，亦不免矣。

然人之以贫故责我，其所责者以贫也；而我之所以不满于人者，若但以贫故而他无不尽，则虽横逆之施，自可安受之而无校于物矣。何也？以人之责我以贫，曲自在彼，而无待我怨也。此所谓无愧怍而不怨也。如其不然，则此事之启衅也但以贫故，而我居平之所自立与自他之接物者，或以利，或以欲，乃于彼则屈己以徇物，于此则称有无以径行；则人之非分责我也，在彼亦持之有故，而在我则但据此事之曲直以归其咎于贫，于是乎匿其所诎，标其所伸，以与天下争而怨炽矣。

故知非终身之行不愧天、不怍人者，固不能受物之笑骂欺陵而甘之也。若无谄者，则苟可以胜一时之食淡衣粗，极至于忍饥耐寒，而优为之矣；不必终身所为，屋漏所觉，皆顺天理而无邪僻也。何得易言无怨哉！

自修身而言，则言必中伦，行必中虑，而愧怍免矣。自所以修身者而言，则非有得于斯道者，固不能必其行之无愧怍也。此以推其制行之原，必本之心得以为躬行，则几与"不改其乐"者同矣。

双峰易夫子之所难，而以与"富而无骄"并言，谓与无谄者同科。不知经传之文，浅深各致，初不可以例求。盖无谄与乐，相去自远，贫而乐者，固不可以谄不谄论；若富而好礼，则亦就无骄者而深言之耳。故无谄与乐之中，更有无怨之一位；而无骄之与好礼中间，更不容着一位次也。贫境逆，故屡进而后极其至。富境顺，则繇无骄以好礼，亦直截而易几。通于身世之故，而反求之身心，当自知之。

四

自荀、孟有贵王贱伯之说，儒者遂为已甚之论，虽折中以圣人之言而犹未定也。子曰"齐桓公正而不谲"，既已以正许之矣，而朱子犹曰"心皆不正"。夫舍心而言正，则圣人岂但正以其迹哉？如以迹，则宋襄"不重伤、禽二毛，不鼓不成列"，亦可许之正矣，而况于晋文？臧武仲之要君，微生高之不直，亦唯其心尔。则圣人之不略心而言迹，审矣。

孟子曰"以力假仁者伯"，又云"五伯，假之也"，凡此皆统论五伯之词，而要未可以定齐桓。何以知之？即以夫子许以正者知之也。若王则必贵之，伯则必贱之，凡言伯者无不贱，因而小伯者之事功，而以王业之成为汤、武之所可贵，此又非已。

浸使孔子而当齐桓之时，居齐桓之位，必且如汤、武乎？抑且如齐桓邪？放伐之事，既夫子之所靳言。若夫文王，则其伐密伐崇，三分有二，相率以修职贡者，亦大略与齐桓同。其所异者，则文王遇凶暴之主，而桓之时，主非纣尔。主非纣，则固可奉天子而不当搂诸侯，凡有所为，必请命而行。乃桓主虽非纣，而陷溺昏庸之惠王，其不足与为善，一也。楚，夷也，亢王之罪人也，而阳使王世子为首止之会，阴召郑伯，欲抚之以从楚，是尚足请命而行乎？其王国之臣，虽非崇侯、恶来等也，而宰孔、齐盟于葵丘，口血未干，已阴使晋背齐，而不恤五禁之申。使桓一一而受命，其可哉？若云君不君，臣不可以不臣，此卿大夫之义，而不可通于诸侯。文王而唯纣命是听，伐崇之役，又岂纣所乐从耶？以斯知不请命之未足为桓责也。

乃桓之不能望文王者，以夫子之言考之，于文王曰"至德"，于桓公曰"正而不谲"，其相去已远矣。夫正亦德也，而其去德之至者，其差犹甚。盖德无不正，而正不足以尽德之什一。故《易》屡言"贞凶"。贞者，正而固也。正而能固，乃足以干事，而凶或随之。则正者德之郛郭，而不足以与其精蕴，明矣。故曰"正而不谲"，则已知其于治道之大端不失而已疏也。

君子之以其道应天下之事者，初不恃一正而无忧。是故义必精，仁必熟，聪明睿知而必神武之不杀，然后尽天德、王道之微，而非孤奉名义之可以裁物而止，斯文王之所以为"文"也。

桓公则唯其所秉者正，遂奉一正以急正夫物，是以隘不可大，迫不可久，身没而周即内乱，楚即干盟，嗣子即失伯而陵夷。然亦唯其秉正以行，而不屈计成败，是以诈谋不行而未流于邪。

若晋文之谲而不正，则委曲以赴事几，而其为谋之深，反有密到于齐桓者，是以世主夏盟，而楚不能与争。

盖凡不能体天德以备王道，而亦足以建功业者，恒有二途，而得失各因之：其守正以行者，恒患其粗疏，而无以致远行久。密谋曲计者，可以持天下之成败，而人心风俗，亦纚以坏。功之迟速，效之浅深，莫不各肖其量也。故齐桓图伯三十年而后成，而晋文得之于五年之中；齐不再世，而晋以久长。乃其假仁义，尚诈利，如荀、孟、董、贾所讥，则皆晋文之所为，而非桓之过也。

故以桓之大事论之：使桓必欲得天子之欢心，挟持以令天下，则必不违惠王偏爱子带之心而开隙于王与宰孔，抑将为王立带而周之君唯桓是听矣；然而桓不为也，正也。莒，奉桓者也；鲁，桓之仇也；哀姜，桓娣也。终庄公之世，鲁未尝为齐下，哀姜托于莒以坏鲁。桓党莒挟娣以多求于仇之鲁，可以得志；而桓终讨哀姜，定鲁难，而不徇莒之请。若此者，皆所谓皎然揭日月而行，内求自正，外以正人，而不区区于求成求可者矣。斯岂三代以下唐宗、宋祖之所能及哉？

“正而不谲”，迹之正，亦唯其心之无邪也。唯其正，是以不谲。唯其不谲，是以谋不深而功易败。唯其不谲，是以不致坏人心而蛊风俗。乃唯其止于正而不至于德，是以功不可大，而业不可久。以此论桓，圣人之意见矣。何事过为已甚，与圣言背驰哉？

五

德为体，功为用。天下无无用之体，无无体之用。使不必有是德而有是功，圣贤亦何事为此规规者耶？苟无其德，则虽仿佛以图其功，而去之愈远。桓公九合诸侯，不以兵车，而子曰“管仲之力也”。夫曰“力”，则其所以能胜此者，其本领不可昧矣。庆源但以“不假威力，无所杀伤”称其功之大，岂仲才一进不以兵车之谋而徼成其功，夫子遂以亟称其仁耶？宋襄公亦尝以乘车会诸侯矣，而适为楚人之擒，则知无其力者，虽以兵车而且不胜任，况不以哉？周公东征，斧破斨缺，斯亦岂必废兵，而其所以仁覆天下者，则在有“四国是皇”之力也。

德者，得于心也。得于心者有本，则其举天下也，任无不胜。春秋之时，诸侯之不相信而唯兵是恃者，已极矣。“不以兵车”，而能志喻信孚于诸侯，便有合天下为一体，痾痒相知，彼此相忘之气象。此非得于心者有仁之实，而能任此而无忧其不济乎？

力者，仁之力也。其所为讲信修睦于天下，惇信明义于国中，而以全乎“爱之理”为“心之德”者，固非虚杨袭取之仁，明矣。世所传《管子》书，言多诡杂，盖后人之赝作。而仲之言见于《春秋传》者，曰“戎狄豺狼，不可厌也；诸夏亲昵，不可弃也”；曰“招携以礼，怀远以德；德礼不易，无人不怀”；曰“子父不奸之谓礼，守命共时之谓信”。体道已实，而执德已固，于此验矣。故君子称之曰“岂弟君子，神所劳矣”。斯非正谊明道而不谋利计功之实哉？而必曰管仲无其德，何也？

孟子之讥仲，以救时也。无仲之力，而袭仲之迹，则趋入于功利而不仁，非仲之过也。孟子以仲伯而不王，鄙其功烈之卑，亦初不言其心术之不正。而宋儒以诡遇获禽拟之，终为深文中人，而非论之正。诸子之论，折中于圣人。圣人难言仁而以许仲，又何必吹毛求疵而后快哉！

六

程子谓王圭、魏征害于义，功不足赎；朱子则谓王、魏功罪不相掩。如实求之，程子之言，自为精允。

夫子不辨管、召之不宜党弟以争国，想来初不以此宽仲而鄙忽。盖齐之难，起于襄公之见弑，则为襄公之子者，俱有可反国以存宗社之义，非国家无事，长幼有定序，而纠故作逆谋以争兄位也。

桓公与纠皆避难而出，彼此不相通谋。雍廪既杀无知，齐人亟于得主，从鲁受盟，而《春秋》书曰"公及齐大夫盟于蔇"。言"大夫"者，众词也。桓之自莒来也，在盟蔇之后，故《春秋》于盟蔇无贬鲁之文，而但讥其纳纠。当其始时，齐大夫且不知小白之存亡，而况为管、召者，亦安得舍现在可奉先君之子，而远求其兄于不可知之域哉？迨其后，桓公已自莒返，而鲁与召忽辈乃犹挟纠以争，斯则过也。先君之贼已讨，国已有君，而犹称兵以向国，此则全副私欲小忿，护其愆而侥幸富贵，以贾无益之勇，故曰"匹夫匹妇之为谅"。

若王、魏之于建成，则兄弟当父在之日而构大难，俱为不仁不义；而建成则高祖所立之冢嗣也，已受父命而正大位，非纠比矣。王、魏受命于高祖为宫僚，则义不容于不死。又况夫子之称管仲，曰"微管仲，吾其被发左衽矣！"向令唐无王、魏，天下岂遂沦胥乎？

管仲是周室衰微后斯世斯民一大关系人。王圭既无赫赫之称，即如征者，特粉饰太平一谏臣耳。有太宗为君，房、杜为相，虽无王、魏，唐自晏然，其视管仲之有无，远矣。管仲不死请囚之时，胸中已安排下一个"一匡天下"底规模，只须此身不死，得中材之主而无不可为。魏征不死之时，有何把柄？幸逢纳牖之主，遇事有言，遂见忠效；倘遇愎忌之君，则更无可自见矣。管仲是仁者，仁之道大，不得以谅不谅论之。魏征所欲为者，忠臣也。忠则不欺其君者也。不欺生君而欺死君，口舌之功，安足以赎中心之慝！故朱子之宽假王、魏，不如程子之明允。而管仲、魏征之得失，不仅在子纠幼而建成长也。

七

"思不出其位"，只如《集注》自当。看圣贤言句，却须还他本色，无事攀缘求妙。此处原是说思，与先儒所言"主一为存心之功"不同。黄勉斋早已鹘突，云"当食则思食，当寝则思寝"，直不成义理。使人终日之间言行居止，截分千百段，立之疆界，则无论气脉间断，不成规模，且待事至而后思，则思之力亦不给矣。

夫所谓思食思寝者，思其理乎？则理之当豫立，而不待事至以困跲也，固也。若云心在是而以应其事之谓思，则夫寝食者，亦何所容其思？岂将以求安求饱耶？夫子不食不寝以思，然则当食当寝，而所未睹未闻之事理为君子之所经纶者，多矣。

知此，则唯南轩"时、地"之说为得之。然所谓地者，亦自有分地者而言也。所谓时者，亦自时有所任而言也。出位以思，则适以弛时、地中之当思者耳。若为君而不思臣道，则何以知人而任之？为臣而不思君道，则何以引君当道而格其非？《易》言"不获其身，不见其人"，亦但谓内不顾己私，外不求人之知我助我而已。若拘分时地，而置天下古今之理于不思，则岂君子之学哉！故此"位"字，必如范氏之以职言而后显。徒为深妙，则不陷入释氏"行住坐卧"之说者，鲜矣。

八

"过"字，唯朱子引《易·小过·象传》之言为当。双峰、厚斋乃谓欲使行过其言，因而有"说七分而行十分"之鄙论。使然，则"善言德行"者之行为倍难，而期期艾艾之夫，苟欲自过其言，亦甚易矣。

双峰错处，只煞将中庸、过、不及，作一块疑团，遂尔周章遮避。今求行之过者，至于不惮死而止矣。乃匹夫匹妇之自经，疑若过也，要其实，大概是下梢头，气萧索而神昏瞀，收煞不下，无已而为此耳。若仁人之杀身成仁，峥嵘猛烈，则唯其过也，是以仁也。故成仁者，亦仅免于不及，而匹夫匹妇之非能过也。夫至于死而且多失之不及，而不患其过，而况其力之所得为与事之所当尽者哉？

朱子于"耻"下一"意"字，于"过"下一"欲"字，贴补有实味。当其慎言敏行之心，必如此而后得耳。及至言之已出，则危论昌谈，固不嚅嚅嗫嗫，如《易》之所谓"其辞惭"者；行之已成，则亦恰与理及，而又未尝过也。尽古今人，无有能过其行者，而亦何必以太过为防！

九

鲍焦、申屠狄似过矣，乃过于求人，而不能过于求己。君子之过其行，求己者也。"小人求诸人"，求诸人者，皆小人之属。故焦、狄之死，直与匹夫匹妇之自经等。匹夫匹妇之自经，有不因怨忿于人而决裂者乎？于己之不及，不肯自求者多矣。

十

微生亩，看来亦老、庄之徒。老子曰"善者不辩，辩者不善"，又曰"知者不言，言者不知"。他看得道理直恁高峻，才近人情，即亏道体。故庄子以胠传发冢为儒诮。自家识得，更不须细碎与人说，一有辩论，则是非失其固然而为佞矣。其意只直待解人自会。若人之不能"相视而笑，莫逆于心"者，则置之可也。

即此是他固执不通处。将者道理，死拿定作一处，而视天下无可喻者。其离人以立于独，既已贱视生人之同得，而删抹半截道理，孤寻向上去，直将现前充塞之全体、大用，一概以是非之无定而割之。故其言曰："子之依依然与不知者言道，而删定述作，以辩是非于不已，则无有以是为非，以非为是，而徒资口给者乎？"熟绎本文，意自如此。新安以立身待人言之，亦谓此也。

双峰但从仕隐上说，于亩语中作一曲折，云："丘何为是栖栖者与！夫栖栖者必佞，而无乃为佞乎！"殊失本文之旨。而子曰"非敢为佞也，疾固也"，则以辩其务通理而非乱是非，其言正相登折。如双峰解之，则此二语亦多扞格。《集注》记微生为隐者，则以名不见于史策，而释其为人之生平，初非谓其欲率孔子以隐也。

十一

"不怨天，不尤人"，如何"有人不及知而天独知之妙"？此处最难见得。故朱子又有"及其上达而与天为一焉，则又有非人之所及知者"一解。乃此语不可混看。"及其上达"，自言上达之所至；"与天为一"，则以赞不怨不尤之妙也。

不怨不尤，非忘情之谓。《集注》"反己自修"，是顺夫子之言，那下著实说。"与天为一"，则推夫子之言而观其深。"反己自修"者，下言之也。"与天为一"，上言之也。上下分，而合辙者一也。非圣人之始而"反己自修"，继而"与天为一"也。"反己自修"，其用功与学者等，而反圣人之己，修圣人之修，则有"与天为一"之实焉。

胡氏《春秋传》云"于土皆安而无所避也，于我皆真而无所妄也"，只此是"反己自修"，只此是"与天合一"。若未及于圣人者，反己而未尽己之量，自修而未造修之极，有所偏见独得，则必有所独是；有所独是，则有所独非；有私是非，则有私得失。天下之故万变，撞他学术不著，而无余地以自处，则怨尤之所必起。藉令不怨不尤焉，而其所以自命者失矣。如屈原不作《离骚》，其忠孝亦无以自显。以此求之，夷、惠、孟子，俱所未免。"反己自修"而"与天为一"，即以"与天为一"者"反己自修"，非孔子无此大用，亦无此全体也。则固夫人思虑之所不至矣。

今举一端而言：如《春秋》一书，本孔子不得志于时之所作，后人读之，不敢不以为大经大法之宗，乃至乱臣贼子亦知惧焉。然求其疾恶忧乱之迹，慷慨动人于百世之下者，固不若屈氏之《骚》也。是以游、夏不能赞一辞，而后之传经者，且合且离，而无以见圣人之情。其体备于己，而上合天载者，世莫知也。圣人之言行，何一而不如此哉！

即此以思，岂不与天之生杀不以喜怒者一理。若雷动、风入、晴云、甘雨，则六子之用，有所欣而有所拒，感人固深，而要非易简之大德；唯其有独至，是以有独违也。呜呼，微矣！

十二

只下学处有圣功在，到上达却用力不得。故朱子云"下学而不能上达者，只缘下学得不是当"。此说最分明。乃朱子抑有"忽然上达"之语，则愚所未安。若立个时节因缘，作迷悟关头，则已入释氏窠臼。朱子于《大学补传》，亦云"一旦豁然贯通焉"，"一旦"二字亦下得骤。想朱子生平，或有此一日，要未可以为据也。

孟子曰"是集义所生者"，一"生"字较精切不妄。循循者日生而已，豁然贯通，固不可为期也。曰"一旦"，则自知其期矣。自知为贯通之"一旦"，恐此"一旦"者，未即合辙。"下学而上达"，一"而"字说得顺易从容。云"一旦"，云"忽然"，则有极难极速之意，且如悬之解，而不谓之达矣。

"忽然上达"，既与下学打作两片，上达以后，便可一切无事，正释氏"砖子敲门，门忽开而砖无用"之旨。释氏以顿灭为悟，故其教有然者。圣人"反己自修"而"与天为一"，步步是实，盈科而进，岂其然哉！故曰天积众阳以自刚，天之不已，圣人之纯也。"发愤忘食，乐以忘忧，不知老之将至"，圣人之上达，不得一旦忽然也，明矣。

十三

朱子"也不须拣"一语，包括甚富。下文说"不是拣大底理会"，则亦偏指一端之不须拣者也。

学者之病，急于大而忘其小者固多，乃亦有于下见下，而不于上见下者，则亦未足以尽下学之量。如"坐如尸，立如齐"，此中便有"无不敬，俨若思"全副道理，达上"圣敬日跻"去，及早便须知得。然则人之所见为极难极大者，亦不撇下，待之他日，而且就其易知易得者埋头做去也。即此是下学，即此是"先难"。以其但为下学，若不足以上达，却须与一倍体认，到浃洽融贯处，即此是"先难"工夫。朱子抑云"撞著便与理会"一语，极好。有始有卒，不可分为两截也，何拣之有！

十四

圣人有圣人之不怨尤，贤人有贤人之不怨尤；乃至天资淡泊和缓者，亦自有其不怨尤。居德既别，当境亦异。若疑其不待圣人而能，则总是未见圣人阶级在。如朱氏可传所云，此"圣人自道之辞"，素位之君子亦能之，则又何以云"知我者其天"也？

今且以当境言之。夫子摄行相事，乃至化成俗易，郈、费已堕，男女别涂，一旦舍之而去齐，乃斯道兴衰、天下治乱、生民生死之一大关，却更有反己自修、安土合天之道以处此。是岂寻常"宠辱不惊"者可得施其恬淡之雅量哉？而奈何其易言之！

十五

"辟地"以下，三言"其次"，以优劣论固不可，然云"其次"，则固必有次第差等矣。程子以为所遇不同。乃如夫子之时，天下之无道甚矣，岂犹有可不避之地哉？而圣人何以仅避言、色也？盖所云"次"者，就避之浅深而言也。"避世"，避之尤者也；"避地"以降，渐不欲避者也，志益平而心益苦矣。

十六

磬之为声，古人以为乐节，故《诗》云"依我磬声"。其为响也，戛然而已，如后世之用拍板然，非有余韵可写深长之思，若琴瑟笙箫之足以传心也。荷蒉者虽达乐理，亦何能以此而见圣人之志哉？

磬无独击，必与众乐俱作。子击磬于卫者，盖与弟子修习雅乐，缘磬为乐节，夫子自击之，故专言击磬。荷蒉以谓礼乐者，先王治定功成以和神人者也，明王不作，礼乐固不兴矣，而犹修习此应世之文焉，则志虽深而不达于时矣。《集注》之说深妙，而不称其实。

十七

但不忘天下，亦不可谓之难。《集注》"圣人心同天地"一段，是因此以赞圣人语，非实指出难处。故云"且言人之出处，若但如此，则亦无难"。"且言"二字转入本解。

庆源云"因时卷舒，与道消息"，所谓"唯深也，故能通天下之志"；又云"济世之用，其出无穷"，所谓"唯几也，故能成天下之务"。只此是实见得圣人难处。双峰但言知，新安但言心，俱未达圣意。知出处之不可偏，是见处自然见得大；心不能忘世而不隐，也是索性做去；圣人不以此二者为难也。

卫灵公篇

一

"吾道一以贯之"，"之"字所指，包括周遍。"予一以贯之"，"之"字所指，则子贡所疑为"多学而识之"者也。于此有别，故《集注》曰"彼以行言，而此以知言"。若云"一"云"贯"，则未尝有异，故《集注》云"说见第四篇"。以实求之，此所云"贯"，以言知，而未该夫行；若"吾道一以贯之"，则言行，而岂遗夫知哉？使遗夫知，则所知者亦夫子之道也，而彼所云"一"，"一"外更有"一"；彼所云"贯"，有所"贯"而有所不"贯"矣。

凡知者或未能行，而行者则无不知。且知行二义，有时相为对待，有时不相为对待。如"明明德"者，行之极也，而其功以格物、致知为先焉。是故知有不统行，而行必统知也。故"吾道一以贯之"者，并子贡所疑为"多学而识之"者而亦贯也。

然则"予一以贯之"者，亦可受贯于忠恕乎？此读书者之所必疑也。虽然，恶在其非忠恕耶？谢氏曰："'予一以贯之。''上天之载，无声无臭，至矣！'"夫所谓"上天之载"者，其于天，则诚也。"其为物不贰，而生物不测"者也，是即所谓"维天之命，於穆不已"，"乾道变化，各正性命"者也。其于人，则诚之者也，"笃恭而天下平"也，是即所谓"一理浑然而泛应曲当"者也。乃于行见此易，而于知见此则难，故疑一以贯乎所知之理者，不可以忠恕言也。呜呼！苟非知圣学之津涘者，固不足以知之。然唯不知此，则不得不疑为"多学而识之"矣。藉令不此之疑，则又以为神灵天纵，而智睿不缘心思，则其荒唐迂诞，率天下以废学圣之功，其愈为邪说淫词之归矣！

二

"予一以贯之"，亦非不可以曾子"忠恕"之旨通之。此非知德者不足以与于斯，先儒之所重言，而愚何敢言。虽然，其无已言之。忠，尽己也；恕，推己也。尽己之理而忠，则以贯天下之理；推己之情而恕，则以贯天下之情。推其所尽之己而忠恕，则天下之情理无不贯也。斯"一以贯之"矣。

夫圣人之所知者，岂果有如俗儒所传"萍实""商羊"，在情理之表者哉？亦物之理无不明、物之情无不得之谓也，得理以达情而即情以通理之谓也。如是而古今之远，四海之大，伦常礼法之赜，人官物曲之繁，无不皆备于我矣。

所以"皆备"者何也？理在心，而心尽则理尽也；情沿性，而知性则知情也；理之不爽，情之不远，于己取之而皆备矣。己之理尽，则可以达天下之情；己之情推，则遂以通天下之理。故尽之以其理，推之以其情，学者之所以格物致知也，学者之忠恕也。理尽而情即通，情不待推而理已喻，圣人之所以穷神知化也，圣人之忠恕也。

天下之事，无不依理而起；天下之物，无不如情而生。诚有其理，故诚有其事；诚有其情，故诚有其物。事物万有者，乾道之变化；理情一致者，性命之各正。此"上天之载，无声无臭"而"生物不测"，皆示人以易知者也，天道之忠恕也。

故乌吾知其黑，鹄吾知其白，茧吾知其可丝，稼吾知其可粒，天道以恒而无不忠，以充满发见于两间，推之无吝、如之不妄而无不恕。圣人以此贯事物之情理，学焉而即知，识焉而不忘，非所学、非所识者，即以折中之而不惑；祖述、宪章，以大本生达道，而敦化者自有其川流。以要言之，一诚而已矣。诚者天之道也，物之终始也，大明终始而无不知也。呜呼！过此以往，则固不可以言传矣。

三

《或问》中"语子贡一贯之理"一段，中间驳杂特甚。朱子曰"此说亦善"，取其"不躐等"数语，为学有津涘耳。乃其曰"一体该摄乎万殊"，则固然矣；抑曰"万殊还归乎一原"，则圣贤之道，从无此颠倒也。《周易》及《太极图说》《西铭》等篇，一件大界限，正在此分别。此语一倒，纵复尽心力而为之，愈陷异端。愚于此辨之详矣。

又曰"圣人生知，固不待多学而识"，则愚所谓荒唐迂诞之邪说也。又曰"学者必格物穷理以致其博，主敬力行以反诸约，及夫积累既久，豁然贯通，则向之多学而得之者，始有以知其一本而无二"，此虽与《大学补传》相似，而揆之圣言，则既背戾；且其言亦有自相刺谬而不知者。朱门诸子，用一死印板，摹朱子语作生活，其于朱子之微言且不得达，况圣人之旨耶！

子曰"女以予为多学而识之者与"，又曰"予一以贯之"，凡两言"以"。"以"者用也，谓圣功之所自成，而非以言乎圣功之已成也。然则夫子自志学以来，即从事于"一以贯之"，而非其用功在多，得悟在一也。若云"向之多学而得者，始有以知其一本而无二"，则夫子之能"一以贯"者，其得力正在"多学而识"，子贡之所曰"然"者，正有以见圣功之本原，而何以云"非也"？则揆之圣言，岂不为背戾耶？

其云"格物穷理以致其博，主敬力行以反诸约"，固与夫子博文、约礼之训相为符合，乃既云"主敬力行以反诸约"，又云"积累既久，始有以知其一本而无二"，则敬既为主矣，于此之外而别有一本以待他日之知，是始之一本，而既之又一本也。此所谓自相刺谬者也。

繇此问者初不知有何者为一，妄亿他日且有囚地光明、芥子纳须弥、粒粟藏世界之境，而姑从繁重以求之。子贡之疑，初不如是，子且急斥之曰"非也",况其以学识为敲门砖子者哉?

天地之道,所性之德,即凡可学可识者,皆一也。故朱子曰"天下之物,莫不有理"。理一而物备焉,岂一物一理,打破方通也哉?

程子自读史,一字不遗,见人读史,则斥为"玩物丧志"。"玩物丧志"者,以学识为学识,而俟一贯于他日者也。若程子之读史,则一以贯乎所学所识也。若不会向"一以贯之"上求入处,则学识徒为玩物。古人之学,日新有得,必如以前半截学识,后半截一贯,用功在学识,而取效在一贯,是颜子早年不应有"亦足以发"之几,而夫子在志学之年,且应不察本原,贸贸然求之,而未知所归也。

无已,则曰:彼所言者,乃为初学言耳。然学者之始事,固无能贯之力,而要不可昧于一之理。"明则诚"者,圣人之德也。"诚则明"者,君子之功也。故彼所谓"主敬力行以反于约"者,即初学入德之"一以贯之"也。子固曰"予一以贯之",而不曰"予既已能贯之于一"也,则圣固以为功焉,而非豁然贯通之速效矣。

故博文、约礼,并致为功。方博而即方约,方文而即方礼;于文见礼,而以礼征文。礼者,天理自然之则也。约而反身求之,以尽己之理,而推己之情,则天理自然之则著焉。故《大学》修身、正心、诚意、致知、格物,初不以前日为之之谓先,后日为之之谓后,而必以明德为本,知止为始,非姑从事于末而几弋获其本也。

乃既曰"反诸约",又曰"然后知其一本而不二",若反约之日,犹将迷于一本者然。足以知发此问者,不知何者为一,而妄亿有单传末后之句,得之于"言语道断、心行路绝"之日,则岂不诬哉!

若其功之浅深,几之生熟,固必有之。其为圣人也,而后笃实光辉,以知则耳顺,以行则从欲。其未至者,多有扞格不合之处。然其不合者,亦非不可必合;积诚于会通之观,典礼之行,而"诚则明"矣。非当其未之能贯,则姑"不得于言,勿求于心",且埋头瞎撞,依样循持而不求其故。然则为朱、陆之辨者,始终原自异致,正不前半修考亭之功,后半期鹅湖之效,遂可傲陆氏而自立门户。必如此说,则鹅湖且得以格物穷理为敲门砖子傲人矣。

子夏"先传后倦"之说,其失正在此。自非圣人,固不能有始而即有卒，而方其始不知所卒，则亦适越而北辕，又奚可哉！

孟子曰："博学而详说之，将以反说约也。"其云"将以"者，言将此以说约也，非今之姑为博且详，以为他日说约之资也。约者博之约，而博者约之博。故将以反说夫约，于是乎博学而详说之，凡其为博且详者，皆为约致其功也。若不以说约故博学而详说之，则其博其详，假道谬涂而深劳反覆，果何为哉！此优孟衣冠与说铃、书厨之士，与圣贤同其学识，而无理以为之则，无情以为之准，所以祇成其俗儒，而以希顿悟之一旦，几何而不为裴休、杨亿之归哉！圣学隐，大义乖，亦可悯已！

四

双峰云"德与道不同"，一语甚是斩截。顾下文云云，又不足以发明其意。《集注》云"义理之得于己者"七字，包括周至。双峰似于"得于己"上，添一既字，如云"义理之行焉而既有得者"。

庆源亦坐此误，故曰："不徒以知为尚，要在实有诸己。"使然，则当云"有德者鲜"，不当云"知"，以有则未有不知者也。乃不可云"有德者鲜"，以人苟有志于道而从事于学，则岂穷年之不能有一德哉？如子路勇于行，其所行者，岂皆仿佛依傍，心所不得主而强行之者乎？而夫子胡为轻绝人而遽谓其"鲜"？以实求之，双峰于此"德"字，未得晓了；其于《集注》"得于己"三字，亦未知其意味。

德者，得也。有得于天者，性之得也；有得于人者，学之得也。学之得者，知道而力行之，则亦可得之为德矣。性之得者，非静存动察以见天地之心者，不足与于斯也。故不知德者，未尝无德，而其为德也，所谓弋获也，从道而得者也。唯知德者，则灼见夫所性之中，知、仁、勇之本体，自足以行天下之达道；而非缘道在天下，其名其法在所必行，因行之而生其心也。

天下之大本者，性之德也；发而中节者，天下之道也。于天下见道者，如子路固优为之；于吾心见德者，非达天德者不能。从道而生德，可云有得，不可云知德。其所已得则自喻，其所未行则不知。从德以凝道，则行焉而道无不行，未行焉而固有得于己。未行焉而固有得于己，则以其得于己者行之，乃以"泛应曲当而浑然一理"也。

此其为功，静存为主，动察为辅。动察者，以复见天地之心；静存者，以反身而诚，万物皆备；于是而天之所以与我，我之所得于天，以具众理而应万事者，经纶条理，粲然现前而无有妄矣。元亨利贞，天之德也。仁义礼知，人之德也。"君子行此四德者"，则以与天合德，而道行乎其间矣。此子路未入之室，抑颜子之"欲从末繇"者也，故曰："知德者鲜。"

五

三代以上，与后世不同，大经大法，皆所未备，故一帝王出，则必有所创作，以前民用。《易传》《世本》《史记》备记之矣。其聪明睿知，苟不足以有为，则不能以治著。唯舜承尧，而又得贤，则时所当为者，尧已为之，其臣又能为之损益而缘饰之；舜且必欲有所改创，以与前圣拟功，则反以累道而伤物。舜之"无为"，与孔子之"不作"同，因时而利用之以集其成也。《集注》云"既无所为"，自是此意。小注以巡守、封浚、举元恺、诛四凶为疑，而朱子言践位以后并不为此，则以不言不动、因仍纵弛为无为，此老氏之旨，而非圣人之治矣。"恭己"者，修德于己也。"正南面"者，施治于民也。此皆君道之常，不可谓之有为。然则巡守、封浚、举贤、诛凶，自是"正南面"之事，夫子固已大纲言之，而读书者不察耳。

《集注》谓"恭己为敬德之容"，乃未能识一"己"字。身心言行皆己也，岂徒貌哉？且夫子去舜千余载，当时史册虽存，亦必无绘其容貌以写盛德之理，则夫子亦恶从而知之？史称汉成帝"穆穆皇皇"，班氏所以刺也。其大者不言，而但言其小者，必其大者不足道也。敬但在容，而敬亦末矣。

"南面"，出治之所也。"正"云者，所谓以其正而正人之不正也。后人蒙注不察，连"恭己"为文，亦若端坐于上，如泥塑神像之为"正南面"者，然则甚矣其陋也。

唯以创作言"为"，斯与《集注》"绍尧""得人"意相承贯。双峰分两节说，是绍尧、得人为赘设矣。《集注》云"圣人德盛而民化"，则以释经文一"治"字，非为"无为"言也。此是圣人与老、庄大分判处，不可朦胧叛去。《集注》唯"敬德之容"四字有碍，其他自正，为后来诸儒所燔乱，为害不细。

六

尧命羲、和迎日以作历，舜则"在璇玑、玉衡，以齐七政"。在者，因固有之器而察之也。然则玑、衡亦尧所作，而舜特加之察尔。察即"正南面"之事，他皆放此。

七

朱子云"口里如此说，验之于事却不如此，是不信也"，解犹未当。此却是行不信言，非言之过。始终一致、内外一实曰信。昔如此说，今又不如此，心不如此，口中徒如此说，乃是言不信。

八

双峰云"笃自笃，敬自敬"，得之。然以"凡事详审不轻发"为笃，则又慎也，非笃也。慎亦敬之属也。《集注》云："笃，厚也。"厚者，不薄之谓，一如"民德归厚"之厚。则笃亦与"君子笃于亲"之笃义通。凡有所为，务厚至而不为刻薄浮轻之事曰笃。如此，方与敬并行而相成。行，兼执事、与人说。执事敬，敬也；与人忠，笃也。

九

朱子既云"常若有见"，又云"不成是有一块物事，光辉辉在那里"。既无物可见，则"常若有见"者又何见耶？潜室云"令自家实有者个道理镇在眼前"。夫其曰"自家实有"，则在中之谓矣。在中者，其可使在眼前乎？此与人不能自见其脏腑一理。

《书》曰："顾諟天之明命。"天之为命，虽行于无声无臭之中，而凡民物之化，治乱之几，则未尝不丽于形色，故言"常目在之"可也。自家所有之理，固将不假于物，而何以可使在目前耶？

此说既非，则当但云"念之不忘"，如朱子所谓"言必欲其忠信，行必欲其笃敬"可耳。乃欲者志愿也，未能如此而欲之也。凡人之所欲者，非其即能见者也。其或见而后欲者，则见无权而欲乃有功。乃熟绎经文，必如此见之而后能行，则不但以欲为功，而得力在见矣，已能忠信笃敬而见为加密也。是则以"必欲"为"常见"，义亦疏矣。

既非有诸内者之可见，又非但常欲之不忘而即得云见，宜夫求其实而不得，必将以为有一光辉辉物事在面前矣。此又释氏"处处逢渠"之邪说，非圣教也。

夫所谓见者，见夫忠信笃敬也。此四者，与仁义礼知之固有于己者不侔。仁实有仁，不待有不仁者而后显其仁；义、礼、知之不待不义、无礼、不知之相形而显其有也，亦然。若夫忠，则待有不忠而后显其忠，信与笃敬亦无不然者。是故仁义礼知，不以用之不显而体亦隐。若夫忠信笃敬者，则必待言行而后有，且无不忠而即已忠，无不敬而即已敬，非别有体也。若仁，则无不仁未便是仁。是则欲于其未言、未行之际而在前在衡，实无物之可见也。

无物可见而"常若有见"，此不容不疑已。乃其必有可见者，则以忠信笃敬者，合乎人与事以生者也，是己与天下相为贯通之几也。故忠信笃敬无体，而言行有体。即未言而有其可言之体，未行而有其可行之体，故言行之体无间断。夫未言而有言之体，未行而有行之体者，言行之体隐而人与事之受吾言行之体者不隐也。无体者不可见，而有体者可见。体隐者有时不见，而不隐者无时而不可见。

今夫或立，或在舆，未有言而未有行，然而盈吾目者，皆人与事之待吾言行者也。君子之欲忠信笃敬者，既不忘于心，而效于天下之动以为之则，故必有人焉，必有事焉，寓于目者无不有以察其理。苟有人也，苟有事也，则必有其必尽之实，必有其不可渝之故，必有其相恤而不容薄、相警而不容肆之情。理取之目前，而皆忠信笃敬用之所行，则皆忠信笃敬体之所著。斯所谓无须臾之离而"其则不远"者也。

常若见之，而后吾之欲忠信、欲笃敬者，益以警觉其心而无可息矣。取精多而用物弘，则以言而忠信，以行而笃敬，道以豫而不穷矣。此《集注》"念念不忘""常若有见"之二义，相须而始尽也。

乃或疑夫人与事之当前，则以人事见其理矣；若其人事之未接，而君子之忠信笃敬其隐乎？此又无容疑也。

夫子之言此，以答子张之问行也，进论及言行之未出诸身者而已密矣。故曰"立"，曰"在舆"，而不及乎不睹不闻也；曰"忠信"，曰"笃敬"，而不及乎仁义礼知之德也。忠信笃敬者，动而善其几也。仁义礼知者，固有乎静以统动者也。其但为行言也，则因人之情、因事之理，而行其德于动也。其曰"参前"，曰"倚衡"者，是物来接己，而己往治物之介也。若夫人所不接，事所不及，则君子之存养夫所性之德以为忠信笃敬之本，则不但于行而见功；而以之言行，则嫌于动几之未警。圣人之教，各有攸宜，固无所用其疑也。

十

仁义礼知，在天地之道为阴阳刚柔之体；忠信笃敬，在天地之道为化育。《中庸》立本、知化，分作两项说，思之自见。

阴阳有定用，化育无定体，故阴阳可见，化育不可见。"体物而不可遗"，其不遗夫物者，未尝成能于物之时，不可见也，须于物见之，须于物之不可遗者见之。如稻不得水则槁，此即可见。未言之忠信，未行之笃敬，须于所立之前、所驾行之衡边，见不可不忠信、不可不笃敬之理。初时须随在尽心观察，亦与察言观色相近。既则充满目前，应接不暇矣。

十一

胡氏谓"有志之士，慷慨就死；成德之人，从容就死也"，此亦不可执。时当其不得从容，则仁人亦须索性著。若时合从容，志士亦岂必决裂哉？刘越石、颜清臣，皆志士也，到死时却尽暇豫不迫。夫子直于此处看得志士、仁人合一，不当更为分别。近瞿、张二公殉难桂林，别山义形于色，稼轩言动音容不改其素，此又气质之高明、沉潜固别，非二公之一为志士，一为仁人，可分优劣也。

十二

死生之际，下工夫不得，全在平日日用之间，朱子此说，极好着眼。乃平日工夫，不问大小，皆欲即于义理之安，自君子之素履；要不为死生须分明，而固以彼养之也。仁人只是尽生理，却不计较到死上去。即当杀身之时，一刻未死，则此一刻固生也，生须便有生理在。于此有求生之心，便害此刻之生理。故圣人原只言生，不言死；但不惜死以枉生，非以处置夫死也。

若于死上寻道理，须教如何死，此便是子路问死之意。子路唯想着求个好处死，如卖物不复问价。到底子路死之道则得，而失身仇辄，生之口已害仁矣。仁人必不将死作一件事，为之豫施料理，只此与释氏所言"生死事大"者迥别。

至于志士，则平日未皆合义，特于君父大伦加倍分明；故一力只要夺日补天，到行不去处，转折不得，则亦付之一死而已，亦初不于平日以死为志也。

十三

朱子引邵康节、吴氏引蔡西山说三正，俱于此"行夏之时"训证不切。故后人胡乱只将三建作三正大题目。若然，则商、周之王者，止换下一个正月，有甚要紧？天运循环无端，不可为首，但略有取义，即与改易岁首，则秦之建亥，今回回家之建巳，亦无不可矣。

三正者，其本在历元，而岁首其末也。岁首之建子、建丑、建寅者，以历元之起于此三辰者异也。其法，以日月如合璧、五星如连珠，所起之次、七合之时为元，因以推步七政行躔之度，上推其始，而以下极其终。其说备于刘歆三统历。古固迭用此法，夏则改尧、舜所用颛顼之地正，而复上古之人正也。

夏历历元，甲寅岁，甲子月，<small>先年仲冬。</small>甲寅日，平旦冬至朔。商历历元，甲辰岁，乙丑月，<small>先年季冬。</small>甲辰日，鸡鸣冬至朔。周历历元，甲子岁，甲子月，甲子日，夜半冬至朔。其算：积二人统为一地统，三人统为一天统，愈远则疏，愈近则密。<small>谓斗分岁差等。</small>故夫子以夏历之简密为合天，于《春秋》讥日食之失朔，而此曰"行夏之时"，不专谓岁首也。岁首之三建，因历元而取其义，以岁配一元耳，于历无大关系。

十四

"远虑""近忧"，朱子只用苏注，已无余义。蔡觉轩说"以时言，恐亦可通"，犹有慎疑之意。其云"如国家立一法度"云云，则与圣言相刺谬矣。

"人无"云者，为恒人言，既非有国家者之词。且即在国家立法，也只要与天下宜之，而道之不易者，自可以传子孙，俟后圣。若随事计虑将去，如何得久远无弊，则事故之变，虽圣人有所不知；而于未变防变，则即其所防者为近忧矣。秦之愚黔首，宋之释兵权是已。

"君子创业垂统，为可继也。"可继者，必有待于继之者。"若夫成功，则天也"，而何能为之虑哉？双峰不审，而曰"虑不及千百年之远，则患在旦夕之近矣"。一人一事而虑及千百年，则夫子当藏书于秦火不及之地矣。况凡人之虑，只为算计到底，故利谋深而私意惑。冉有言"后世必为子孙忧"，而夫子斥其忧在萧墙之内，此以知虑远者之得忧近也。患得患失，无所不至，俱从此来。故曰"君子素其位而行"。而其行于蛮貊、洽于四国者，只是素位中宽大广远规模，断不作百年料量，如田舍之积粟收丝也。此人事自然之势，亦人心义利之分。苏说自正。

十五

若无以为义之本，则待一事方思一事之义，即令得合，亦袭取尔。义在事，则谓之宜；方其未有事，则亦未有所宜。而天德之义存于吾心者，则敬是已。故曰"行吾敬",敬行则宜矣。程子推本于敬,真知义之言也。

新安陈氏谓此章本无"敬以直内"意,夫子因君子制事而赞之,故但云然。乃制事,因乎事者也。事无分于常变,无分于缓急,猝然当前以待君子之制,如何安顿得者四段精密贯通?唯其为君子也,而后能然,故曰"君子哉"。然则开口说一"君子",便有一"敬以直内"在里许,特新安不察耳。

十六

"没世"是通算语,犹言终身,皆指在生之日说。双峰以盖棺论定言此,大错。所谓盖棺论定者,言一日未死,或不免于失节而败其名,非此之谓也。若生前得失,付之不较,却但求身死之后有称于来者,则李西涯之屈膝以求美谥,未为过矣。圣人只说"天下归仁""邦家无怨",初不索知己丁泉路。

十七

朱子说"道体无为",是统论道;张子言性,则似以在人者言之。所以双峰云"此'道'字是就自家心上说,不是说道体",与朱子之言相背。以实思之,道体亦何尝不待人弘也!有天地之道,有君子之道,莫不有体。君子之道,如子臣弟友,其体也。人之为伦,固有父子,而非缘人心之孝慈乃始有父有子,则既非徒心有之而实无体矣;乃得至诚之经纶,而子臣弟友之伦始弘,固已。天地之道虽无为而不息,然圣人以裁成辅相之,则阴阳可使和,五行可使协,彝伦可使叙,赞之以大其用,知之以显其教,凡此皆人之能。岂如双峰所云"蟠天际地,何待人弘"也哉?

张子说"心能尽性,性不知捡其心",其大义微言,自难与章句之儒道。张子原不将"心"字代"人"字,"性"字代"道"字。心者,人之能弘道者也。若性之与道,在大儒眼底,从条理粲然中,看得血脉贯通,故不妨移近一层与人说。道体自流行于天下,而与吾性相附丽,唯人有性,故天下之道得与己而相亲。此张子之所以言性也。"心能尽性",性尽则道以弘矣。"性不知捡心"，故道无繇以弘人也。性涵道，则道在性中，乃性抑在道中，此不可焕说。而非性即道、道即性也。

双峰煞认性作道，遂云"四端甚微，扩而充之，则不可胜用"。夫恻隐、羞恶、辞让、是非之心，皆心也。人之有是四端，则其所以能弘道者也。若以扩充为弘，则是心弘心而人弘人矣。如其不然，而以四端为道，则夫仁义礼智者，德也；即其在性，亦所性之德也。夫子固不曰人能弘德也。双峰之徒为枝蔓，固不如熊勿轩所云"唯学故能廓而大之"，语虽浅而不失也。

若张子之意，则以发圣言之大指，谓："心能尽性"，苟有是心者皆可以作圣；"性不知捡其心"，则人之有不善者，其过在心而不在性；心该情才言。唯心不足以尽性，病亦在不学。而非性不足以凝道；道本静，故性虽静，而道自凝焉。性继道以无为，则不善而非其过；继善成性，故曰性继道。以释天下之疑：谓人之不弘者为道本不弘，而人无容强致其功，因以倡邪说而趋诐行。其以发夫子之微言，至深远矣，宜乎双峰之未逮也。

十八

但言仁，则为心德之全。今曰"仁能守之"，此其为德，唯在能守，而所守者又但其知之所及，则不可遽以全德归之。倘其为全德矣，则如见宾、承祭，而何有不庄；"克己复礼，天下归仁"，而何动之不善也？

此章四段，一步切实一步，所以约高明于平实。自非圣人彻底示人，则必颠倒看去，说动之以礼为最易，而以知之能及为极至；将其用功，急于求明，而以礼为末矣。乃合始末功用而言，则繇得以几于尽善，其次第固有如此。若君子之以知止至善为学也，则迎头便须从礼上分明，而抑先简治威仪以为之则，只此两者是学者有捉摸处，功极于此，而事始于此。

故夫君子之德，以通民物之志而成天下之务者，莫不以"知及"利"精义入神"之用。然而其所从入者，则必内持之以仁，外持之以庄，而受其法则于礼。盖不如是，则虽知及之而有得矣，然而始事未密，则其末流之病，且有如此者。是以内外交养，知行并懋，大其功于始，斯以备其效于终也。

知此，则为学之次序可知，固不当如小注所云"以仁为主"矣。仁为心德之全者，上统知而下统庄、礼，以之守而即以之及；以莅，以动，莫不于此。今但云"能守"，则其为"拳拳服膺而弗失"之功能，亦宅心之纯而非心德之固纯，力行之至而非万行之统宗也。

盖仁者，无私欲也，欲乱之则不能守，汲黯所谓"内多欲而外行仁义"是也；仁者，无私意也，私意惑其所见则不能守，季文子之所以陷于逆而不决是也；仁者，固执其所择者也，执之不固则怠乘之而不能守，冉有所云"非不说子之道，力不足者"是也。去私欲，屏私意，固执其知之所及而不怠，此三者足以言仁矣。岂必天理浑全，廓然大公，物来顺应，以统四端而兼万善，然后为能守哉？

夫所患于知者，以与理不相及也；抑有及有不及，而不能必其及也。曰"知及之"矣，是吾之于理，已彻其表里，而全体皆章，大用无隐矣。故知及者，与道体相称之尽词也。仁之所守，庄之所出，礼之所行，皆无有能过于知及者之所及。故以言乎其至，则知及为尚，而以仁守，以庄莅，以礼动，率循夫简易平实，非知及浅而仁守深。不得独以仁守为全功，固矣。

从其已至而言之，则仁守之诣入，较庄、礼而深。乃从入德之从事者言之，则不重不威，非礼而动，固无从以望仁之能守。从其成事而观之，则知及者至动以礼而德始全。若从其适道而言之，则以明夫高明无实与得内忘外者为无本之学也。

直到上达处，方知下学之益，故曰："下学而上达。"得而无失，民敬之而极乎至善，然后知君子之学，谨于礼以为节文，修之于言动容色以定威仪，而知行并进，不但用其聪明以几觉悟者，其用益显而取效益深也。

此与《大学》格致、诚正、修齐、治平，效以相因而至，而事之始终必以知止至善为先务一理。故朱子引《大学》以证此，诚为合符。而特其以知及为知至则是，而以庄莅配修身正心为未叶耳。若其以仁守配诚意，亦自好善而必欲得，恶恶而必欲去者言之，则其非心德之全可知矣。诸儒冗说纷纷，如雾行舟，不知津步，汰之可也。

十九

《集注》"德愈全而责愈备"句，须活看。其云"不可以小节而忽之"，盖当入德之始，便不可忽，非谓仁守之后始当不忽于庄，庄莅之余始当不忽于礼；则亦非谓业已得而始责其不失，逮乎不失而始责其生民之敬，民已敬而始责其尽善也。唯稽其成功而责之愈备，则当其为学，而所责者已密矣。

凡圣贤文字若此类者，须以学问实为体验，则圣意自见，不可泥文句而执为次序。语言之次第，自不容不如此迤逦说来，其实却是始终一致。如天道循环无端，而言四时者，不得不以春为始，非春前之一日不为方春之日先也。

要此一章，原以反覆推求，而从成功之中，拣序其醇疵之大小，以为立言之次，而圣教之方，自在言外。动之以礼，必须详其节文度数之则；<small>格物致知，功即在此。</small>庄以莅之，必须有远暴慢鄙倍之功；仁，必须有胜欲胜怠之事；知，必有知天知人之学。方博于文，即约于礼；其以成己，即以成物。学者须别自体验。事虽有渐而规模必宏，安得于文句求线路，以惘然于所从入哉！

二十

凡小人与君子并言，则既非卑污已甚之小人；君子与小人并言，亦非必才全德备之君子。双峰之说，可通于"和同""骄泰""求人求己"诸章。

二十一

"未见蹈仁而死"，与"杀身成仁"义不双立，问者自是好个问头。看圣人文字，须如此较量，方见敦化、川流之妙。惜乎潜室之不给于答，而为之强词也。

夫子决言蹈仁者不死。若云比干虽死而不死，则必身名俱殒之谓死，蹈仁者之不然，岂待论哉？且如屈原，既是蹈仁而死，亦是蹈水而死。其蹈而死，均也，更何以相形而见仁之无害耶？

繇夫子之决言，则蹈仁而死者，尽古今求一人不得。若杀身成仁者之死，则值时命之不造。时死之也，命死之也，岂仁死之哉？使以比干之自靖自献，遇尧、舜之主，且可忘言；即使值汉文帝、唐太宗，亦且倾听；又其不幸而遇庸主，祸亦不至剖心。故忠谏者，本尊主安民之道，而非致死之道也。

谏无致死之道，则比干之死，非蹈仁之过。与水火本有杀人之道，而死者之过在蹈水火，正自悬隔。故曰"杀身以成仁"，而非繇仁故杀身也。以此求圣人之言，同条一贯，如冬寒之不碍于夏暑矣。

二十二

杀身以成仁则宜，杀身以求仁则不可，故知蹈死者之非能蹈仁也。秦始皇之流毒甚矣，荆轲之刺之，岂曰不当？然轲所以不得为仁者，非轲所当成之仁而刺之，则非诛暴之道。徒蹈死地以求仁，便是为名，非天理人心固有之理。此与蹈水火者同，非蹈仁也。

二十三

"不复论其类之善恶，如雨露之施于万物"，此说与释氏一辙。《易》言"见恶人，无咎"，亦但谓见之而已，非遂可收之为吾徒也，故子曰："不可与言而与之言，失言。"而稗官小说言颜涿父为盗之类，自讹传无实。

释氏唯不加拣别，故云"众生无边誓愿度"。既徒有其言而必不能践，而以此为教，则必移挪向下说，令下愚不肖略可解了信慕；抑取俗情所艳以歆动之，<small>如说西方世界七宝装成等。</small>取下愚所畏以迫胁之，<small>如说地狱诸苦等。</small>意本无余而多为之词以叮嘱之。<small>如烦词不已，又说偈言等。</small>其稍为出脱者，则又开径截一门，以使之功省而自谓所得者全。<small>如"元来黄檗佛法无多子"等。</small>不拣善恶而教者，势必出于此。

若圣人之教，洋洋优优者，待其人而行，广大高明，精微敦厚，必不合流俗而同污世。及其言吉凶成败之理，则苦节大贞而不讳其凶，邦家必闻而以为非达，初不以利诱威胁，强恶人而使向于善。即如云"学而时习之，不亦说乎"，亦至简易矣，然使陷溺深固者闻之，其有能信以为然者乎？

故恶人必不游君子之门，而君子必不取恶人而教。其行乎其所行，止乎其所止，与天之不以人之聪明畀之鸟兽，其揆一也。今云"不复论其类之善恶"，岂其然哉！

夫言"有教"者，言君子之有其教也，非谓尽人而有之以为教也。"教"之为言，非授也，以言乎所以诲人之条教也。其言"类"者，言教也，非言人也，言君子设教以教学者，其为道也：高者无所私授，卑者无所曲引；示之以大中至正之矩，而不徇以其类，或与深言之而或与浅言之也。

故博文、约礼，所以教众人之弗畔，即以教颜子之竭才；下学之即以上达，而无不上达之下学也。有其已高已美，而不可引之以近；有其极博极详，而不姑与之略。若分类以教，则道本一而二之，教之乃适以迷之矣。夫子之言此，以辟立教者之无本徇物，而止望教者使可企及之妄冀。传注于此不审，其不叛而之释氏者几何哉！

或疑一贯之旨，仅以授之曾子，固有类矣。乃夫子之于曾子也，孰与颜子？语颜子以仁，而但曰"非礼勿视"云云，此固众人所可从事也。何独于曾子而别为一类，以单传直指耶？"一贯"之呼，门人咸闻之矣。则教曾子者，即以教门人。且以推夫子之言，何一而非一贯之理，又何尝以万殊分贯教众人哉？曾子曰"忠恕而已矣"，则以见夫子平日之教，咸与此同而无有别也，又奚疑焉！

二十四

"达"有两义，言达其意而意达于理也。然此两者又相为因，意不达于理，则言必不足以达其意。云"而已矣"，则世固有于达外为辞者矣。于达外为辞者，求之言而不恤其意，立之意而不恤其理也。

其病，大端有二：一则于言求工，或无意而乖于理；一则于意求明，则理不著而言亦鄙。如云"黄鸟于飞，其鸣喈喈"，亦足写景物之和矣；如必云"风暖鸟声碎"，则有言而非必至之意也。又如云"匪直也人，秉心塞渊，䮷牝三千"，斯用意远而取理近也；如必云"太虚冥冥，不可得而名，吾以名吾亭"，则徒立一意而无其理矣。理在浅，而深言之以为奇；理在深，而故浅言之以为平；理本质，而文言之以为丽；理本文，而故质言之以为高：其不求之达而徒为之辞，一也。

《集注》云"不以富丽为工"，则只偏堕一边。岂不富而贫、不丽而陋者之遂足以达哉？韩退之唯不达于理，苟异齐、梁，以删洗刻削，自雄一代，遂诧为得六经之遗旨。不知止"博爱之谓仁"五字，早已不达，而为梗塞至道之败叶朽壤，奚待富丽而后为病哉！

《读四书大全说》卷六终

读四书大全说卷七·论语

季氏篇

一

"丘也闻有国有家者"以下，意分两支，但圣人说成一片耳。话到圣人口里，便怎融液曲折，不消分支作柱，而理意交尽！孟子即不能然，而况其他！故辞至圣人而始达，繇其胸中共一大炉冶，随倾铸而成象。然学者读此，正当于合处得分，而后可以知圣笔化工之妙。

前云"君子疾夫舍曰欲之"，则夫子之所责于季氏者，唯其欲也。若冉有之言忧也，则折之曰"而必为之辞"，知其忧不在此，而彼亦初不为子孙虑也。云"不患寡""不患贫""修文德以来远人"，盖以理言，而责其以患贫、寡故，妄欲人之土地也。云"患不均""患不安""邦分崩离析而不能守"，则以事言，而见季孙之忧不在颛臾，而云"后世必为子孙忧"者，非其本心，而徒为之辞也。云"均无贫，和无寡"，则以引伸其不当欲之故。云"安无倾"，则以质言颛臾之不足为季孙忧也。乃自圣人言之，彼此合成一理，初无垠鄂，不期于立言之妙而妙自无穷。岂若后世文人，必分支立柱，以自为疏理哉？

均则无贫矣，安则无倾矣。然君子之所以患不均者，非以欲无贫故；

患不安者，非以欲无倾故。若其欲无贫、无倾而始以不均、不安为患，则是亦患贫、患寡而已矣。有国有家之道，不若是也。

君子之所不患者，直以不当患而不患，岂所患在彼，乃故不患彼而患此，以巧免其患哉？不当患而不患者，心之无欲也。无欲而后可以行王道，则文德自此而修矣。若夫其无贫、无寡、无倾，则唯患不均、患不安，自能以远虑而绝近忧。不此之患，则分崩离析，而忧在萧墙之内矣。

明于其所当忧者，则以颛臾为忧之强辞可折；明于其所不当患者，则不容患得患失而肆其私欲，固矣。乃以其安分无求而不动于恶者在是，其以制治保邦而免于倾危者亦即在是，故可即以折其强辞者抑其私欲。故圣人互言之，不待歧说而事理交尽。若不患贫、寡之实，则以修文德为归；患不均、患不安之道，则以扶邦之分崩、整邦之离析为效。意各有属，读者固不容紊也。

乃夫子于此，则以不患贫、寡而修文德以来远人为主，而以均无离析、安无分崩为宾。盖因伐颛臾以启论端，则即事以遏其欲，而颛臾之不可伐著矣。若其为季氏忧萧墙之祸，则冉求之言忧也，本非如情之辞，亦且姑与折之，而季氏之攘夺以召祸，则不可亟挽之旦夕者也。以理以事揣之，而缓急轻重分矣。此又善观圣言者所宜通也。

二

"季孙之忧，不在颛臾，而在萧墙之内"，岂徒孔子知之，冉有亦知之，即季孙亦未尝不知之。探其意中所怀挟者而告之曰，吾恐在此不在彼，亦因其所惧者而惧之也。使季孙、冉子不知萧墙之内有忧，则其以"固而近费"为子孙虑患，亦为子孙谋长久者深计之所必然，非夫"舍曰欲之而必为之辞"矣。季孙之忧，自在萧墙，而其欲则在颛臾。知忧不在此而曰忧，是以为君子之所疾。

三

若所当忧，则虽远而必忧。其不当忧，则近固无忧。若置远为不足虑，而日收前后以为之防，亦徒操同室之戈而已。双峰云"颛臾远，萧墙近"，大是不审。且如朱子所云"哀公以越伐鲁"，则祸在越矣，越岂近于颛臾哉！萧墙之内，只是祸发不测意。

四

罗豫章以阳虎囚桓子为萧墙之忧，朱子不宗其说，而以哀公兴越师易之。盖以冉有仕季氏在康子之世，固知豫章之失考。然哀公欲去三桓，谋虽谬而事则正，孔子不当使季氏忧之而豫为之防。且哀公于时，事尚未形，而先为微词以发其密谋，是夫子不以待白公者待吾君矣。

圣人所言，但以理论，所谓"三桓之子孙微矣"者是也。眼前看得他不好，便知其必有祸乱。若祸之所自发，虽圣人亦不能知也。不能豫测而忽发，故曰"萧墙之内"。鲁至悼公以后，三桓之子孙不复能执鲁政，后来更别用一番人，若公仪子之类。三桓后裔，大段萧索去，特史不记其所终，无从考尔。

五

陪臣三世之后，所失之国命属之何人？天子诸侯岂能遽收之，大段是彼此相移，迭为兴废，以成大乱之势耳。近华亭陈氏子龙说此，谓陪臣之失，失于庶人，其义亦通。春秋以后，无干出一班荜门圭窦之士，立谈而收卿相，以倾危人国。据此，则庶人之议，非私议于草野，乃议于庙廷之上也，与孟子所云"处士横议"同。

《集注》言"上无失政，则下无私议"。三代之世，工执艺事以谏，舆人献箴，虽明主亦安能无失政？虽圣世之民，亦安能无私议耶？但不抵掌谈天下之事，以操国柄而已。

六

"言未及之而言"，问他人而己对也。"未见颜色而言"，君子一无与人言之意，而己冒昧以言也。"言未及之而言"，是拦横抢先说话。"未见颜色而言"，是不避厌恶，唐突得去。

勉斋谓"'未见颜色'者，言虽及之而言，亦须观长者颜色，或意他在，或有不乐"，则方与人言而意又移，愆在君子，不在己也。瞀者之愆甚于躁，固知未见颜色者之尤妄。

七

若但戒人言以时发，则"与人恭而有礼"，初不择人也，故曰"言满天下无口过"。今云"侍于君子有三愆"，则是因侍君子而始有之也。因侍君子而始有，则将不侍君子而可无乎？非不侍君子而可无愆，而何以云"有"？盖不侍君子，非可无愆也，有愆而不自知其有也。

以位言之，则朝廷，礼法之宗也；以德言之，则君子言动以礼，而非礼者以相形而易见也。若只随行逐队，与草野鄙陋人一例为伍，则彼亦愆也，此亦愆也，一堂之上不相照应，只管任情胡哄去，盖有终日皆愆而自以为无愆者矣。人不可以有愆，而当其有愆，则尤不可不自知其有，不知则终不能知愧而思改。故君子者，夫人之衡鉴也，不可不求亲近之以就正者也。

或疑有德之君子，则固人所当就正者矣，若有位之君子，岂其必足以为斯人捡点言行之资。乃抑不然。章枫山居林下二十年，或欲举之以充讲官，一老先生谓其不可曰："枫山久在田间，未免有朴野倨侮之色；使之日进于上前，且使人主轻士大夫。"崇祯间，郝给事土膏十余年闲住，一旦赐环，召对之下，不问而对，高声阔视，致动上怒，却将温体仁陷害东林事决裂而不可挽。自非盛德之士，动容中礼，则不与有位之君子相晋接，亦且陷于愆而不自知。以此思之，然后知圣人此语为曲尽物理也。

八

以"戒"字意求之，则朱子言理，不如范氏言志之亲切。大要此章是遏欲事，且未到存理处。其言君子者，言外有一小人在，是人品大分别处，且须立个崖岸，不堕小人去，故曰"戒"。至于存理之全功，在"三戒"以上一层，且非此处所及。

乃但言遏欲而不及存理，则此三戒者，将无与释氏共之：好色，痴也；好斗，瞋也；好得，贪也。然则圣人其以释氏为君子乎？曰：释氏虽不得为君子，而与任血气以自恣之小人，岂不犹贤乎！

乃君子之所以终别于释氏者，则以随时消息，不流于已甚，而未尝铲除之以无余也。故血气之所趋则戒之，而非其血气之所必趋者则未尝力致其戒也，岂与释氏之自少至老，必废昏姻、绝杀害，而日中一食、树下一宿之余，皆非其所得者哉？繇此思之，朱子之以理言者，亦可得而通矣。

九

《集注》"血阴而气阳"一句，乍看觉得插入无谓。及观范氏血气、志气之论，及朱子所云"气只是一个气，便浩然之气，也只此气"，乃知《集注》用意之深。双峰云"能持其志，则血气皆听于心"，则已赘一"血"字矣。大要气能为善，而抑能为不善。如血，则能制其不为恶而已足，不能望其为善也。

盖气阳而血阴，气清而血浊，气动而血静，气无形而血有形。有形而静，则滞累而不能受命于志；浊，则乐与外物相为攻取，且能拘系夫气但随己以趋其所欲。故好色、好斗、好得者，血役气也。而君子之戒此三者，则志帅气而气役血也。今以好色、好斗时验之，觉得全是血分管事。及至淫很之心戢退，则直忘此身之有血，而唯气为用事矣。

乃夫子于此，分任其过于血气者，以气本可与为善，而随血盛衰，不自持权，见累于血以为之役，气亦不得而辞其过也。气能听志，而血不能听志。心之不戒者，听命于气，而抑听命于血。双峰"心是魂、魄之合"一语，极有理会。唯其两合于阳魂、阴魄，是以亦听命于血。

乃魄虽灵，终是凝滞重浊物事，而心却轻微，役使他不动，则不得不资气抑而扶之。魂清于魄，而心又清于魂。心是魂、魄之轻清者合成底，故君子专有事于此，以治魂、魄。则心，君也；气，将也；血，卒也。溃卒胁将以干君，而明君必任将以制卒，其理一也。

十

知命有知命之功，畏命有畏命之事。新安以格致、诚正分配之，精矣。既知天命以后，尚须有事于畏。孟子说"知性、知天"，又说"事天、立命"，事天立命，吃紧工夫正在畏上。不知则必不畏，而知者未必其能畏也。

夫子以说到天命上，则君子小人相差悬绝，与畏大人之与狎、畏圣言之与侮，只争一敬肆者又别，故于"小人"上加"不知"二字，言且不知，而何望其畏。若夫虽若知之而不畏者，则既异乎醉梦之小人，而抑不得为君子，自别是一流。故可云君子知命，小人不知，就其大分段处立之辨也；亦可云君子畏命，小人不畏，就其极至处终言之也。

只君子知命，小人不知，与君子畏大人、圣言，小人狎、侮之一例，是君子小人之坊界。进此以言君子，则有畏命之学；就此以窥小人，则其行险侥幸者，固不畏也。知此，则大人、圣言，不得复以知不知添入，明矣。

大人、圣言，其显者自易知也，虽小人亦未尝不知也。若其为大宝所凝、至道所出之微者，则必能畏之，而后其道之宜畏、德之可畏者始可得而喻也。是其大端之别，在畏不畏，而不在知不知。且小人之不畏天命，唯不知之，是以终不得而玩之。若夫大人、圣言，唯其不能深知而亦或知焉，是亦得而狎侮之。则小人之不畏大人、圣言，罪不在不知也。小人之罪不在不知，则君子之功亦不徒在知，审矣。

乃亦有于天命求知而反不畏者，则老、庄及释氏是也。乃老氏之于天命，虽用其抵巇投间之巧，而其所操为雌、黑、溪、谷之术，亦终不敢求胜夫天而拂其命，故夫子亦终不以老氏为小人，则已与释氏之小天而自大、卑天而自高、灭天而自存者异矣。故有事于知天而自谓知之，乃以增其亵慢者，唯释氏独耳。后世从夷入华，当夫子时，无此小人也。朱子以"知"字括"三畏"，自不如和靖言"诚"之为切。而双峰分析知畏各致之功，亦大有功于朱门矣。

十一

曰"知之"、曰"学之"，"之"字所指，不当有异。然则以"知之""之"字指此理而言，谓洞见本源，该括万理，则夫"困而学之"者，亦岂尽天下之理，全体、大用，一学焉而无遗乎？学此者以渐，则知此者亦何得独为顿也？

《史记》称黄帝"生而能言，幼而徇齐，长而敦敏"，其说出于《内经》。《内经》者，固周、秦之际精于医者之赝作耳。史氏据之以为实，诞矣。且云"幼而徇齐"，则亦徇齐焉耳；"长而敦敏"，则亦敦敏焉耳；岂无所不知，而一如聪明睿知达天德者之极至哉！至云"生而能言"，则亦佛氏"堕地能言，唯吾独尊"之猥说也。

夫人之所以异于禽兽者，以其知觉之有渐，寂然不动，待感而通也。若禽之初出于毂，兽之初坠于胎，其啄齕之能，趋避之智，喁啾求母，呴嚘相呼，及其长而无以过。使有人焉，生而能言，则亦智侔雏麛，而为不祥之尤矣。是何也？禽兽有天明而无己明，去天近，而其明较现。人则有天道命而抑有人道性，去天道远，而人道始持权也。

耳有聪，目有明，心思有睿知，入天下之声色而研其理者，人之道也。聪必历于声而始辨，明必择于色而始晰，心出思而得之，不思则不得也。岂蓦然有闻，瞥然有见，心不待思，洞洞辉辉，如萤乍曜之得为生知哉！果尔，则天下之生知，无若禽兽。故羔雏之能亲其母，不可谓之孝，唯其天光乍露，而于己无得也。今乃曰生而知之者，不待学而能，是羔雏贤于野人，而野人贤于君子矣。

横渠学问思辨之功，古今无两，其言物理也，特精于诸老先生，而曰"想孔子也大段辛苦来"，可谓片言居要。然则所云"生而知之者"，其言"知之"，随指所知之一端，而非无所不通之谓。其言"生"，则如其性之所发，已乐与其所欲知者而相取，于色用明，于声用聪，于事物之几一致其心思，早已符合深至而无所蔽。故天下一事有一事之知，而知者各有生与学之别，即各分上与次之等。上者易而次者固难，乃及其知之则一，而所繇以得知者亦无大异也。

上者，以知而不尽知，因于所知而学焉。次者，未学之先，一未尝知，循名以学，率教以习，而后渐得其条理。师襄之于琴也，上也；夫子之于琴也，次也。推此而或道或艺，各有先后难易之殊，非必圣人之为上，而贤人之为次矣。

朱子以尧、舜、孔子为生知，禹、稷、颜子为学知。千载而下，吾无以知此六圣贤者之所自知者何如。而夫子之自言曰"发愤忘食"，《诗》称后稷之"克岐克嶷"，颜子之"有不善未尝不知"，初不待师友之告诫，亦安见夫子之不学，而稷与颜子之非生也？夫子略于生、学分上、次，而后人苦于上、次分生、学。乃不知上、次云者，亦就夫知之难易迟速而言；困而不学，终于不知，斯为下尔。

且夫所云"生"者，犹言"性"之谓也。未死以前，均谓之生。人日受命于天，命讫则死。则日受性于命。日受性命，则日生其生。安在初之为生，而壮且老之非生耶？迨其壮且老焉，聪明发而志气通，虽未尝不从事于学，乃不拘拘然效之于此，而即觉之于此，是不可不谓之生知也。

荀卿五十始学，朱云四十始受《易》与《论语》。乃以其所知者，与世之黠慧小儿较，果谁为上而谁为次也？其将以王雱之答獐鹿者为圣，而卫武公之"睿圣"，反出于其下耶？必将推高尧、舜、孔子，以为无思无为而天明自现，童年灵异而不待壮学，斯亦释氏夸诞之淫词。学者不察，其不乱人于禽兽也鲜矣！

十二

《朱子语录》极有参差处，甚难拣取。想来朱子未免拿定"随病下药"作教法，故彼此异致，乃至屈圣言以伸己说者有之，不能如圣言之川流各别而不相害悖也。

其答问者，有云"视不为恶色所蔽为明，听不为奸人所欺为聪"，乃他处又以"主一"言思明思聪，此二说便早自乖张。夫君子之于恶色奸言，直不视不听，还他一刀两断，若向此处思聪思明，则立脚不稳，早已被他摇动矣。只恶色奸言，亦何所容吾聪明哉？

如毛嫱、西施之色，不宜狎者也，不视之则不乱耳，此心之正而非目之明也。如使与不美者同至吾前，乃拣美丽者斥为女戒，而取丑陋者以为正色，无论人情之必不能，而亦不得谓之明矣。故曰"不知子都之姣，无目者也"。故君子之明，必不用之于此。以其明亦不可，不明亦不可也。

奸言之不听，其道在远佞人，亦一刀两断法。如业许其抵掌纵谈，而又用吾思以曲为摘发，则卫嗣君之所以亡其国者，而何聪之有？

且天下尽有不贪恶色、不惑奸言而不聪不明者。且尽有未尝见恶色、未尝闻奸言而不聪不明者。其不聪不明者，唯不思故也，岂有壅蔽之者哉？"听言则对，诵言如醉"，宁奸言欺之，善言固不足启其蔽矣。

此二语是君子警昏策惰以尽耳目之才，乃复性语也，存理语也，而非遏欲语也。遏欲之功在辨，存理之功在思。远恶色，拒奸言，辨之事也，非思也。

夫人之从事于学，各因其所近以为从入之功。有先遏欲以存理者，则不为恶色奸言所蔽，乃可进而思明与聪。其先存理以遏欲者，则唯思明而明，思聪而聪，而后恶色奸言不得而欺蔽之。内以尽其形色之性，则视听必复其聪明；外以察夫事物之几，则于声色不得苟用其视听。故大而法象之在天地，道教之在古今，小而一物之当前，一声之入耳，有弗视，视则必思其无不见；有弗听，听则必思其无不闻。若恶色奸声不使交吾耳目者，则所谓"非礼勿视，非礼勿听"，而非既视听之而又加以思也。

藉不恤非礼而视听之矣，则虽视恶色亦有其明焉，虽听奸声亦有其聪焉。汉元帝之于洞箫，宋徽宗之于书画，其为惑也固然，而要不可不谓之聪明。唯屏此不正之声色于聪明之外，而乃专用其思于当聪当明之视听，斯君子思诚之功也。故思明思聪，不在去蔽，而但在主一。去蔽者，遏欲者也，辨之明也。主一者，存理者也，思之慎也。慎谓详谨而不忽略。

《集注》云"视无所蔽则明无不见，听无所壅则聪无不闻"，泛言所蔽所壅，则于义自可。以人之昏惰苟简、粗疏笼罩而未得谓得者，皆足以壅蔽固有之聪明，故为授以除蔽去壅之道曰"思"。而《语录》加以"恶色""奸言"之目，则或因有溺于声色者而与言此，是专以药一人之病，而戾于圣言之大义矣。

乃即如彼言，亦当云"视不为恶色所蔽而后可以思明，听不为奸声所惑而后可以思聪"，不得竟以无二者之蔽，遂当此九思之实学也。如学诗者，固当以恶诗为戒，然但不读恶诗，不堕恶诗窠臼，而不匠心于兴比情景之中，则亦穷年苦吟而不成矣。圣人践形、尽性之学，岂但空空洞洞立于无过之地而已哉！

老子曰"五色令人目盲，五声令人耳聋"，而不知天下之盲聋者，其害在于声色者十之三，而害非因于声色者十之六；其害正堕于无声无色者十之一，则老氏是已。君子之学，则须就"有物有则"上察识扩充，教笃实光辉，尽全体以成大用，而后圣功可得而至。朱子曰"内外夹持，积累成熟，便无些子渗漏"，斯则尽之矣。

十三

朱子"若闲时不思量义理"一段，说得来别。求其大旨，则所谓学思并进而已，故终以"博学、审问、慎思、明辨"，则明其为学之事。《中庸》说"慎思"，乃就学而言思，以思其所学也，与此"思"字别。若非思所学，只蓦地思去，其有所思也，孔子既云"以思无益"；倘不持一道理，空着去想，是释氏之以坐断一切为真参实究矣。

乃朱子此语，殊费周折，不得畅快。其故在问者不审，乃令答者迂回。问者曰："无事而思，则莫是妄想？"如此而问，鲁莽杀人！夫唯忿与见得，则因事而有；疑之思问，且不因事而起。若视听容貌，则未尝有一刻离著在。圣学中，原无收视反听，形若槁木的时候。倘其有此，即谓之怠荒，而夫子且比之为"朽木""粪土"，贱之为"饱食终日"矣。

视之所该最广，除睡时无有不视。容之为功最密，除盛德之至者，一刻忘下便不得"温"。以此九者详求之日用之间，岂复有无事之时哉？而何忧妄想之生！不得已而姑云有闲时，则君子固有读书穷理之功，而用其思于学。学、思固分致之功，而方学即思所学。乃所云"视思明，听思聪，疑思问"者，固已该乎方学之思为言。是君子终日于此九者，该动静，统存发，而更不得有无事之时矣。

知此，则知南轩所云"养之于未发之前"者，亦属支离。唯喜怒哀乐为有未发，视听色貌无未发也。盖视听色貌者，即体之用；喜怒哀乐者，离体之用。离体之用者，体生用生，则有生有不生；而其生也，因乎物感，故有发有未发。即体之用者，即以体为用，不因物感而生，视虽因色，然天下无无色之时，无时不感，不得云感。且色自在天下，非如可喜可怒之事加于吾身，不可云感。不待发而亦无未发矣。

若其相与为用也，则喜怒哀乐，亦因视听色貌言事而显。当其发，则视听色貌言事皆为喜怒哀乐用。乃喜怒哀乐一去一留于此六者之间，而六者不随喜怒哀乐为去留。当其为喜怒哀乐之时，则聪明温恭忠敬，要以成发皆中节之和；而当夫喜怒哀乐之已去与其未来，则聪明温恭忠敬之思之不忘者，即所谓于未发时存中也。

故此云"思明""思聪""思温""思恭"者，兼乎动静，动以中节，而静以笃恭。就本文中原有未发存养之功，何更得头上安头，而别求未发哉？岂所云未发者，必一物不视，一声不闻，柳生左肘色，雀乳头上貌，以求养于洞洞墨墨之中乎？此毫厘之差，南轩且入于禅而不知已！

先儒言静存之功，统以主敬。"思明""思聪""思温""思恭"，正主敬之谓也。朱子亦云"主一"，"敬故一"。舍此四者，更用何物为静中之敬？思则敬，不思则肆。敬肆之分，思不思而已矣。既要敬，又不著思，即全是禅。视听色貌，即源即流，无久刻刻异。无暂。常不废。倘以此为流且暂，已发，乃暂然之流。而别求一可久之源，未发天下之大本，故无间断。非愚之所敢知也。佛氏之真知。

若言与事，则固属乎动矣。然其属乎动也，亦自其有不言无事之时以分动静耳。乃以求诸喜怒哀乐，则虽见于言事，而犹有为喜怒哀乐之未发者。此其理亦易知，特人不察耳。《中庸》言"未发"，但就四情而言，不该一切。则以圣贤之学，静含动机，而动含静德，终日乾乾而不堕于虚，极深研几而不逐于迹。其不立一藤枯树倒、拆肉析骨之时地，以用其虚空筋斗之功者，正不许异端阑入处。儒者于此，壁立万仞，乃为圣人之徒。故上蔡云"此之谓'思诚'"。思而言诚，是即天之道而性之德已，复何有一未发者以为之本哉！

阳货篇

一

　　程子创说个气质之性，殊觉崚嶒。先儒于此，不尽力说与人知，或亦待人之自喻。乃缘此而初学不悟，遂疑人有两性在，今不得已而为显之。

　　所谓"气质之性"者，犹言气质中之性也。质是人之形质，范围著者生理在内；形质之内，则气充之。而盈天地间，人身以内人身以外，无非气者，故亦无非理者。理，行乎气之中，而与气为主持分剂者也。故质以函气，而气以函理。质以函气，故一人有一人之生；气以函理，一人有一人之性也。若当其未函时，则且是天地之理气，盖未有人者是也。未有人，非混沌之谓。只如赵甲以甲子生，当癸亥岁未有赵甲，则赵甲一分理气，便属之天。乃其既有质以居气，而气必有理，自人言之，则一人之生，一人之性；而其为天之流行者，初不以人故阻隔，而非复天之有。是气质中之性，依然一本然之性也。

　　以物喻之：质如笛之有笛身、有笛孔相似，气则所以成声者，理则吹之而合于律者也。以气吹笛，则其清浊高下，固自有律在。特笛身之非其材，而制之不中于度，又或吹之者不善，而使气过于轻重，则乖戾而不中于谱。故必得良笛而吹之抑善，然后其音律不爽。

　　造化无心，而其生又广，则凝合之际，质固不能以皆良。医家所传《灵枢经》中，言三阴三阳之人形体之别、情才之殊，虽未免泥数而不察于微，而要不为无理。抑彼经中但言质而不言气，则义犹未备。如虽不得良笛，而吹之善，则抑可中律。气之在天，合离呼吸、刚柔清浊之不同，亦乘于时与地而无定。故偶值乎其所不善，则虽以良质而不能有其善也。此理以笛譬之，自得其八九。

　　乃其有异于笛者，则笛全用其窍之虚，气不能行于竹内。人之为灵，其虚者成象，而其实者成形，固效灵于躯壳之所窍牖，而躯壳亦无不效焉。凡诸生气之可至，则理皆在中，不犹夫人造之死质，虚为用，而实则糟粕也。

　　气丽于质，则性以之殊，故不得必于一致，而但可云"相近"。乃均之为笛，则固与箫、管殊类，人之性所以异于犬羊之性，而其情其才皆可以为善，则是概乎善不善之异致，而其固然者未尝不相近也。

气因于化，则性又以之差，亦不得必于一致，而但可云"相近"。乃均之为人之吹笛，则固非无吹之者，人之性所以异于草木之有生而无觉，而其情其才皆有所以为善者，则是概乎善不善之异致，而其能然者未尝不相近也。

程子之意固如此。乃有质则气必充，有气则理必在，虽殊之以其气质之相函相吹，而不能殊之以性。是故必云气质中之性，而后程子之意显。

以愚言之，则性之本一，而究以成乎相近而不尽一者，大端在质而不在气。盖质，一成者也；气，日生者也。一成，则难乎变；日生，则乍息而乍消矣。夫气之在天，或有失其和者，当人之始生而与为建立，所以有质者，亦气为之。于是而因气之失，以成质之不正。乃既已为之质矣，则其不正者固在质也。在质，则不必追其所自建立，而归咎夫气矣。若已生以后，日受天气以生，而气必有理。即其气理之失和以至于戾，然亦时消时息，而不居之以久其所也。

今且为体验之：凡人思虑之所蔽、聪明之所穷、知之所不能至、行之所不能勉、昏惰嗜欲之相乘，与夫思之可通、知之可悉、行之可任、昏惰嗜欲之能克，若气为之也，而实非气为之也。气馁者，质之量不足；气浊者，质之牖不清也；故气以失其条理而或乱，抑亦不相继续而或挠也。

若夫气之日入于人中者，在天之化，或和或乖，而人任其自至以受之，则固不为之变也。苟为不肖，则无时而清刚；苟为贤，则无时而浊弱也。苟一听之气，则气之消息无恒，和不和一因于化而莫之定，其以移人于清刚、浊弱者，且将如疾风暴雨、乍寒忽暑之能病于人。而又岂其然哉！即令如病，而亦唯体之羸弱者多受之，是亦质之召沴，而非气之过也。

质能为气之累，故气虽得其理，而不能使之善。气不能为质之害，故气虽不得其理，而不能使之不善。又或不然，而谓气亦受于生初，以有一定之清刚、浊弱，则是人有陈陈久积之气藏于身内，而气岂有形而不能聚散之一物哉！故知过在质而不在气也。

乃其为质也，均为人之质，则既异乎草木之质、犬羊之质矣。是以其为气也，亦异乎草木之气、生气。犬羊之气也，故曰"近"也。孟子所以即形色而言天性也。

乃人之清浊刚柔不一者，其过专在质，而于以使愚明而柔强者，其功则专在气。质，一成者也，故过不复为功。气，日生者也，则不为质分过，而能功于质。且质之所建立者，固气矣。气可建立之，则亦操其张弛经纬之权矣。气日生，故性亦日生。_{生者气中之理。}性本气之理而即存乎气，故言性必言气而始得其所藏。

乃气可与质为功，而必有其与为功者，则言气而早已与习相摄矣。是故质之良者，虽有失理之气乘化以入，而不留之以为害。然日任其质，而质之力亦穷，则逮其久而气之不能为害者且害之矣。盖气任生质，亦足以易质之型范。型范虽一成，而亦无时不有其消息。始则消息因仍其型范，逮乐与失理之气相取，而型范亦迁矣。若夫繇不善以迁于善者，则亦善养其气，至于久而质且为之改也。故曰"居移气，养移体"，气移则体亦移矣。

乃其所以移之者，不可于质见功。质，凝滞而不应乎心者也。故唯移气，斯以移体。其能于体而致其移养之所移者，肌肉、荣魄而已矣，则又体之贱者也。体移，则气得其理，而体之移也以气。乃所以养其气而使为功者何恃乎？此人之能也，则习是也。是故气随习易，而习且与性成也。

质者，性之府也；性者，气之纪也；气者，质之充而习之所能御者也。然则气效于习，以生化乎质，而与性为体，故可言气质中之性；而非本然之性以外，别有一气质之性也。

性以纪气，而与气为体。_{可云气与性为体，即可云性与气为体。}质受生于气，而气以理生质。_{此句紧要。}唯一任夫气之自化、质之自成者以观之，则得理与其失理，亦因乎时数之偶然，而善不善者以别。若推其胥为太极之所生以效用于两间，则就气言之，其得理者理也，其失理者亦何莫非理也？就质言之，其得正者正也，其不正者亦何莫非正也？

气之失理，非理之失也，失亦于其理之中：已刚而亦乾之健，已柔而亦坤之顺，已清而象亦成，已浊而形亦成。亦均夫祁寒之以成其寒之能，盛暑而以成其暑之能也。善养者，何往而不足与天地同流哉！质之不正，非犬羊、草木之不正也，亦大正之中，偏于此而全于彼，长于此而短于彼。乃有其全与长之可因，而其偏与短者之未尝不可扩，是故好色、好货之不害于王道，好货、好色，质之偏也，过不在气。而欲立、欲达之以立人、达人也。欲立、欲达，亦质所欲。能践形者，亦此形而"万物皆备于我矣"。

孟子惟并其相近而不一者，推其所自而见无不一，故曰"性善"。孔子则就其已分而不一者，于质见异而于理见同，同以大始而异以殊生，故曰"相近"。乃若性，则必自主持分剂夫气者而言之，亦必自夫既属之一人之身者而言。孔子固不舍夫理以言气质，孟子亦不能裂其气质之畛域而以观理于未生之先，则岂孔子所言者一性，而孟子所言者别一性哉？

虽然，孟子之言性，近于命矣。性之善者，命之善也，命无不善也。命善故性善，则因命之善以言性之善可也。若夫性，则随质以分凝矣。一本万殊，而万殊不可复归于一。《易》曰"继之者善也"，言命也；命者，天人之相继者也。"成之者性也"，言质也；既成乎质，而性斯凝也。质中之命谓之性，此句紧切。亦不容以言命者言性也。故惟"性相近也"之言，为大公而至正也。

二

新安云"性寓于气质之中"，不得已而姑如此言之可也；及云"非气质则性安所寓"，则舛甚矣。

在天谓之理，在天之授人物也谓之命，在人受之于气质也谓之性。若非质，则直未有性，何论有寓无寓？若此理之日流行于两间，虽无人亦不忧其无所寓也。若气，则虽不待人物之生，原自充塞，何处得个非气来？即至于人之死也，而熏蒿凄怆、昭明于上者，亦气也。且言"寓"，则性在气质中，若人之寓于馆舍。今可言气质中之性，以别性于天，实不可言性在气质中也。

盖性即理也，即此气质之理。主持此气，以有其健顺；分剂此气，以品节斯而利其流；主持此质，以有其魂魄；分剂此质，以疏浚斯而发其光辉。即此为用，即此为体。不成一个性，一个气，一个质，脱然是三件物事，气质已立而性始入，气质常在而性时往来耶？说到性上，一字那移，不但不成文义，其害道必多矣。

三

新安又云有"天地之性"，一语乖谬。在天地直不可谓之性，故曰天道，曰天德。繇天地无未生与死，则亦无生。其化无形埒，无方体，如何得谓之性！"天命之谓性"，亦就人物上见得。天道虽不息，天德虽无间，而无人物处则无命也，况得有性！

且新安之言天而并言地，尤为不审。以体言之，则天地既不得以性言矣。以化言之，则地有化迹，而化理一属之天。故《中庸》但言"天之所以为天"，而不云"地之所以为地"。地之所以为地，亦天之为也。故曰"无成有终"。有终者，化之迹也；无成者，天成之也。若就人性而言之，则性，天德也；气，天化也；质，天以地成之者也。以，犹用也。不得以天地并言，亦审矣。

四

五常百行，何一而不以恭、宽、信、敏、惠行之？五常百行，道也。恭、宽、信、敏、惠，行道、凝道之德也。于理言之，则善有万；于心言之，则五者尽之矣。故知夫子之以此五者答子张，理已极，功已全，更无遗也。

看圣人言语，须看得合一处透，如"克己复礼""主敬行恕"等，无不以此五者行之。则全体、大用，互相成而无碍。若执定药病一死法，却去寻他病外之药，谓恭、宽、信、敏、惠外更有何道。总成迷妄。圣人之教，如天地之有元气，以之生物，即以之已疾，非以药治病。则栀、芩不必与乌、附合，而人参亦且反藜芦。凡药之于病，生于此者，误用之彼，则为杀。将所以药子张者，必且以贼他人。而此五者，自上智至下愚，有一而不当行者乎？故知圣人之言，必不为药。

五

双峰"刚体勇用"之说，殊不分晓。凡言体用，初非二致。有是体则必有是用，有是用必固有是体，是言体而用固在，言用而体固存矣。勇而无勇之体，则勇为浮气而不成其勇。刚而无用，则中怀内慸，而亦何以知其为刚！故刚亦有刚之用，勇自有勇之体，亦与仁、知、信、直之各为体用者等。

盖刚者，自守则厉_体、不为物屈_用之谓也。勇者，果决敢为_体、遇事不怯_用之谓也。故体虽不刚，要不害其为勇。如刘琨、祖逖一流人，自守不峻而勇于为义，是不刚而勇也。用虽不勇，要不害其为刚。如汲黯、包拯一流人，固无喜于任事之意，而终不为物下，是不勇而刚也。

好刚而不好学，所谓刚愎自用也。狂者，妄自尊大、轻世陵物之谓。好勇而不好学，如刘穆之、王融，只是勇于有为，便不复顾名节，故其蔽乱。此刚、勇之别，体用各异，不可紊也。

六

程子言"序"，朱子言"敬"，赵、饶二氏无所见而姑为之调停，云"二说相须，其义始备"。朱子若看得程子之言序也为允当，则何故易一敬字？若以序字之义为未备，更须添一敬字，亦当兼言敬以有序，不宜竟废言序也。唯朱子看得程子之言序者于此处不切，故断断然以敬代之。若其仍存程说于圈外者，则取其"天下无一物无礼乐"一段而已。

释此章之义，乃使人因礼乐而释其所以然。礼之所以然者敬也，乐之所以然者和也。以序配和，乃就礼乐之已成而赞其德。礼行而序著，乐备而和昭。故曰"礼只是一个序，乐只是一个和"。行礼行乐时，大段道理如此。故凡天下之有序者，皆礼之属也；凡天下之和者，皆乐之属也。唯然，则序非礼之所以为礼，而配序之和亦非乐之所以为乐。朱子云"敬而将之""和而发之"。程子所云序与和，只说得将边、发边事。其所将、所发者，则固吾心之敬与和也。

程子推天理之本然，而云"盗贼亦有礼乐"，此为老、庄家说礼乐是圣人添上底，故与指天理之在人者以破其"前识之华"一种妄说。若夫子则缘流俗以容之有序、声之能和者为礼乐，故曰"人而不仁，如礼乐何"。不仁者不能如之何，又岂盗贼之相总属、相听顺者之得与哉！

夫不仁之人所以不得与于礼乐者，唯其无敬、和之心也。若天道之自然有此必相总属之序、必相听顺之和，则固流行而不息，人虽不仁，而亦不能违之。而凡人之将玉帛、鸣钟鼓者，正恃此以为礼乐也。程子此段，是门人杂记来底，想为有人疑礼乐非人心之固有，故为反其言而折之如此，乃非以正释此章之义。其说规模甚大，却空阔，令人无入手处，以视圣人之言深切警省、动人于微者远矣。

且言序者，亦因敬而生其序也。若不敬，则亦无以为序。盗贼之相总属，终叫作序不得。天下之序四：亲疏也，尊卑也，长幼也，贤不肖也。乃盗贼之有总属，于此四者，其何当也？凡其所奉为渠帅者，徒以拳勇狙诈相尚，而可谓天理自然之序乎？

若夫礼之有序者，如事父事兄之杀，此是胸中至敬在父，次乃敬兄，自然之敬而因生其序，序者敬之所生也。倘以敬父者敬兄，则是夷父于兄，而以敬兄者敬父矣。敬兄之杀于敬父而为之序者，乃所以专致其敬于父也。礼所谓以仁率亲、以义率祖、等上顺下，皆为至敬言也。然则礼之所以云礼者，以敬言而不以序言，审矣。

冯厚斋求其说而不得，乃以诸侯大夫之僭为无序之实。此既与程子盗贼之说显相矛盾。僭窃者，充类至义之尽，而始与盗贼等。岂盗贼之贤于僭窃者哉？夫子言礼非玉帛之云，所以通警天下之失实。若但云僭窃者徒有玉帛而无序，则周之时王举行其所得为之礼，虽以跛踦临之，而已无憾于礼耶？且僭礼者亦僭乐矣，是乐之失实，亦惟不序之故，而何以只言和哉？

宋、元之际，诸儒鄙陋，随处将僭窃插入。如"问禘说""入太庙"诸章，俱靠此作白赖秘诀，恰似夫子当年终日只寻著者几个诸侯大夫厮骂，更不知此外有天德、王道在。虞伯生以此注杜甫诗，且一倍酸鄙，不知有杜，而况其望圣人之门墙也哉！

七

盗贼之有渠帅，有偻偻，一般底尊卑之序，也恰像个礼。礼云礼云，拜跪、先后云乎哉？即不仁之人行礼，也须有序。于此正好看他别处。礼中自然之序，从敬生来，便是天理。盗贼之序，因畏故尔，便是人欲。以此思之，则凡修敬父、敬君之仪，而实以畏君父之威，及为法制清议所束缚，不敢不尔者，皆与盗贼等，而终不知礼之云者也。

程子此段言语，想被门人记来不真，而以己意添换，遂成差谬。其语酷似侯河东，鄙他贪于规模之大，而切体无实，程子所云"只好隔壁听"者是也。不然，则或有问者，程子以其有不知序之病，以此药之，而药即成病也。凡药病者，药无非病。

八

夫子蓦地说个"予欲无言"，看来意义自是广远深至。先儒于此，只向子贡转语中求意旨，却不在夫子发言之本旨上理会，徒增枝叶，益入迷离矣。

子贡曰："子如不言，则小子何述？"此是子贡从无言中抽出小子之待述一种来，致其疑问；而夫子所答，则又于成己成物一本原处，见得虽为小子述计，亦不在言也。若子贡未问以前，则夫子初不从教人起义。

向后再言"天何言哉"，非复词也。前云"天何言哉"，言天之所以为天者不言也。后云"天何言哉"，言其生百物、行四时者，亦不在言也。《集注》云"学者多以言语观圣人，而不得其所以言，故发此以警之"，只此殊失圣人气象。

庆源于此作两种解，要皆无实。一云："学者体察之意常少，徒得其言而不得其所以言。"使然，则是夫子故为此愤激之词矣。苟夫子为此愤激之词，而子贡且云"小子何述"，是何其一堂之上，先生悻悻而弟子烦渎耶？此说之最陋者也。

一云："天理流行之实，凡动静语默皆是，初不待言而著。学者惟不察乎此，而但以言语观圣人，是以徒得其言而不得其所以言。"夫繇言而知其所以言，与不繇言而知其所以言，是孰难而孰易？学者且不能于言而知其所以言，乃欲使于动静语默得之，不愈增其茫昧乎？

且夫言之不足以尽道者，唯其为形而下者也。起居动静之威仪，或语或默之节度，则尤形而下之枝叶也。虽天理流行于其中，而于以察理也，愈有得筌蹄而失鱼兔之忧。夫子以姊之丧，拱而尚右，而门人皆学之，是学者固未尝不于动静语默观圣人。乃得其拱而不得其所以拱，其执象以遗理，更有甚于执言者。则子又将曰"予欲不动不静不语不默"哉！

逃影于月而就灯，不知灯之为影且甚于月也！凡此戏论，既皆无实，则知所云"予欲无言"者，非为学者言也。

盖自言曰"言"，语人曰"语"，言非语也。抑非必喋喋多出于口而后为言也，有所论辨而著之于简编者皆是也。圣人见道之大，非可以言说为功；而抑见道之切，诚有其德，斯诚有其道，知而言之以著其道，不如默成者之厚其德以敦化。故尝曰"讷"，曰"耻"，曰"怍"，曰"切"，抑至此而更云"无言"。则终日乾乾以体天之健而流行于品物、各正其性命者，不以言间之而有所息，不以言显之而替所藏也。此所云"品物流行""各正性命"，皆以成己之德言。

朱子感兴诗深达此理，较《集注》自别。其云"万物各生遂，言天。德容自温清言仲尼。"，则固以德容之温清，配天之生物，而非云天以生遂为功于物，圣以温清为不言之教也。又云"发愤永刊落，奇功收一原"。所谓"发愤刊落"者，即切言之极致而无言也；"奇功收一原"者，以言大德敦化之功有以立天下之大本，而不在拟议之间也。

繇此思之，圣人之欲无言者，亦当体实践以自尽夫天德，而收奇功于一原矣。岂徒悻悻然愤门人之不喻，而为此相激之词，如西江学究之于蒙童也哉？曰"天何言哉"，则体天德者不当以言矣。曰"四时行焉，百物生焉，天何言哉"，则虽如子贡之为小子虑者，亦即以成己者成之，而不在言矣。

呜呼！论至此而微矣。非老氏"知者不言，言者不知"之说也，非释氏"言语道断，心行路绝"之说也，圣人所以"自强不息""显诸仁，藏诸用""洗心而退藏于密"者也。圣人之德，耳顺矣，从欲不逾矣，盈前而皆道，则终日而皆德，敦化者敦厚以化成也，川流者不舍昼夜也。夫何言哉！密与万物为裁成辅相，而显与达道达德为诚明也。以此成己，而致中和以位天地、育万物；以此成物，而笃恭以天下平矣。小子而欲学焉，相与终日于博文、约礼之中，亦下学而上达矣。

是夫子非虚欲之也。欲无言，则终无言也。时而行也，则周流以行道于七十二君之国。时而藏也，则祖二帝，述三王，删《诗》《书》，定

《礼》《乐》，皆述而不作。因鲁史成《春秋》，《春秋》文成数万，圣人未尝有所论断。而百王之大法以昭。盖未尝取其心之所得者见之言也。故曰"我欲托之空言，不如见诸行事"，而天下万世无不被其时行物生之功矣。此圣人所以成己而成物者，夫何言哉！呜呼！亦微矣，非可以浅见一二测也。

九

"小子何述"，非小子何法之谓。述者，转称之以传于人也。子贡之意，欲夫子著书立教，而使弟子述之以诏后世，亦非但自为学也。夫子云天何言而时行物生，则在己固不待言，而小子亦无容述矣。

呜呼！圣人之去今，几二千岁，而天下虽在夷狄盗贼之世，且未尽人而禽也，岂徒以圣人之言哉？如以言，则诵圣人之言者，且不免于禽行；而其能与知与行夫圣人之道者，或未得耳闻口诵夫圣教。天命之性，圣人显道而神德行，莫之为而为之，固非人之所易知也。呜呼！愚之所言者，如此而已。过此以往，不可得而言矣。虽然，其与释氏"自性众生，一念普度"者，则薰莸矣。熟读张子《正蒙》而有得于心焉，或知其旨。此二段文字，愚虽不肖，不敢为欺人之语。抑不能显指其所以然，则力有所不逮，而言者本不能尽意者也。

十

切须知，言与语异。子曰"予欲无言"，若有人问时，恶得不"叩两端而竭焉"！今一部《论语》具在，且说夫子所言者是那一段道理？若《老子》五千言中，彻首彻尾，只是一句子作宗风。即孟子亦所未免。圣人且就一时一事说去，自止至善。即此可想其天行之健、于穆不已气象。若问而亦以无言答，则天龙一指、临济三拳而已。

十一

小注中"邪僻"二字，所该甚广。愚不肖者有愚不肖之邪僻，贤智者有贤智者之邪僻。不正之谓邪，因而深陷于邪之谓僻。然则庄子之嗒然丧偶，释氏之面壁九年、一念不起，皆邪僻也，皆"饱食终日，无所用心"者也。

双峰言"静坐时须主敬"，大有功于圣学。当知静坐无敬字，不如博弈。抑谓无事不可兜揽事做，读书穷理不可煎迫而失涵泳，故有静坐时，则以主敬工夫当之。若谓主敬工夫，须静坐方做得，但静坐而他无所用心，以便主敬，则又僻矣。

程子论"复见天地之心"，是动中见得复下一阳动也。圣人于此，直教将此心有可用处尽著用，无有一法教人向静坐中求。

微子篇

一

微子之去，若以存祀之故，则微子必殷之亡矣。知殷之亡则可，必殷之亡则不可。如父母之病，虽知其不起，不忍必也。且古之帝王失天下者，其祀必不废，则虽无微子，殷祀岂遂斩乎？

抑云微子为殷王元子，义当存祀，则尤不审。当帝乙立纣为冢嗣之日，微子已不复以元子自居矣。若胸中更挟一"元子"二字，则微子亦建成矣。

且纣固有必亡之道，而亡不亡则尤系乎天。夏之太康，唐之懿、僖二宗，其宜亡也，亦不下于纣。使纣早死，而国立贤君，商祚再延，则微子之去以存祀者，作何收煞？盖微子之去，本以远害而全亲亲之恩。《尚书》"旧云刻子"一段，分明说得有原委。愚于《尚书引义》中辨之详矣。

二

柳下惠于鲁为"父母之邦"，较孔子所云"父母之国"者又别。柳下惠，展氏之子。展之赐氏，自无骇之卒，而惠之生去无骇不远，应只是无骇之子、夷伯之孙，于鲁公室在五世祖免之中，故义不得去而云然。春秋之法，公子不得去国，自是当时通义。士师官亦不卑，但无骇为上卿，执国政，而其子为士师，则卑矣。胡泳引蚍蜉事为证，"士师在邑宰之下，官小可知"。战国之时，天下分裂，一国乃无数邑，邑宰官固不小。如楚申公、沈尹皆为大臣，而平陆距心，爵亦大夫，与今日县令不同，不得以邑宰之小证士师也。

三

《集注》于"佞人殆"与此"殆而"之"殆"，皆云"危也"，初无异释。庆源云"既幸其或止，而又虑其殆"，则似谓孔子若从政，则有仕路风波之忧。如此下语，恐非接舆之意。接舆一流人，直是意致高远，亦不甚把祸福做件事在心里，特其愤世嫉邪，不耐与此曹为伍尔。

人若畏祸福，直是隐不得。饥寒风雨皆危机也。又况末世人情之所乐与为难者，偏在无势位之人耶！"今之从政者殆而"，与夫子所言"斗筲之人"同意。殆，危也，危亦险也。亦其奸邪倾险，不足与同有为也。《集注》太略，以言佞人者参观之自得。

四

伊川说荷蓧稍高。但就其待孔子、子路之礼际，见得如此，不知日暮留宿，自不得不尔，与道左相逢者势异，非荷蓧之独厚于圣贤也。若云荷蓧知长幼之节，则安见接舆、沮、溺之并此不知耶？

今此诸人，无从详考。但以风味想之，则接舆似较胜。记者加以"楚狂"之名，亦且许之为狂矣。狂者，圣人之所欲得而与之者也。夫子于荷蓧，使子路反见而不自往；于沮、溺，则直不与语；于接舆则下而欲与之言。圣人待之，亦自有差等。且接舆直欲以其道感动圣人，三子则漠然自是而不顾，即此可想其胸次。接舆虽愤世嫉邪，而于心自乐。三子只气很很地埋头恁做去，且与鸟兽同群矣。楚狂自有虞仲、夷逸之风，三子则几与于陵仲子等辈。

若谓丈人见其二子一事，与仲子避兄离母不同，则又不然。仲子之于妻，亦有冀缺、梁鸿之风，不可以其小者信其大者也。云峰以"楚狂"二字冠此三章，言沮、溺、丈人皆楚之狂士，直是不识得狂。三子者谓之为狷或可。狂不可得，乃思狷，是又其次也。

五

礼，王大食三侑，则虽天子初饭亦不用乐。鲁有亚、三、四饭，明用王礼。齐氏言"不言一饭，孔子正乐而去其一"。孔子正乐，但能论定乐之声容，所云"雅、颂各得其所"者是也，岂能取鲁君之乐官而裁革之？藉令裁乐，则亦当裁四饭，而不裁其初。后儒苟欲推尊圣人之功化，如此类者，直是不通。

六

乐官之去，双峰谓鲁专尚淫哇故去，是也。潜室归咎于三家强僭，则三家之僭已久，此诸子者，当其始便不应受职矣。

读书者最忌先立一意，随处插入作案，举一废百，而圣人高明广大之义蕴隐矣。子曰"斗筲之人，何足算也"，原不屑屑与此曹争是非。及云"故夫三桓之子孙微矣"，则又未尝不矜其愚以召祸也。楚狂云"今之从政者殆而"，早已不中圣人之意。郑声乱雅，自是世道人心一大关系。区区自起自灭之三家，值得甚紧要来！

子张篇

一

子张所说三章，皆缪于圣人之旨。"论交"一章，《集注》折之，当矣。"见危授命"一章，朱子以微词贬之，而又为之救正；"若执德不弘"

一章，则为之周旋以曲成其是。乃若朱子所言量贵弘而志贵笃，则诚不易矣，然而子张之说，则不如此。

圣门诸子，晚年受业者，别是一般气象。如曾子、子游、樊迟诸贤，蚤岁即游圣人之门，践履言语，精密深远，较先进诸子，已有升堂、入室之别。故夫子在陈，思狂简之小子，而欲为裁之。裁之者，直为品节之而已，不似子张、子路辈须与脱胎换骨也。原其学于夫子之时，年已过矣，习气已深而不易革矣；唯天资之高，故亦能以圣人为法则，而不陷于邪。至于圣人之微言大义，则有所不能领略，而况其能诣入也！

就中，子张最为粗疏，总不入圣人条理，故曾子、子游直斥其不仁而非为苛。其云"执德不弘，信道不笃"，就此二语，已全不知入处，而安望其为仁！

"执"云者，守也，执之以为固有也。圣人说"吾道一以贯之"，固是浑沦广大。而于道大者，于德则约，故曾子以"忠恕"一言为得其宗。乃彼则曰"执德弘"。德者，得之于心者也。执所得于心者而欲其弘，则是此一德，而彼又一德矣。不然，则欲尽取夫德而执之矣。吾以知其不能弘而抑非德也。何也？杂用其心以求德于天下，则其所谓德者，岂其能以自喻而有以自慊乎？繇他说"见危致命，见得思义，祭思敬，丧思哀"，只在事上见德，便只向事上求德。故孔子曰"知德者鲜矣"，盖为子张辈叹也。今即以"见危致命"等语思之。其云"见危致命，见得思义"，犹之可也，以夫子尝言之也。乃子所云"见危授命"者，固但以为"今之成人"，以其异于仁人之以成仁故而杀身，而不因见危以生其激烈也。"见得思义"居九思之一者，则唯君子业于静存动察而全夫聪明忠敬之体矣，则于义择之为已精；而当其见得，加以警省，取吾心所喻之义合同比勘，以证其当得与否，则其审义者为尤密耳。初非未见之前，思诚之功未密，迨夫得者之当前，而后思执义以为德也。乃云"其可已矣"，则是取天下之可有得者以自矜其不取而为德也，此固近似圣言而无实矣。

至云"祭思敬，丧思哀"，则待祭待丧而后思，是不必仁人而后可以享帝，孝子而后可以享亲也。且方丧思哀，吾不知其所思者何也？若思死者之可哀而哀之，则是本无哀而求哀。若思吾之当哀而哀焉，是以哀为不得已，而聊相应酬，吾恐其有声而无泪，有泪而不生于心也。

方祭乃思敬，则必不能敬；方丧乃思哀，则必不能哀。唯子张天资高，才力大，或可以临时取给，而敬与哀之来赴其思者，能令人见其有余。乃即使其无不给矣，而一念以承祭而临丧，一念以思哀而思敬，则其所谓敬者，亦特不惰于仪容；所谓哀者，亦特不衰于哭踊。求夫所谓忾乎有闻，惝然有见，洋洋如在而绥我思成，皇皇如有求而不得，充充如有所穷，往如慕而反如疑者，我有以知其必不能也。何也？则唯其务弘以执德，而不知存养夫大本之至一者以贞夫动也。《书》曰："德唯一，动罔不吉；德二三，动罔不凶。"今且于危执致命之德，于得执义德，于祭执敬德，于丧执哀德，以是为取之天下者各足，而效之吾心者各得其主，逐物意移而无以相成，猝至互起而无以相周，"德二三，罔不凶"矣。

且于见危而致命，于得而思义，于祭而敬，于丧而哀，初非有本，而因事以执，以为肆应于无穷。方其因事而执也，岂果有得于心哉？亦曰道之于危当授命，于得当以义，于祭当敬，于丧当哀，道之当然者吾笃信之而可矣。

夫不信吾心之所固有，而信以道之所已然，则亦耳闻目见，据一成之名法，而不知死生之理、取舍之衡、通神合漠之诚、恻怛根心之实，一率夫吾心不容已之天德；以舍其所自喻者而弗之信，则亦求诸人而不求诸己，执器以为道而不凝道以其德。虽云笃也，吾已知其痛痒相关之地，无有生死与共、癏痗勿谖之诚矣。是云笃者，必不得笃也。乃但规规然执一成之例，拘其身心以取必于信，则其为贼道也不小。

夫君子之于道，虽无或疑之也，虽未尝不率循之也，而穷变通久以曲成夫道者，则曰"善道"。其于德也，虽不执一以废百也，虽扩充之而达乎天下也，而洗心藏密以复其性之德者，则必曰"笃信"。故道可弘也，而不用夫笃信也；德必笃信也，而不弘以执之也。唯笃吾所自信之德，而不徒信夫道，故患有所避，而有时乎不死，以异匹夫之谅；非义所必取，而有时不辞，以成上下之交。_{皆道之弘处。}唯执德于未发之一本，以成既发之殊节，而不于已发之用弘者遍执以为德，则体一而用自弘，将不期弘而弘焉。故于祭不期敬，而洋洋如在者，相与为显承；于丧不期哀，而瞿瞿梅梅者，必自致而无之有悔。

今乃倒行逆施，恃其才之可取给于俄顷，以浅量夫道之不过如是而别无可疑，乃执此仿佛乎道者以咸执为己德，曰吾之为德弘矣，非硁硁孤信其心者也；吾之于道无疑矣，非有所隐深而不可知者也。乃居德于弘，则正心诚意之不讲，而天下之大本以遗；自谓无疑于道，则格物致知之不用，而天地之化育，其日迁于吾前者，具忘之矣。此其所以为"子张氏之儒"，而"难与并为仁"矣。夫子尝告之曰"主忠信，徙义"。忠信以为主，无夸弘也；徙义则日新无固信也。而奈何其不喻也！

后世之为此者，则陈亮是已。固自许以能为有亡，而讥朱子之于德不弘，于道不笃也。其言"金银铜铁合为一冶"者，则"执德弘"之说也。其曰"君父之仇不报，则心于何正，而意于何诚"，是唯笃信道而不信德也。杂取侠烈事功，以尽皇帝王伯之藏，而嫚骂诸儒为无实，则"其可已矣，焉能为有亡"之说也。

春秋之季，与晚宋略同。士大夫渐染于功利之私者已深，特以先王之名教犹有存者，姑相与拟议以为道。其贤智之资，既行此以有余，则虽日闻圣教而不能洗涤其习气。此夫子所以有"不行、不明"之叹。迨其后，鲁之小子，自幼学而受圣人之薰陶，则习气不能为之染污，是以夫子深取其狂简。狂则拔于流俗，而进取夫精义穷神之德，不拘于闻见所得之道，坦然信之而遽谓可已。简则择善于所独得之真以专致其功，而不逐物求理，随事察义，以自矜所得之富。故知子游、樊迟之所至，非子张所得问其津涘也。

或疑子张所言，何以知其与朱子"量弘志笃"为不同。乃取其说而释之：曰"执"，则非量之谓也；曰"信"，则非志之谓也。志道笃可也，信道笃不可也。志道者以道为志，则有得于心，而所信亦德矣。故朱子之曲为救正者，非子张之所及也。使子张在朱子之门，且与陈亮等，而况圣门狂简之士！

二

《集注》"则心不外驰而所存自熟"，是两截语，勉斋、潜室俱作一句读下，其误不小。《集注》吃紧在一"所"字。所存者，固有所存也，与元稿云"事皆有益"，意亦无殊。特以言"事"不如言"所存"之该乎事理，言"有益"不如言"熟"之有得者深耳。圈外注载二程夫子之言，前一条是"心不外驰"之意，第二条是"所存自熟"之旨，只此极分明。勉斋、潜室似说"心不外驰"则"存之自熟"，毫厘之差，千里之谬矣。

存者，存其理也，存学、问、思、志所得之理也。若空立心体，泛言存之，既已偏遗仁之大用，而于鸢飞鱼跃、活泼泼地见得仁理昭著者，一概删抹，徒孤守其洞洞惺惺、觉了能知之主，则亦灵岩三唤主人之旨而已。

彼盖误认"在中"之义，以为不求仁而得仁，借此"博学、笃志、切问、近思"做个收摄身心的法，以消归其心，使之日有所用而不放。审尔，则是以此四者为敲门砖子矣。使其然也，又何必学、问、志、思之屑屑哉？运水搬柴，与拈一句没意味话头，吞不下、吐不出，死教参去，其以收摄此心，更为直截矣。程子所云"彻上彻下"，固自有意。如黄、陈之说，则道固不彻于下，直假此以消妄心，亦不能彻上也。悲哉！朱子没而门人乱其师说以叛即于禅，有如此也！

朱子之意，缘人之求仁者，或只在应事接物上寻讨，_{如子张等。}则始于事物求仁，继且因应事接物之多歧，遂引着此心向功利上去，此外驰之粗者也。若其不然，则又空置此心，教且向空洞无物处索见本体，因与高远无实之兴致相取，此外驰之精者也。粗者之入于害也易见，而其害犹浅。精者害愈深则驰愈甚，日日自以为存心，而心之放而不求，以骎骎入于无父无君之教，载胥及溺而不自知。若能于此四者用功，不即与事物俱流，而实以与万事万物成极深研几之体，则心之所存，皆仁之所在，必不使一念之驰于仁外矣。而岂假此以闲制其心，如授毬于狮子以消其悍鸷，使人欲不得而起之谓哉？

云"所存"者，即存仁也，存仁之显诸事理者也，存夫所学所志所问所思之择乎仁而有得者也。盖心原以应事，而事必有其理。其事其理，则皆散见于文而可学也。博学而切问，则事之有其理者可得而见矣。笃志以必为，而又近思之以求体验之有得，则以理应心，而理之得皆心之得矣。以此为功而不舍，则于仁之即吾身而具、即事理而显者，无不见焉。亦如此以为功，则所以体仁者皆得其实，固即此学、问、志、思之中有以得夫仁而体之也，故曰"仁在其中"。

子夏此语，极是平实朴满，见得仁处，而深以戒夫枯坐观心、求之寂静而不知所止宿者。故明道言"彻上彻下"，其意亦谓即下即上，不当舍下而别求上。故将古今圣贤修道之教授学者，而使之深求焉，仁即此中而在，直到与天地万物为一体，也只在此中。其言十全警切，可谓体用俱彰。乃诸子不察，犹且立一存心为主，而以学、问、志、思为宾，则是学、问、志、思之外，别有仁焉，而不在其中矣。勉斋云"不可以为求此而得彼"，是也。乃又云"心常有所系著"，则显用释氏"系驴橛"之旨，夫且自言而自背之矣。

朱子说仁是"心之德，爱之理"。博学、切问者，求知其理也。笃志、近思者，求其有得于心也。只此斩截作解，便与子夏之意吻合。"仁在其中"者，言仁本在所学、所志、所问、所思之中，于此体仁而力行之，则天理烂熟，存之于己，而不患其与仁相背矣。不然，或将外驰以求仁，而反失之身心事理之中，非徒无益而又害之矣。通程、朱之微言，以求子夏之大义，尽于此耳。

三

"惮于自欺"一"惮"字，意味极长。君子之不自欺，诚惮之也。谓之曰"过"，则虽在小人，于此一事亦不是立意为恶，而特偶然之失尔。

君子胸中原有一天理在，则自欺处直是倒缩将来，虽欲为之而力不任。故必发露出来，怕得要如此遮掩。小人良心已牿亡，胸中全无天理，而偏多颠倒回互之才，他看着首尾中外，原不消相应，盖覆得去便与盖覆，有何难之有！学者须教此心有惮于自欺时，方是天理来复之几。

四

子夏之以洒扫应对教其门人，其能习为之而即已通其所以然与否，今不可考，要之则似但习其文而未能。洒扫应对之所以然，其难于即见者，较之精义入神为尤甚。于此下学而上达，圣功之极境也。

程、朱于此，分四层说：洒扫应对为事之小者，精义入神为事之大者，洒扫应对之所以然为理之小者，精义入神之所以然为理之大者。乃自初学言之，则事亦有其小大，理亦有其小大；而自上达言之，则事自分小大而理一贯也。以此如实求之，则未至乎上达、一贯之极致者，固不得执洒扫应对之所以然，为即精义入神之所以然，而便以此括天下之理。洒扫应对之所以然，终是不过如此，便说慎独，也只是慎此洒扫应对之节耳。

子游抹去下者一节，作无理之事，固是不识天理之全体。朱子又虑人却拈著者洒扫应对之形而上者以为至极，而以之贯天下之道，则其害之浅者，有致远则泥之忧，其害之深者，且如释氏之运水搬柴为神通妙用，将视天下之事，除取现前更无有法，而君子之以弥纶参赞乎天地者尽废矣。

洒扫应对，形也。有形，则必有形而上者。精义入神，形而上者也。然形而上，则固有其形矣。故所言治心修身、诗书礼乐之大教，皆精义入神之形也。洒扫应对有道，精义入神有器。道为器之本，器为道之末，此本末一贯之说也。

物之有本末，本者必末之本，末者必本之末。以此言本末，于义为叶。而子游之言本末也则异是，以大且精者为本，小且粗者为末。乃不知自其形而上者言之，则理一也，而亦未尝不以事之大小分理之大小。若以其形而下者言之，则彼此各有其事，各有其用，各有其时，各有其地，各有其功，各有其效，分致而不相为成，安得谓大且精者为小者之本乎哉？

唯其大且精者之不能即摄小且粗者而共为本末，故曰大小精粗，俱学者所不可遗之事。而以小子质性之不齐，姑且使修其小且粗者，俾其事之易尽，而以渐得其理，然后授之以大且精者之事，而以用力之熟，扩充有自，则大且精者之事可得而学矣。合小大精粗而皆习其事，所存既熟而心不外驰，则夫洒扫应对之所以然可得而见也，精义入神之所以然可得而见也，洒扫应对之所以然，与精义入神之所以然，其即下学即上达、一以贯之者，夫亦可得而见也。

于事有大小精粗之分，于理亦有大小精粗之分。乃于大小精粗之分，而又有大小精粗之合。事理之各殊者分为四，一、事之粗小，二、事之精大，三、粗小之理，四、精大之理。与理之合一者为五，粗小之理即精大之理。此事理之序也。始教之以粗小之事，继教之以精大之事，继教以精大之理，乃使具知粗小之理，而终以大小精粗理之合一，如夫子之告曾子。此立教之序亦有五焉，而学者因之以上达矣。子夏立教之序，其意盖如此。

乃事因理立，则理即事在。是方其初学之时，有所事于事，即其有所事于理。而如程子所云"慎独"者，则彻上彻下所共用之功，则虽姑教之以粗小之事，而精大之理与合一之理，亦既在焉。是故迨其豁然贯通之后，则已知吾向之所有事于粗小之形而下者，皆以获左右逢源之乐也。此则程子所以深信圣道之诚然，而朱子所以辟鹅湖之邪说，以抑子游末有本无之偏词也。合《集注》《语录》观之，自当为分析如此。勉斋、双峰之说，治乱丝而益纷之，芟之可也。

五

于行上说，则洒扫应对之授全体于天则，与精义入神之有其天则，一也。而学者之以慎独为要，则慎之于洒扫应对，与慎之于身、心、意、知、家、国、天下，亦一也。于知上说，则精义入神之形而下者大，其形而上者精；洒扫应对之形而下者小，其形而上者粗。自非圣人一以贯之，则知之者实各有所知，而不可以此通彼。子游欲于知上统一，而以本贯末，故误。程子推子夏之意，于知分次第，<small>教者但能教人以知；行则存乎其人，非教者所可传。</small>而所以行之者一，则虽有次第，而非洒扫应对之得末而丧本也。如此看来，乃有分疏，有津涘。双峰说慎独处大错，云峰辟之为当。

六

为不学者言，则不问其仕之优不优，固不可不学也。当云"学而优方仕"，不当云"仕而优则学"。为不仕无义者言，则亦当以分义责之，非徒以学优之故，须急售其所学也。《或问》"各有所指"，庆源分已仕、未仕说，自与《集注》"当事自尽"之说恰合，余说俱不足取。

七

自致与尽己不同。尽己者，尽己之所当尽也。自致者，尽乎用情之极致也。南轩添个"推是心"一层，胡氏又云"非专为丧礼发也"，则欲人以所致于亲丧者，施之于疏远之人、平常之事，此二本而无分矣。亲其邻之赤子若亲兄子然，且不可，况以终天之憾，移诸人之疏、事之小者哉！

资于事父以事君，敬同而爱且不同。兄弟之服期，而其仇雠也但不与同国。因其所当与者，称中心之则而无所吝，即尽己之忠矣。安得以执亲之丧者概施之？即至于父母之养，而犹不足以当大事，唯其为可继也。则世之埋儿、割股者，皆为已甚。夫子说个"人未有自致"，具显理一分殊之义。于此不察，将有如释氏之投崖饲虎者，而大伦蔑矣。

尧曰篇

一

小注云"理之在事而无过不及之地也"，乃自已用中后见得恰好如此，非天下事理本有此三条路，一过、一中、一不及，却撇下两头，拿住中间做之谓。中者，天之德也，天德哪有不周遍处！无过者，消镕著世之所谓过而皆无之也。无不及者，本皆至极，自无不及也。

《中庸》言择，但云"择善"，不云择中。俗儒不省，便向者里捏怪义，分中、过、不及为三涂，直儿戏不成道理。看《中庸》说择之之功，只学、问、辨、思、笃行，已千已百而弗措，何曾有拣选不错，孤孤另另一条蓦直去意！朱子云"凡物剖判之初，且当论其善不善，'惟精惟一'，所以审其善不善"，非精一以求中也。又云"精则察夫二者之间而不杂也"。所云"察夫二者"，人心、道心之分而已，岂择于过、不及与中三者之间哉？无已，则将云过不及便是人心。夫不及者，亦从事乎理而不逮，既非人心之陷溺者比。抑既为人心矣，其视道心有云泥之隔，而安能有过于道心者乎？圣贤于此，只在人欲净处得天理之流行，原不曾审量彼此，截过补不及，而作一不长不短、不粗不细之则。朱子云："后面说'谨权量、审法度、修废官、举逸民'，皆是恰好的事。"如此数者，岂有过在一头，不及在一头，而此居其中者乎？

盈天下只是个中，更无东西南北。盈目前只是个中，更无前后左右。《河图》中宫十、五，已括尽一、六，二、七，三、八，四、九在内。帝王用之，大而大宜，小而小宜，精而精宜，粗而粗宜；贤者亦做不到，不肖者亦做不到；知者亦知不彻，愚者亦知不彻；参天地，质鬼神，继前王，俟后圣，恰恰好好，天理纯至，而无毫发之间缺，使私意私欲得以相参用事而不足于大公至正之天则。故曰"皇极"，曰"至善"，胥此中也。不及者自画于半涂，而过者岂能越之！非圣人之独为其难，以理本应尔，更无过、不及旁开之辙迹也。

特自后人观之，而以小康之世、中材之主较之，则有不及者焉，因有过夫不及者焉；有过夫不及者焉，因有不及夫过者焉。是以可即其类而名之曰过、曰不及。而帝王之所执以用于天下者无是也。故既无不及也，而抑非过夫不及者也，因可赞之曰此无过、不及之德也。而乃以恰称乎理，则亦以知理之在事者，固有此无过、不及之地，而非过、不及者之所得企而及也。俯而就，但以情言，不以理言。

二

"无过、不及"一"无"字，是尽情之词，非本有而为无之，亦非此无而彼有，只是从来没有意。既无其实，即无其名。无其名又说个过、不及，是从世俗上借来反勘底。若大中之为道，其无过、不及也，犹人之无角无尾，更不待言也。先儒缘不为之文句以反形之，则初学不知，故就其从来所本无，向后所必无，而斯道不行不明之世，则有此两种互相讥非之名，因取而形之曰无此也。如以禽兽拟人，而谓无角与尾，虚立之名以彰其不然尔。

过者谓不及者不及，不及者谓过者过，故夫子亦就师、商二子所互相非者以言之。其实，则只是差错了。无论道必无可过，过者终未尝已经过乎道而又越之；即不及者之于道，亦全未有分在。如访人于百里之外，至五十里见似其人者，而遽谓得遇焉，既终非所访之人，则并此所已行之五十里，都成枉步，只如一步也不曾行得相似。云峰诸子固未足以解此。

《读四书大全说》卷七终